불교를 안다는 것 불교를 한다는 것

중현 지음

불교는 종교가 아니지만 종교의
옷을 입고 있다고 생각한다.
겉모습은 종교인데 안을 들여다보면
종교가 아니다.
그럼 불교는 종교가 아니고 무엇인가?
수행체계, 즉 수행 시스템이다.
표현을 달리하면, 불교는 '나는 무엇인가'에
대한 해답을 찾아가는 과정이다.
내가 어떻게 사유하고 행동해야
부처님처럼 깨달음을 얻을 수 있을까?
그 '어떻게'를 실천하는 과정이 수행이다.

들어가며 *006*

1

불교를 안다는 것

2

불교를 한다는 것

다시,
맑아지면
보이는
삶

"'조용한 곳을 절간 같다.'고 합니다만, 요즘 절이 정말 절간 같습니다. 어떤 법회나 행사도 없는 날이 3주째 이어지고 있습니다. 늘 북적이던 법회 날에도 스님들만 대웅전에 모여 불공을 올리고 있습니다. 텅 빈 대웅전 앞마당을 바라보다가 문득 이런 생각이 들었습니다. '절은 뭐 하는 곳일까?' 식당은 밥 먹는 곳, 학교는 공부하는 곳, 병원은 아픈 사람 치료하는 곳입니다. 그러면 대체 절은 뭐 하는 곳일까요?"

지난해 3월 13일 페이스북에 올린 글의 일부입니다. 코로나19(코로나바이러스 감염증)로 증심사證心寺 산문山門을 폐쇄한 지 3주 정도 지날 즈음이었던 듯합니다. 그리고 1년이 지난 지금, 산문 폐쇄와 제한적 허용을 오가면서 이제 텅 빈 절간은 익숙해졌습니다. 서문을 쓰려고 하니, 처음 코로나19가 우리 일상을 멈추게 한 시간이 떠오릅니다. '이렇게 계속 산문이 폐쇄되면 절은 어떻게 될까? 신도들이 영영 오지 않게 되면 절집에서는 앞으로 무엇을 해야 할까?' 막막하고 두려웠습니다. 절에 와서 기도하고 쉬어가던 신도들은 다들 어떻게 지내는지 궁금했습니다. 그래서 그분들과 함께 나눴던 지난 법문을 모아 보내

드리자는 생각을 하게 되었고, 책으로 나오게 되었습니다. 이 책은 증심사 신도 여러분을 잊지 않은 산승의 안부 편지인 셈입니다.

제가 이곳 증심사에 온 것은 2018년 11월입니다. 법문을 모아 책으로 내야겠다고 생각한 때가 2020년 초이니 이 책에 수록된 내용은 주로 2019년에 했던 법문이 대부분입니다. 애초 책을 낼 생각 없이 그때그때 떠오르는 대로 한 법문이라서 내용의 깊이나 일관성은 조금 부족합니다. 다만 진정한 불교는 경전 속에 머물지 않고, 나의 일상에 잘 적용해 좋은 삶을 사는 데 있음을 은연중에 강조해 온 듯합니다.

불교의 목적은 단 한 번의 깨달음을 추구하는 데 있지 않습니다. 또 그것만 붙들고 살아서도 안 됩니다. 가르침을 생생하게 내 삶으로 살아야 하는 것이 진정한 불교입니다. 제가 머물고 있는 증심사의 '증심證心'은 '마음을 깨닫다, 마음을 맑히다'라는 뜻입니다. 흐려지고 흔들릴 때마다 다시 마음을 가라앉히고 맑히며 살라는 것이지요. 바로 불교의 핵심입니다. 저의 작은 소신을 담은 이 책을 통해 증심의 다짐을 되새겨보는 시간이 되기를 바랍니다.

고마운 분들이 있습니다. 처음엔 소박한 소책자를 생각했습니다만, 전 〈월간 송광사〉 모지현 기자가 녹취를 풀어 다듬은 원고를 받아보니 분량이 꽤 묵직해 뭔가 대단한 것을 이룬 듯한 느낌이 들었습니다. 아마도 모지현 기자의 수고로움이 아니었다면, 책으로 낼 엄두를 내지 못했을 것입니다.

또 무엇보다 이 책이 세상에 빛을 보게 된 것은 우리 증심사 신도들 덕분입니다. 그분들이 저의 미천한 법문을 들어주지 않았다면, 법회 때마다 증심사를 찾아주지 않았다면, 그리고 비록 절에 오지는 못해도 마음으로 항상 기도해주지 않았다면 불가능했을 일입니다. 이 책이 이 시대를 살아가는 이들에게 조그만 도움이 된다면 증심사 신도분들의 한결같은 신심 때문입니다.

마지막으로, 천년 기도 도량 증심사를 지금껏 굳건하게 지켜오신 불보살님과 호법신장님, 그리고 모든 사부대중들에게 이 책의 공덕을 돌립니다.

2021년 봄,
무등산하 증심사에서
중현

불교를 안다는 것

1

아무것도 보이지 않는 어두운 곳에서
더듬거리며 살고 싶은 사람이 있을까?
밝은 방에 있고 싶다면, 그저 불을
켜기만 하면 된다.
그러면 내가 있는 이 어두운 방이
환한 방으로 바뀐다. 어느 순간 자전거를
탈 수 있게 되는 것처럼, 한순간에
불이 켜지니 방 안에 있는 모든 것이
눈에 들어오게 된다.
깨달음이란 이런 것이다.

불교

나는
무엇인가에
대한 답을 찾는
여정

불교란 무엇인가. 이 물음에 답하지 못하는 불자들이 의외로 많다. 가장 단순하게 답한다면, 부처 불佛 가르칠 교教. 즉 불교는 부처님의 가르침이다. 그런데 여기서부터 복잡해진다.

"불교란 무엇입니까?"
"부처님의 가르침입니다."
"부처님은 무엇을 가르치셨습니까?"
"팔만대장경 안에 내용이 다 들어있습니다."
"그럼 불교가 무엇인지 알려면,
그 많은 경전을 다 읽어야 합니까?"
"……"

이렇게 말문이 막히고 '불교는 어렵다'는 말로 마무리되기 일 쑤다. 하지만 누가 내게 '불교란 무엇인가?'라고 묻는다면, 나는 아주 간단한 문장으로 답할 수 있다.

"불교는 '나는 무엇인가?'에 대한 해답을 찾아가는 과정입니다."

그러면 불교를 좀 안다는 사람이 이렇게 반문할 것이다.

"불교는 '무아無我'를 강조한다는데 '나는 무엇인가'를 찾는 과정이 불교라니요. 당신의 대답은 틀렸습니다."

합천 해인사 장경각藏經閣에는 부처님의 말씀을 기록한 경판이 빼곡하게 놓여 있다. 팔만사천법문이라고 하듯이 부처님의 가르침은 매우 방대하다. 여기에 덧붙여 불교는 석가모니 부처님의 가르침뿐만 아니라 다른 불보살님들이나 후대의 제자들과 조사스님들의 가르침도 포함한다. 그러니 '불교란 무엇인가'라는 짧은 물음에 팔만대장경의 내용을 일일이 요약해 대답하기란 불가능하다. 그럼에도 나는 자신 있게 말할 수 있다.

"팔만대장경에 쓰여 있는 많은 말씀들은 '나는 무엇인가?'에 대한 부처님과 훌륭한 스님들의 대답입니다. 요약하면 '무아無我, 즉 나라고 할 만한 것이 없다'가 되지요."

이것이 불교의 핵심이다. '나는 무엇인가?'를 계속 탐구하다 보면, 《반야심경》에서 말한 '무안이비설신의無眼耳鼻舌身意'의 의미를 깨닫게 된다. 눈도 없고 귀도 없고 마음까지도 없다는 것을 알게 되면, 내 몸과 마음을 '나'라고 착각했다는 것을 꿰뚫어 알게 된다. 눈이 내가 아니고, 귀가 내가 아니다. 마음도 내가 아니다. 그렇다고 지금 내 몸에 붙어 있는 눈이나 귀가 없어지는 건 아니라서, 무아의 깊은 이치를 알아차렸다고 근본 문제가 해결되는 것이 아니다.

이처럼 단순히 '안다'고 해서 인생이 바뀌지 않는다. 불교가 위대한 종교인 이유는 아는 데 있는 게 아니고, 내가 스스로 체험하고 스스로 깨치는 데 있다. 나는 무엇인가에 대해 스스로 고민하고 스스로 체험하고 스스로 깨쳐야만 그것이 불교이다.

다시 두 번째 질문이 이어진다.

"그럼 불교는 종교입니까? 아닙니까? 불교가 종교라면, 부처님은 하느님과 같은 신입니까?"

"불교는 종교의 요소를 갖추고 있지만, 부처님은 신
이 아닙니다."

'불교란 무엇인가'가 내용에 대한 질문이라면, '불교는 종교인
가'는 구조에 대한 질문이라 할 수 있다. 서구의 종교관을 기준
으로 보면, 불교는 '교주, 교리, 교단'이라는 3대 요소를 모두 갖
추고 있다. 불교의 교주는 석가모니 부처님이고, 교리는 부처
님이 설하신 방대하고 체계적인 진리이고, 교단은 출가자와 재
가자를 포함한 사부대중이다. 그럼에도 불교가 종교인가 아닌
가의 질문이 끊이지 않는 이유는 교주 때문이다.
　　서구의 주류 종교는 '신'이 교주이다. 예를 들어 기독교의
신은 이 우주와 세계를 창조한 신이다. 전지전능하여 모든 권
한을 가지고 있고, 모든 걸 다 안다. 인간들의 생사여탈권까지
도 가지고 있다. 그래서 인간이 신의 말을 거역하면 물과 불로
써 벌을 내린다. 이처럼 구약성서에 나오는 신은 절대적인 존
재이다.
　　그런데 부처님은 신이 아니다. 우리와 똑같이 역사적으로
존재했던 인간이고, 최상의 깨달음을 얻어 성불하기 전에는 생
사의 고해에서 벗어나기 위해 출가한 수행자였다. 그러니 기독
교인의 입장에서 보면 신이 없는 불교는 종교라고 할 수 없는
것이다. 하지만 불교에도 신과 같은 분들이 존재한다. 사천왕,
제석천도 있고, 미륵불, 연등불, 비로자나불 등 다양한 부처님
들이 있다. 그럼 이분들도 인간이라는 말인가.

불교는 수행자였던 고타마 싯다르타가 최상의 깨달음을 얻어 부처님이 되었고, 그 부처님의 가르침을 듣고 아라한이 된 다섯 제자들에서부터 시작되었다. 이후에 부처님을 따르는 많은 출가수행자와 재가자 무리가 생기면서 불교 교단을 이루게 되었고, 현재까지 그 형태를 유지하고 있다.

그런데 부처님 당시에도 부처님의 말씀을 배우고 따라 실천하기 어려운 사람들이 있었다. 반면에 당시 인도의 주류 종교였던 힌두교는 어마어마하게 많은 신의 존재를 인정했고, 인도인들에게 종교를 넘어 삶 그 자체로 인식될 만큼 친근한 관계를 형성하였다. 그래서 당시 인도인들은 자신들에게 익숙한 종교의 외피를 부처님의 가르침에 씌우게 된다. 이미 인도 사회에 널리 퍼져 있던 신의 개념을 미륵불, 노사나불, 비로자나불 등으로 변형시켜 불교로 가져온 것이다.

이런 점에서 불교는 종교가 아니지만 종교의 옷을 입고 있다고 생각한다. 겉모습은 종교인데 안을 들여다보면 종교가 아니다. 그럼 불교는 종교가 아니고 무엇인가? 수행체계, 요즘말로는 수행 시스템이다. 표현을 달리하자면, 불교는 '나는 무엇인가'에 대한 해답을 찾아가는 과정이다. 부처님이 하신 대로 수행하면 우리도 성불할 수 있다는 것, 이것이 석가모니 부처님이 법륜을 굴리신 이유이다. 내가 어떻게 사유하고 행동해야 부처님처럼 최상의 깨달음을 얻을 수 있을까? 그 '어떻게'를 실천하는 과정이 수행이다.

기독교에서 인간은 원죄를 안고 태어났으므로 지은 죄를

용서받기 위해서는 여호와를 절대적으로 섬겨야 한다. 그래야 죽어서 천당에 간다. 하지만 불교는 아니다. 부처님께 빌기만 하는 것이 아니라, 부처님이 하셨던 것처럼 나도 열심히 그 길을 따라 수행해야 열반을 성취하게 된다. 그러므로 불교는 절대자에게 복종하는 종교가 아니고 나 스스로 깨달음을 얻는 수행체계인 것이다.

그렇다면, 세 번째 질문이 생긴다. '수행이란 무엇인가?' 역시 간단하게 대답하면 이렇다. '닦을 수修 행할 행行.' 즉, 행을 닦는 것이 수행이다. 여기에 '왜'와 '어떻게'라는 내용을 넣으면 더 정확한 대답이 될 것이다.

"수행이란 무엇입니까?"
"행복하기 위해서 행을 닦아 마음을 바꾸는 것이 수행입니다."

불교에서 '행'은 업業이고, 업에는 세 가지가 있다. 몸으로 짓는 업(身業), 입으로 짓는 업(口業), 마음으로 짓는 업(意業). 입으로 말하고 몸으로 행동하고 마음속으로 생각하는 것을 모두 행이라 한다. 그러니까 몸으로 하는 행동만 바꾸거나 마음속 생각만 바꾼다고 행이 되는 것도 아니고 나 자신이 바뀌는 것도 아니다. '오늘부터 화를 내지 말아야지', '지금부터 부드러운 말만 해야지' 하고 생각했다고 해서 버럭 화내는 습관이 곧바로 바뀌지 않는다. 그렇다면 이 사람은 생각이라도 바꾼 것일까? 아니, 바뀌지 않았다. 꿈에서도 화내지 않고 술에 취해 필름이 끊어져도 화내지 않고 부드러운 말을 해야 생각과 행동이 바뀌었다고 할 수 있다. 이렇게 오랫동안 나에게 붙어 있던 습관을 바꾸고 생각도 완전히 바꾸려면 어떻게 해야 할까? 행을 닦아 마음을 바꾸는 수행을 해야 한다.

그러면 수행은 왜 하는가. 단언하건대 '행복하기 위해서'이다. 사람들은 대부분 인생의 위기에서 이런 고민을 한다. '왜 사는가?', '삶의 의미는 무엇인가?', '산다는 것은 무엇인가?'…. 비슷비슷한 고민이다. 하지만 이건 헛된 고민이다. 우리가 태어난 데는 이유가 없기 때문이다. 내가 사는 데 이유가 있으려면, 그 이유는 태어나기 전에 이미 정해져 있어야 한다. 엄밀하게 말하면 우리는 태어난 뒤에야 '나'라는 것이 형성되고, 태어난 뒤에야 삶에 의미를 부여하게 된다. 그러니 있지도 않은 삶의 이유를 찾아봐야 소용이 없다. 행복도 마찬가지이다. 행복이란 건 없다. 대신 고통이 있을 뿐이다.

몹시 목이 말라 괴로운 상황에서 시원한 물 한 잔을 마시면 금세 기분이 좋아지고 행복을 느낀다. 그런데 이 달콤한 물이 알고 보니 설탕물이다. 내가 느낀 행복은 설탕에 의존한 달콤한 맛이었다. 설탕이 있거나 없거나 행복이 지속되어야 하는데 현실은 그렇지 않다. 설탕이든 소금이든 첨가물이 완전히 없어지고, 아무것도 섞지 않아도 목마름을 사라지게 하는 것, 이것이 고통의 종식이다. 고통의 뿌리마저 완전히 뽑아버린 상태, 이것이 행복이다.

고통은 불교용어로 번뇌라 한다. '행복하기 위해서'라는 말은 불교식으로 말하면 '번뇌를 소멸시키기 위해서'가 된다. 번뇌의 뿌리를 뽑는 것이 수행하는 목적이라는 말이다. '이것이 행복이다', '이것을 해서 행복하다'가 아니라, 번뇌가 사라진 상태가 행복이라고 인식을 바꿔야 한다. '행복은 정해진 것이 아니다. 고통스럽지 않은 것이 행복이다.' 이렇게 생각하면 내 앞에 펼쳐진 세상도 달리 보일 것이다.

쉽게 설명해 보자. 수십 년 동안 담배를 피운 사람이 있다. 나이가 들면서 점점 목이 아프고 몸이 무겁고 가슴도 답답해지자 담배를 끊어야겠다고 결심한다. 생각의 전환이 일어난 것이다. 그런데 몸 안에는 이미 엄청난 양의 니코틴이 쌓여 있어서 자꾸 담배가 피우고 싶어진다. 이 유혹을 끊고 의도적으로 담배를 피우는 행동을 하지 않으려 노력해야 한다. 계속 금연하다 보면 몸 안에 쌓인 니코틴이 점차 사라지게 되고, 서서히 건강도 되찾게 된다. 이런 상태가 바로 진짜 금연이다.

애연가는 세 단계를 거쳐 금연에 성공하게 된다. 첫째는 담배를 끊어야겠다는 생각, 둘째는 담배를 끊기 위한 꾸준히 노력, 셋째는 담배를 피우지 않게 되면서 금연에 대한 확신이 더 확고해지고 구체화 되는 단계. 고통의 소멸 과정도 이와 같다. 현실에 대한 자각, 꾸준한 수행, 깨달음의 성취. 이렇게 보니 불교가 수행체계라는 정의가 더 명확하게 와닿지 않는가.

우리에겐 석가모니 부처님이라는 성공사례가 있다. 부처님이 하셨던 것처럼 우리도 성불할 수 있다는 믿음으로 수행하는 사람들이 모여 있는 곳이 사찰이다. 사찰은 수행공동체를 상징하는 공간이다. 그렇다면 사찰의 주인은 누구인가. 수행하는 사람들이다. 이들 중에는 삭발염의削髮染衣한 출가자도 있고, 가정을 꾸리며 일상생활하면서 수행하는 재가자도 있다. 출가는 했는데 수행하지 않는 사람은 수행공동체의 일원이라고 볼 수 없다. 가정과 직업을 가지고 생활하더라도 수행 정진하는 사람이라면 그는 당연히 수행공동체의 구성원이다. 이들이 바로 부처님의 제자이자 불자이다.

더 나아가 수행공동체 구성원에게는 다섯 가지 도덕 규범이 있다. 살아있는 생명을 함부로 해치지 않는다, 주지 않은 남의 물건을 갖지 않는다, 삿된 음행을 하지 않는다, 거짓말이나 욕설 등 나쁜 말을 하지 않는다, 술을 마시지 않는다. 불자는 이 다섯 가지 규범에 맞춰 생각하고 말하고 행동하라는 것이니, 이것이 바로 오계五戒이다. 이 오계를 지키며 살면 자연스럽게 몸도 마음도 정결해지므로, 수행자라면 반드시 지키게 마련이다.

결국 불교에서 말하는 모든 것은 수행이라는 키워드로 연결된다. 좁은 의미의 수행은 참선, 기도, 독경 등 집중적으로 하는 구체적 방법들을 지칭한다. 넓은 의미의 수행은 행동하고 머물고 앉고 눕고 하는 모든 것을 포함한다. 길을 걷는 것도 수행이고 말하는 것도 수행이다. 이들이 잘 어우러져야 수행이라 할 수 있다. 명심해야 할 것은 많이 아는 것이 아니라 열심히 하는 것이다. 그러니 불자들은 정기적으로 또는 기한을 정해 참선, 기도, 독경, 사경, 절 등의 수행을 하고, 그 힘으로 평상시에는 넓은 의미의 수행을 꾸준히 하는 것을 생활방식으로 삼으면 된다.

불교는 수행이다. 이 명제 하나만 입력해 놓으면 나머지 모든 질문들에 대답할 수 있다. ♥

__ 2019년 4월 22일 지장재일 법회

예불과 성불

마음이
감동으로 꽉
차오를 때가
부처

#사찰
#예불과 불공
#하심과 무심
#지심귀명례
#부처가 되는 순간

법정 스님은 송광사 제8차 중창불사기의 첫머리에서 이렇게 말씀하였다.

"먼저 수행이 있었다. 그리고 도량이 갖춰졌다."

사찰이라는 집이 있었기 때문에 수행자들이 모이게 된 것이 아니라, 수행자들이 모여 수행을 하다 보니 자연스럽게 사찰이라는 공간이 생겨났다는 점을 강조하신 것이다.

석가모니 부처님은 천이백오십 명의 제자들과 함께 수행하고 생활하셨다. 《아함경》이든 《금강경》이든 《법화경》이든 불교경전 곳곳에 이 사실이 적혀 있다. 부처님과 제자들은 같은 나무에서 3일 이상 지내지 않고, 탁발도 하루에 한 번만 하였다. 그러나 몇 달씩 우기雨期와 건기乾期가 번갈아 지속되는 인도의 날씨 탓에, 오랫동안 비가 오는 시기에는 나무 아래서 수행하거나 마을로 탁발을 나가기가 어려웠다. 우기 동안 수행자들은 한 곳에 머물며 함께 수행할 수밖에 없었고, 공동생활에 필요한 편의시설들을 마련하게 되었다. 이것이 오늘날 결제結制 제도의 시작이고 사찰이 생기게 된 연유이다.

이처럼 사찰이 수행공동체를 위한 공간이라는 점은 부처님 당시부터 이어져 온 전통이며, 현재의 우리가 언제나 마음속에 새겨야 하는 중요한 의미이다. 우리 증심사 역시 수행을 목적으로 만들어진 수행공동체이다. 이 때문에 법회 날이 되면 '증심사에 가서 도반들과 함께 수행하겠다.'는 공동체 의식이 나를 부추기는 것이다. 이러한 공동체 의식이야말로 증심사가 천 년이 넘는 시간 동안 이곳에 있게 한 힘이라 생각한다.

그렇다면 수행공동체의 가장 기본인 수행이란 무엇일까? 당연히 예불과 불공이다. 예불은 부처님께 예禮를 표하는 의식이다. 사찰에서 거행하는 대표적인 일용의식이 새벽예불, 사시불공, 저녁예불이다. 이중 사시(오전 9시~11시)에는 부처님께 공양을 올리기 때문에 특별히 불공佛供이라 한다. 예불과 불공은 불교의 가장 기본적인 종교의식이자 수행이다.

어떤 종교든지 그 종교만의 의식이 있다. 종교의식은 정해진 때에, 정해진 장소에서, 정해진 방식대로, 가능하다면 정해진 복장으로, 정해진 순서에 따라 해야 한다. 내가 하고 싶을 때, 하고 싶은 곳에서, 하고 싶은 방식으로, 하고 싶은 만큼 맘대로 하는 것이 아니라는 말이다. 만약 제멋대로 의식을 해도 된다면, 춥고 덥고 궂은 날씨에 산속 증심사에 찾아와 굳이 예불에 참석하지 않아도 된다. 집에서 나 혼자 먹고 놀다가 시간 때우듯이 염주를 굴리며 〈천수경〉을 일독하고는 '오늘 예불 마쳤다'고 한다면, 미안하지만 이것은 혼자만의 수행일 뿐이다.

예불의 핵심은 칠정례이다. 예불을 올릴 때 일곱 번이나 지심귀명례를 서약하므로 칠정례라 한다. 그리고 칠정례의 핵심은 지심귀명례이다. 지극한 마음으로, 목숨을 바쳐, 예배한다. 이렇듯 목숨을 바쳐 부처님께 귀의한다는 지심귀명례는 성불成佛에 대한 물러서지 않는 의지를 확인하는 것이자, 가장 완전한 깨달음을 이루신 부처님의 길을 그대로 따르겠다는 약속이다. 부처님의 길을 따르는 것, 이것이 수행이다.

그렇다면 예배 즉 예는 어떻게 표현해야 할까? 상대방에게 예를 갖출 때는 두 가지 방법이 있다. 상대방을 높이거나 나 자신을 낮추거나. 둘 중 하나이다. 존경하는 사람에게 깍듯하게 예를 표할 때는 보통 절을 하거나 머리를 숙여 인사한다. 그런데 중생들은 자신을 낮추는 것이 잘 안 된다. 그래서 우리가 예를 표할 때는 상대방을 높이는 것이 일반적이다. 그런데 높이고 높이다 보면 신의 경지에까지 이르게 된다. 전지전능한 존재, 물과 불로 우리들을 심판하는 존재, 인간인 우리는 그의 뜻에 따라 그의 종으로 살 수밖에 없는 존재로까지 대상을 올리는 것이다. 나 자신을 낮추지 않고 예를 표하는 길의 끝에 우리를 기다리고 있는 것은 신격화뿐이다.

그러면 부처님은 신일까? 이 문제는 조금 미묘한 문제이다. 나는 신을 믿지 않지만 부처님을 가장 존경한다. 내가 부정하는 신은 전지전능하고 절대적인 신이다. 인간을 물과 불로 심판하고, 앉아서 지구 반대쪽에 있는 것들도 훤히 다 꿰뚫어보고, 마술도 부리는 그런 신을 나는 부정한다. 부처님은 신이 아니다. 우리와 같은 인간이자 수행자이다. 수행자 중에서도 가장 완전한 깨달음을 성취하신 분이다. 다만 일부 불자들이 너무나도 존경한 나머지 신격화의 오류를 범할 뿐이다.

사람들이 곧잘 신격화의 오류에 빠지는 이유는 무엇일까? 인간 스스로 신이 되고 싶기 때문이다. 우리 자신을 가만히 되돌아보자. 지금 이 지구상에는 사실 몇 개인지도 모르는 원자

폭탄, 수소폭탄이 있다. 온 지구를 몇십 번이나 불로 심판하고
도 남을 양이다. 인간이 신이다. 또한 인간은 눈 깜짝할 사이에
지구 반대쪽에 있는 것도 훤히 볼 수 있다. 인터넷이나 텔레비
전만 있다면 보통 사람들도 충분히 가능한 일이다. 그런 점에
서 본다면 인간이 바로 신이다. 인간들은 신이 되고 싶어서 발
악하고 있다. 왜? 욕심은 끝이 없으니까. 불교가 가장 경계하는
것이 욕심이다. 그러니 대상을 신격화하는 것, 특히 부처님을
신격화하는 것은 부처님을 존경한다면서 오히려 부처님의 가
르침과 정반대로 행동하는 꼴이다.

상대방에게 예의를 갖출 때는 나를 그 자리에 가만 놔두
고 상대방을 올릴 것이 아니라 나 자신을 낮춰야 한다. 예불은
부처님께 지극한 예를 표함과 동시에 자신을 낮추는 행위이다.
이것을 하심下心이라고 한다. 예불은 곧 하심이다.

출가하기 전, 친구와 함께 실상사에 놀러 간 적이 있다. 당
시 나는 등산하다 절을 지나칠 때도 법당 안으로 들어간 적이
없을 만큼 종교에 별 관심이 없었다. 하지만 친구는 나를 이끌
고 법당에 들어가더니 내게 이것저것 설명을 하고는 느닷없이
삼배를 하라고 권했다.

"내가 왜 삼배를 해야 하는데? 너나 해라, 삼배."

법당 안에서 친구와 티격태격한 끝에, 결국 친구는 혼자
삼배를 올렸고 나는 기분이 상한 채 법당 밖으로 나왔다. 철로
만든 조각상일 뿐인데, 그 조각상에 대고 고개를 숙이는 것 자
체가 자존심이 상했던 것이다.

출가하고 나서야 절의 의미를 조금이나마 알게 되었다. 송광사 행자 시절, 걸을 때는 차수를 하고 고개를 숙여 땅만 보고 발걸음을 옮겨야 했고 누군가 말을 걸면 단답형으로 답해야 했다. 후원 밖으로 나갈 수도 없었다. 그렇게 몇 달을 행자로 살다 보니, 문득 '나는 참 별 볼 일 없는 존재로구나' 싶은 생각이 들었다. 뭐 잘났다고 그리도 설치고 다녔는지 뼈저리게 후회했다. 태어나 처음으로 지난 삶을 통렬하게 반성했다.

왜 그 당시 사중에서는 행자들 행동 하나하나까지 일일이 간섭했을까? 조금만 못하면 가뜩이나 하루 종일 손에 굳은살이 박이도록 일한 행자들을 밤 9시를 넘어 일과를 끝낸 시간에 참회까지 시켰을까? 지금에 와서 생각해 보니, 스스로 하심을 몸으로 익히라고 그리한 것이었다. 하심은 말로 머리로 되는 것이 아니다. 행동 하나하나에 하심이 배어들어야 한다. 눈 내리깔고, 손 흔들지 말고, 맘대로 말하지 말고, 가고 싶다고 맘대로 가지 말고, 모든 것을 다 내려놓는 것이 하심의 시작이다.

예불을 할 때에도 마찬가지이다. 우리는 가혹할 정도로 자신을 하심시켜야 한다. 낮아지고 낮아져(下心) 땅속으로 들어가면 보이지 않는다(無心). 하심이 깊어져 무심이 되는 것이다. 무심이란, '나 잘났다'는 중생심이 없어진다는 말이다. "저는 이 나이 되도록 이뤄놓은 것도 없고, 변변찮은 삶을 살았는데 무슨 잘났다는 마음이 있겠습니까?" 냉정히 따져보면 이 말은 거짓말이다. 사회적으로 경제적으로 낮은 삶을 살더라도, 자기 마음속에 하나쯤은 내가 잘난 것이 있다고 본능적으로 생각하기 때문이다. 예불은 이런 마음까지도 없애는 수행이다.

일일이 세 보진 않았지만 출가 후 내가 새벽예불을 올린 횟수는 수천 번이 넘을 것이다. 하루에 한 번, 십 년이면 삼천육백오십 번, 이렇게 어림잡아도 수천 번은 과장이 아니다. 그중에서 몇백 번은 졸기도 했고, 또 몇백 번은 '예불 마치고 뭘 할까?' 잡생각을 했을 것이다. '오늘은 왜 이리 춥지, 하루 빼먹으면 안 될까?' 이런 생각을 하거나, 어쩌면 아무 생각 없이 습관적으로 했던 때도 많았을 것이다. 하지만 이런 날만 있을까. 매일매일 새벽마다 올리는 예불이지만, 손에 꼽을 정도로 강렬한 감동이 밀려오는 그런 때가 있다.

자기도 모르게 마음이 감동으로 가득 차는 그런 때, 그때가 바로 부처가 되는 순간이다. 법당 안이 나 자신으로 꽉 차는 듯하고, 부처님과 내가 한 몸이 되는 듯한 환희를 느낀다. 내가 부처가 되어 부처로 생각하고, 행동하고, 부처로서 절하고 말하는 그 순간, 나는 중생심을 잊게 된다. 영원히 중생심을 잊으면 부처인데, 유감스럽게도 그 순간은 너무나 짧다. 이 순간이 길어지면 바로 깨달음을 얻게 된다. 지심귀명례의 '귀명'이 바로 이것이다. 원래 우리는 모두 부처인데, 무명에 정신을 빼앗겨 중생심을 키웠기 때문에 내가 부처인지 모르고 산다. 우리의 마음이 아주 지극해야 잠깐이나마 부처 되는 순간을 경험한다. 지극한 마음이 되어야 원래 부처인 나 자신으로 돌아갈 수 있다. 그래서 '지극한 마음으로 돌아가라'고 한 것이다. ♥

_ 2019년 1월 6일 초하루 법회

불교의 전파

달마가 동쪽으로 간 까닭은?

#아소카왕
#불교의 윤회
#부처님 당시의 인도
#불교가 전파된 지역들
#한국, 중국, 일본, 티베트불교
#무아
#업보는 있다

불교가 인도로부터 전파되는 과정을 따라가면서 불교를 불교이게 하는 것이 무엇인지, 진정한 부처님의 가르침이 무엇인지를 살펴보는 것은 의미 있는 일이다.

백중 기간에는 돌아가신 분들이 극락왕생하기를 바라며 집중 기도를 한다. 그런데 마음속으로는 '도대체 우리 할아버지는 극락왕생을 하신 거야? 안 하신 거야?' 하는 생각이 들 때가 있다. 불교가 전파된 과정을 알게 되면 어렵지 않게 그 답을 찾을 수 있다. 제사 혹은 기복적인 요소가 어떻게 불교 안으로 들어오게 되었는지를 헤아려보고, 무엇이 불교의 중심이고 무엇이 나중에 불교와 융합되었는지, 무엇이 부처님 당대의 인도 사회에 기본적으로 깔려있던 사상이었는지를 구별할 줄 알면 불교가 그렇게 어렵지 않을 것이다.

고타마 싯다르타는 2,500년 전 인도에서 태어났다. 우리나라로 치면 고조선 시대이니 쉽사리 실감할 수 없는 먼 옛날이지만 당시 인도는 자유로운 사상가들이 많았다고 한다. '세상의 시작은 어디인가? 사람이 죽으면 어디로 가는가? 세상은 무엇으로 구성되어 있는가? 인간의 본질이 무엇인가?' 2,500년 전의 인도 사람들은 이러한 철학적 고민을 하고 있었다. 이런 시대에 부처님께서 불교의 가르침을 설파했다. 특별히 부처님만 그랬던 것이 아니라 당시 인도 분위기가 대체로 그랬다.

비슷한 시기에 중국은 춘추전국시대였는데 공자, 맹자, 순자, 묵자, 법가 등 자신만의 이론을 내세운 제자백가들이 난무했던 시기이기도 했다. 그럼 중국 사람들은 무슨 생각을 하고 있었을까? 중원에 왕이 되고 싶은 사람들이 많았기 때문에 '내 말대로 하면 왕이 될 수 있다'는 사람들도 많았다. 어떻게 하면 통치를 잘할 수 있는지에 관한 관심이었는데, 요즘으로 치면 정치경제학이라고 할 수 있다.

누가 왕이 되느냐는 문제와 인간의 근원이 무엇인가라는 문제는 다른 차원에 속한다. 우선 우리가 알고 있어야 할 점은 정신적 차원에서 볼 때 2,500년 전 인도는 어마어마한 선진문명이었다는 것이다. 하지만 인도 문명이 전 세계로 전파될 때 본의 아니게 불교가 인도의 문화와 철학과 사상을 운반하는 역할을 했다. 그 과정을 살펴보면 지금 우리가 윤회에 대해서 선뜻 이해하기 힘든 이유를 알 수 있다.

제일 먼저 인도 바깥으로 나간 불교사상은 상좌부불교였다. 부처님께서 돌아가신 후 200~300년 뒤에 아소카 왕이 인도를 통일하고 인도 전체를 불교 국가로 만들었다. 인도 역사상 전무후무한 왕인 아소카 왕은 지금의 스리랑카, 즉 바다 건너에 있는 실론섬에 불교를 전파하기 위하여 나섰다. 2,000여 년 전 스리랑카로 건너간 상좌부불교는 미얀마와 태국으로 전파되었고, 지금의 인도네시아와 말레이시아로 가서 자리를 잡았다. 부처님 사후 200년 정도 지난 때였으니 원형을 그대로 간직하고 있다고 보아도 무방하다. 남방으로 전해진 불교는 학문적으로뿐만 아니라 상좌부 전통이 그대로 남아있어서 불교의 원형이 그나마 보존된 형태이다.

대승불교의 경우에도 대부분의 원형을 보존한 상태로 전

파된 지역이 있다. 티베트이다. 부처님 사후 600~1,000년 사이에 대승불교의 형태를 완전히 갖춘 후기 대승불교가 티베트로 전파되었고 이것이 다시 중국으로 넘어왔다. 삼장법사가 손오공과 사오정, 저팔계를 데리고 서역으로 가는 유명한 이야기를 누구나 알고 있다. 서유기에 나오는 서역 및 천축국이 바로 인도이다. 삼장법사가 왜 서역으로 갔을까? 경전을 가져오기 위해서였다. 지금으로 치면 어떤 중국인이 미국에 가서 이론서를 가져온 후 자기 나라말로 번역한 것을 후대 학자들이 공부하는 식이다.

경전을 가져와 번역한 중국불교와 달리 티베트의 불교는 인도 스님들 수백 명이 통째로 들어온 터라 왜곡과 손실이 거의 없었다. 인도의 제일가는 고승을 초청하자 수백 명의 스님이 함께 티베트로 입국했기 때문에 티베트에서는 티베트불교가 인도 후기 대승불교의 모습을 거의 그대로 가지고 있다고 주장한다. 그러나 당시는 부처님이 열반하신 지 천 년가량이 지난 후였으며, 인도불교 역시 힌두교와 상당히 많은 부분이 융합되어 있었던 시기였다. 우리가 알고 있는 제석천, 아미타불, 미륵불과 같은 부처님들의 출현도 이와 관련이 있다.

이런 의문이 들 수 있다. 앞에서 언급한 나라들은 모두 인도를 기준으로 동쪽에 위치한다. 이상하지 않은가. 왜 불교는 동쪽으로만 전해졌을까? 중동이라든가 인도의 서쪽으로 전파되지 않은 이유는 무엇일까? 역사적 자료들을 살펴보니 현대에까지 이어지고 있는 인도 종교분쟁의 역사와 흐름을 같이 하고 있었다. 1948년 인도가 영국의 식민지배에서 벗어나 독립할 때 지도자였던 간디는 힌두교도에게 암살을 당한다. 독립하자마자 지도자를 잃게 되자 이 때문에 종교적인 갈등이 더욱 심해져 인도는 셋으로 갈라졌다. 힌두교도들은 인도, 이슬람교도들은 아프가니스탄과 파키스탄으로 쪼개졌다.

인도에 이슬람교가 들어온 시기는 대략 8~10세기 사이로, 서쪽 아라비아에서 동쪽 인도로 들어와 인도의 북부지역을 장악했다. 여기서 중요한 것은 이슬람교가 퍼지는 방식이다. 흔히 우리는 이슬람교가 한 손에는 코란을, 다른 한 손에는 칼을 들고 전쟁을 해서 토착민을 정복했다고 알고 있지만 사실은 조금 다르다. 알라신을 믿을 것이냐 죽을 것이냐의 문제가 아니었다. 알라신을 믿으면 세금을 면제해 주는 방식으로 이슬람교가 급속하게 영토를 확장해가다가 인도에 다다랐다. 하지만 인도에서는 이것이 통하지 않았다. "알라신을 믿을 것이냐? 세금을 낼 것이냐?"를 물었을 때 일부는 수용하고 일부는 거부했다. 그래서 결국 인도의 일부에만 이슬람 세력이 들어서게 된 것이다.

인도 사회의 가장 큰 특징은 카스트제도이다. 우리는 카스트를 브라만, 크샤트리아, 바이샤, 수드라의 네 계급으로만 알고 있지만, 실은 수천 가지의 신분이 정해져 있어서 그대로 세습된다. 우리의 상상을 초월할 정도로 신분이 엄격하게 나뉘어 있으며 너무나 정교하게 고착되어 있다. 오죽하면 동물보다도 못한 존재이므로 손도 대면 안 된다는 불가촉천민이라는 계급이 있을까. 하층 계급으로 태어난 사람들은 힌두교가 좋을 리 없다. 내가 평생 고생한 것처럼 내 자식에 그 자식까지 빨래만 해야 하고, 시체만 치워야 하고, 하수구 청소만 해야 하기 때문이다.

이슬람 세력이 들어오기 전에는 기존 카스트제도의 차별을 받던 사람들이 불교를 많이 믿었다. 부처님은 평등을 주창했고, 여기에는 누구나 부처가 될 수 있다는 사상이 녹아있기 때문이다. 왕도 부처가 될 수 있고 노예도 부처가 될 수 있다. 왕과 귀족은 물론 그 귀족의 머리 깎는 노비도 똑같이 출가할 수 있다. 700~800년까지는 7 대 3 정도의 비율로 불교가 인도에서 제2의 종교였다. 인도 성지순례를 하면 꼭 들르는 나란다 대학에 10만 명의 스님들이 공부했다고 하니 그 규모를 가늠해볼 수 있다.

재미있는 것은 불교와 마찬가지로 이슬람교 역시 카스트제도 같은 신분제를 부정했다는 점이다. 나아가 이슬람교는 오직 단 하나, 알라신만 믿으면 된다고 했다. 인도에 들어온 이슬람교는 경제적, 사회적 영향력을 확보하며 영토를 확장하였다. 그 결과 불교는 인도 제2의 종교 자리를 이슬람교에 내주게 되었고 200~300년이라는 시간을 두고 서쪽의 이슬람에 밀려 급속하게 쇠락하면서 동쪽으로 전파되었다. 티베트로, 중국으로 말이다.

다시 정리하면 대승불교는 티베트와 중국, 두 축으로 전파되었다. 실크로드를 통해 중국에 전해진 불교는 경전이 중심이었으므로, 중국인들이 자체적으로 경전을 해석하고 공부하게 되면서 중국화된 불교가 되었다. '공空'이라는 용어도 실은 도교에 있는 말을 불교로 가져와서 쓴 것이다. 중국화된 불교는 우리나라에 들어와 '중국화된 불교 + 한국화된 불교'가 되었고, 다시 한국화된 불교가 일본으로 가면서 '중국화된 불교 + 한국화된 불교 + 일본화된 불교'로 변형을 거치며 전개되었다.

반면 티베트로 간 불교는 인도 후기 대승불교의 모습을 그대로 가지고 있었다. 하지만 티베트로 전파된 인도 후기 대승불교는 그 자체가 부처님 재세 시의 순수한 불교라기보다는, 힌두교와 상당히 융합된 모습의 불교였다. 지금 우리가 알고 있는 윤회, 업, 해탈 등의 개념은 사실 인도 힌두사회의 고유한 사상인데 불교가 본의 아니게 아시아에 전파한 것이다.

지금 우리는 어떤 것이 부처님이 직접 말씀하신 순수한 불교인지, 어떤 것이 힌두교와 결합 내지는 힌두교의 사상을 불교적으로 발전시킨 것인지, 또 어떤 것이 중국사상과 결합된 것인지를 정확히 알아야 한다. 그것이 불교를 제대로 이해하는 방편이다.

약 100년 전부터 불교가 서양으로 전파되는 흐름이 있다. 서양에 전파된 불교는 크게 세 갈래로 나눌 수 있다. 첫째는 서양의 학자들이 《아함경》과 같은 경전들을 영어나 독일어로 번역해서 서구사회에 전파했다. 마치 경전을 통해 중국에 불교가 전파되었듯 말이다. 둘째는 동아시아에서 가장 먼저 개화된 일본식 불교가 상당히 빠르게 서구사회에 들어갔다는 점이다. 그리고 셋째는 중국으로부터 벗어나 망명정부를 세운 티베트 스님들이 전 세계로 퍼져감에 따라 티베트불교가 미국이나 유럽 등으로 전파된 형태이다.

세계에서 절이 가장 많은 도시는 미국의 로스앤젤레스이다. 절이라기보다는 명상센터가 대부분이다. 따라서 스님이 없고 재가자가 스스로 절을 조성해서 지도하기도 한다. 이런 사실이 의미하는 바는 무엇일까? 지금 서양에 전파되고 있는 불교는 지금까지 인도에서 힌두교와 융합되어 티베트나 중국으로 전파되었던 과거의 불교와는 상당히 다른 전개 양상을 보이고 있다는 점이다. 갈수록 무신론자가 늘어나고 있지만 미국은 여전히 개신교 국가이고 앞으로도 그럴 것으로 보인다. 이런 추세에서도 불교는 종교적인 외피를 거의 다 벗어버리고 철학적인 사상이나 수행체계, 수행 시스템 등의 정수만 서양인들의 정서에 맞게 재구성되어 전파되고 있다. 불교적인 명상이 서양의 개인주의적인 성향하고 잘 맞아떨어지기 때문에 본인들에게 필요한 부분만 취하는 것이다. 이것이 우리나라로 역수입된 게 요즘 우리 주변에서 쉽게 볼 수 있는 힐링 명상, 요가 명상 등이다. 불교의 모습은 이렇게 계속 변한다.

다시 처음으로 돌아가 보자. 왜 우리는 윤회 등의 사상을 이해하기 어려운 것일까? 이 질문에 대한 답은 이미 불교의 역사 속에 들어있다. 첫 번째 이유는 윤회 등의 사상이 인도의 고유한 사상이기 때문이다. 힌두교, 자이나교, 불교 등을 망라한 인도 고유의 사상은 공통적으로 윤회를 언급하고 있다. 윤회는 인도인의 삶, 인도의 문화 속에 깊이 뿌리 박혀 있다. 그런데 우리는 인도에 살아보지도 않았고 인도 사람들의 문화도 잘 모른다. 당연히 그들의 사상과 문화를 이해하기 어려울 수밖에 없다.

부처님은 인도 사회에 광범위하게 퍼진 힌두교적 윤회에서 한 발짝 더 나아갔다. 윤회사상과 무아사상을 결합한 것이다. 우리를 혼란에 빠뜨리는 교설 하나를 들어보자. 윤회를 하려면 윤회하는 주체가 있어야 하는데 부처님은 윤회하는 주체가 없다고 하면서도 윤회를 한다고 하셨다. 말도 안 되는 소리라고 생각할 수 있다. 다시 말하지만, 부처님의 가르침을 제대로 올바르게 이해하려면 첫째, 무엇이 가장 순수한 부처님 말씀인가를 알아야 하고 둘째, 이것이 어떻게 힌두교나 다른 인도 사회의 사상과 결합되었는가 하는 것을 알아야 하고 셋째, 중국이나 우리나라로 전파되면서 불교 바깥에 있는 것 중 어떤 것이 불교 안으로 들어온 것인가를 잘 알아야 한다.

불교의 중심, 불교의 핵심, 가장 순수한 불교 그대로의 모습은 무엇일까? 그렇다. 무아 사상이다. 윤회와 연기 사상을 한마디로 이야기하면 '지은 자는 없지만 행위는 있다', '지은 자는 없지만 업보는 있다'는 것이다. 이것이 부처님 말씀의 핵심이다. ♥

_ 2019년 7월 18일 백중 3재 법회

탐진치는 탐냄, 성냄, 어리석음이다.
이 중 가장 근본은 어리석음이다.
무명無明이기 때문에 어리석다.
'내가 있다'는 잘못된 생각으로 욕심내고
화내는 것에서 번뇌와 정신적 고통이 생긴다.
탐진치가 나를 부려서 행하는 것이
나쁜 행동, 악업이다.
그럼 선善이란 무엇인가.
무명에 휩쓸려서 한 행동을 반성하고,
욕심내지 않고, 화내지 않고,
자비롭게 살려고 노력하는 행위이다.

깨달음

부처님의
제자들은
그 즉시
깨달았다

#부처님을 친견하면
#악업이 코끼리 오백 마리만큼 무거운 사람
#수행자의 아우라
#깨달음은 한순간에 다가온다
#황소처럼 느릿느릿 뚜벅뚜벅

초기경전을 읽다 보면 부처님을 친견한 그 자리에서 깨달음을 얻었다는 사람들이 빈번하게 등장한다. 그가 평소에 치열하게 수행한 사람이라면 그럴 수 있겠다 싶지만, 무작정 믿기에는 뭔가 찜찜한 구석이 있다. 요즘 말로 알코올 중독자 노인의 이야기도 그렇다.

어느 날 부처님의 제자가 마을에 탁발을 나갔다가 술에 취한 노인과 마주쳤다. 매일 술에 취해 살아온 그 노인에게 제자가 말했다.

"부처님께서 이 마을과 가까운 숲에서 수행하고 계십니다. 수행처에 방문한다면 부처님을 친견할 수 있을 겁니다."

"가면 뭘 해? 뻔하지 뭐. 술 마시지 말라고 할 테지."

다음 날에도 평소처럼 술을 진탕 마시고 집으로 돌아가던 노인이 크게 다쳤다. 몸을 가누지 못해 비틀거리다 나무뿌리에 걸려 넘어진 것이다. '부처님을 친견하지 않아 벌을 받았나?' 문득 불안해진 노인은 가족들의 부축을 받으며 길을 나섰다. 그 시각 숲에서 수행하시던 부처님께서 말씀하셨다.

"아난아, 한 노인이 오백 마리의 코끼리를 데리고 올 테니 지금 마중을 나가거라."

아난 존자가 부처님의 말씀대로 숲 입구로 마중을 나갔다. 그런데 코끼리는 한 마리도 보이지 않고, 멀리서 술에 잔뜩 취한 노인이 걸어오고 있었다. 이상하다 싶었지만, 아난은 그 노인을 부처님께 안내했다. 부처님께서 노인에게 물으셨다.

"오백 대의 수레에 가득 담긴 나무를 모두 불태우려면 얼마나 많은 불이 필요하겠는가?"

"그것도 모르십니까? 불씨 하나면 되지요."

"지금 그대는 얼마나 오랫동안 빨지도 않고 그 옷을 입고 있는가?"

"아마 일 년쯤 됐지요."

"그럼 일 년 동안 빨지 않은 그 옷을 깨끗하게 빨려면 얼마나 많은 잿물이 필요한가?

"조금이면 되지요. 옷 한 벌인걸요."

"그렇다. 지금 당신 안에는 코끼리 오백 마리만큼의 깊고 오래된 업장이 가득 차 있다. 평생 매일 술 마시고 취해 있었으니 그 악업이 얼마나 크겠는가. 하지만 그대의 크고 견고한 악업도 오늘 오계를 받고 그것을 지키겠다고 맹세를 하는 순간 모두 사라질 것이다. 마치 작은 불씨 하나가 오백 대의 수레를 다 태울 수 있고, 약간의 잿물이 일 년 이상 빨지 않은 옷을 깨끗하게 만드는 것과 같다."

그 노인은 어떻게 했을까? 그 자리에서 바로 오계를 받고 아라한과를 증득했다고 한다. 불음주계는 오계 중 하나인데, 수행은커녕 평생 술에 취해 살아온 이 노인이 어떻게 한순간에 성인의 경지에 올랐던 것일까? 어디에도 노인이 수행했다는 말은 나오지 않으니, 참으로 믿어지지 않는다. 하지만 이 미스터리의 실마리는 '부처님 친견'에 있다.

수행이 깊고 깨달음이 매우 높은 경지에 도달한 사람을 친견하면 묘한 경험을 하게 된다고 한다. 그의 수행력에서 풍겨 나오는 자비심으로 인해 자기도 모르게 깊은 번뇌가 사라진다는 것이다. 우리가 흔히 쓰는 말로는 아우라Aura라고 해도 좋겠다. 실제로 20세기 중반에 미국의 유명한 심리학자가 인도 아루나찰라Arunachala에 있던 현인을 친견했을 때 자기 안에 엄청난 변화가 생긴 것을 느꼈다. 왜 그랬을까 분석해 보니, 그 현인을 만나고 나서 자기 안에 있던 심리적 문제가 해소되었기 때문이었다. 그에게 정신적인 감화를 받아 자기도 모르는 사이에 무의식 깊은 곳에 있던 트라우마 즉 커다란 번뇌가 사라진 것이다. 몇 천 년에 한 번 나올까 말까 한 분, 아니 수행하여 최상의 깨달음을 얻은 분이 부처님이다. 그러니 노인이 부처님을 친견하고 아라한과를 얻었다는 이야기는 한 치의 거짓도 없음을 확신할 수 있다.

이제 두 번째 실마리를 찾아보자. 노인이 '그 즉시 깨달아 아라한이 되었다.'라는 결과는 어떻게 이해해야 하는가. 이 의문은 깨달음의 속성을 알아야 풀 수 있다. 오랜 세월 동안 한 번도 빛이 비친 적이 없는 아주 깜깜한 방이라 하더라도 누군가 불을 켜는 순간 곧바로 어둠은 사라진다. 깨달음을 설명할 때 가장 많이 사용하는 비유이다. 그러면 어둠은 어디로 사라진 걸까? 그리스의 왕 밀린다Milinda와 인도의 수행자 나가세나Nāgasena 존자가 불교에 대해 문답을 할 때에도 이 질문이 나온다.

"존자이시여, 지혜가 생기면 어리석음은 모두 어디로 사라집니까?"

"왕이시여, 어두운 방에 불을 켜면 그 어둠은 어디로 사라집니까?"

"존자이시여, 어두운 방에 불을 켜면 어둠이 사라지는 게 아닙니다. 방이 밝아진 것입니다."

"왕이시여, 그와 같이 지혜가 생기면 어리석음이 사라지는 게 아닙니다. 예전의 어리석음 그 자체가 지혜로 바뀌는 것입니다."

그렇다. 깨달음이란 한순간에 다가온다. 하지만 그냥 오는 건 아니다. 자전거를 처음 배울 때와 비슷하다. 몇 날 며칠을 이리 넘어지고 저리 부딪치며 연습해도 일 미터도 못 가 또 넘어진다. 그러다 어느 순간 내가 페달을 밟는 대로 핸들을 꺾는 대로 자전거가 나아간다. 그냥 그렇게 자전거를 타게 된다. 누가 물으면 뭐라 설명할 말이 떠오르지 않을 정도로, 어느 순간 그렇게 되어 버린다. "그냥 타면 돼. 방법이 없어." 몇 번을 넘어지고 무릎이 깨지는 노력을 했으면서도 말이다.

깨달음이란 것도 비슷하다. 깨달음에 이르기 전까지는 힘들고 괴롭고 고통스러움의 연속이다. 아무리 잘하려고 해도 뜻대로 되지 않는다. 게다가 최선을 다해 노력했다고 해서 그에 상응하는 성과가 바로 나오는 것도 아니다. 일주일 동안 용맹정진을 하면 일주일만큼의 깨달음이 오는 게 아니다. 용맹정진

전이나 후나 변한 게 없다. 그러다가 어느 순간 깨친다. 그야말
로 어느 순간에 말이다.

> 수보리야, 보살이 이 세상 존재하는 것들에
> 집착하는 마음으로 보시하면
> 마치 어두운 곳에 들어가서 보이는 것이
> 아무 것도 없는 것과 같고
> 만약 보살이 존재하는 것들에 집착하지 않고 보시하면
> 환하게 빛이 나는 곳에서 온갖 것들을
> 또렷하게 보는 것과 같다.

> 須菩提 若菩薩 心住於法 而行布施 如人入闇 則無所見
> 若菩薩 心不住法 而行布施 如人有目 日光明照 見種種色
> _《금강경》, 제14분 〈이상적멸분離相寂滅分〉

무주상 보시는 온갖 것을 또렷하게 볼 수 있는 빛이 가득한 곳
과 같다고 부처님께서 말씀하셨다. 아무것도 보이지 않는 어두
운 곳에서 더듬거리며 살고 싶은 사람이 있을까? 밝은 방에 있
고 싶다면, 그저 불을 켜기만 하면 된다. 그러면 내가 있는 이
어두운 방이 환한 방으로 바뀐다. 어느 순간 자전거를 탈 수 있
게 되는 것처럼 한순간에 불이 켜지니 방 안에 있는 모든 것이
눈에 들어오게 된다. 깨달음이란 이런 것이다.

삼 일 동안 수행한 마음은

천 개의 수레를 가득 채운 보물과 같고

백 년 동안 탐한 재물은

하루아침에 사라지는 티끌과도 같다.

三日修心 千載寶

百年貪物 一朝塵

_ 〈자경문〉, 서序

〈자경문〉은 출가수행자가 초발심을 했을 때 반드시 봐야 하는 불전이다. 삼 일과 백 년 사이에는 헤아릴 수 없을 정도로 많은 시간이 존재한다. 재물을 탐하는 건 깨달음의 길에 방해가 될 뿐이다. '백 년 동안 아무리 재물을 모아도 하루아침에 사라지는 티끌처럼 헛된 것인데 무엇을 바라고 그 오랜 시간을 낭비할 텐가. 부처님은 가사와 발우만으로도 진리를 일으키는 데 충분하셨는데 어째서 재물을 축적해 길고 긴 무명 속에서 살고자 하는가.' 이 말씀을 뒤집어 보면 백 년 천 년 동안 중생심에 빠져서 희로애락에 휘둘려 살아도 그런 것들은 하루아침의 티끌과도 같아서 수행을 하고 깨달음을 얻으면 모두 사라진다는 말씀이 아니었을까? 이처럼 깨달음이란 수행한 만큼 그때그때 꾸준하게 오는 것이 아니라 한순간에 오는 것이다.

착각하지 말자. 깨달음이 한순간에 온다고 해서, 수행도 벼락치기가 통할 거라 생각하지 말라. 심근경색으로 쓰러지기 전, 나는 핑계를 대며 운동을 하지 않았다. 지금은 무슨 일이 있어도 하루에 만보 걷기를 실천하려 노력한다. 목숨을 담보로 얻은 절실함이 나를 완전히 바꾸어놓았다.

깨달음도 이와 같다. 부처님 말씀대로 하니 마음이 편해진다, 잡념이 사라진다, 나라는 것은 없다, 불자라면 오계를 지켜야 한다… 이런 건 깨달음이 아니다. 깨달음은 자기 자신이 완전하게 바뀌는 것이다. 미루어 짐작하는 것을 깨달음이라 착각하지 말자.

태어나서 평생 동안 깜깜한 방에서만 지낸 아이는 아무리 밝고 환한 바깥 세상을 설명해 줘도 온전히 받아들이지 못한다. "밖에 나가면 태양이라는 게 있고 하늘은 파랗고 나무는 푸르고 강물은 반짝반짝 빛이 난단다." 이런 설명을 듣고 빛을 상상해본들 과연 그것이 진짜 빛일까? 우리가 깨달음을 얻기 전에 느끼고 생각하는 것은 이 아이가 빛에 대해서 머릿속으로 생각하는 것과 같은 것이다.

정초가 되면 '올해는 부처님 제자답게 잘 살아야지', '목표를 반드시 이루어야지' 하는 생각들을 품게 된다. 모든 것이 마음처럼 되지 않더라도 처음 먹었던 그 간절한 마음을 포기하지 말자. 항상 어느 경지에 도달하기 전까지는 아무리 노력해도 성과가 제대로 나오지 않을 수 있다. 황소가 느릿느릿 뚜벅뚜벅 걸어가듯이 우직하게 밀고 나가면 된다. 마치 깨달음처럼 말이다. ♥

__ 2020년 2월 2일 정초기도 회향과 삼재기도 입재 법회

오온

반야심경의
핵심은
육바라밀에
있다

#반야심경
#관자재보살
#반야바라밀다
#오온
#공

우리는 매일 염불할 때마다 신중님들을 향해 《반야심경》을 외운다. 신중님은 도량에서 공부하는 스님들과 신도님들을 보호하는 분들이다. 고마운 분들이기는 하지만 아직 깨치지는 못하셨기 때문에 그분들이 빨리 깨치시라고 우리가 《반야심경》을 읽어드리는 것이다. 그런데 많고 많은 경전 중에 왜 《반야심경》일까?

부처님의 가르침을 담은 불교 경전을 흔히 '팔만대장경'이라 부른다. 종류와 양이 어마어마하게 많아, 불교 경전을 처음부터 끝까지 다 읽은 사람을 만나보기 어려울 정도이다. 그렇더라도 미리 포기하지 말자. 방대한 팔만대장경에 담긴 부처님의 가르침 가운데 핵심만 간추린 경이 바로 《반야심경》이다. 우리는 팔만대장경의 핵심 가르침을 담은 《반야심경》을 이미 수없이 읽어왔고 외우기까지 한다. 게다가 신중님들께도 들려드리니 말이다.

더군다나 《반야심경》에서 가장 중요한 내용은 이미 첫 문장에 다 드러나 있다. '핵심의 핵심의 핵심'을 안다면 부처님의 가르침의 핵심을 안다고 말할 수 있지 않겠는가. 팔만대장경의 핵심 가르침을 담은 《반야심경》의 핵심인 첫 문장을 보자.

관자재보살이 깊은 반야바라밀다를 행할 때,
오온이 모두 공한 것을 비추어 보고
온갖 고통에서 건너느니라.

觀自在菩薩 行深般若波羅蜜多時
照見五蘊皆空 度一切苦厄

관자재보살觀自在菩薩, 반야바라밀다般若波羅蜜多, 오온五蘊, 공空, 관觀, 고액苦厄. 이 여섯 가지만 알면 불교의 핵심을 파악할 수 있다. 이 첫 문장의 주어는 관자재보살인데, 우리는 관세음보살이라고 부른다. 관자재보살은 반야바라밀다를 행하였고, 오온이 공한 것을 비추어 보았고, 온갖 고통에서 건너셨다. 이것이 《반야심경》에 담긴 핵심 내용이고 팔만대장경의 핵심 내용이다. 하나씩 살펴보자.

첫 번째는 '보살'이다. 우리가 익히 들어온 '보살'은 깨달은 중생이라는 뜻이다. 여성 불자를 보살이라고 하는 이유는 바로 '보살님처럼 되라'는 기원을 담고 있기 때문이다. 그렇다면 보살님처럼 되려면 어떻게 해야 할까?《금강경》에 해답이 있다.

만약 보살이 아상·인상·중생상·수자상을
갖고 있으면 보살이 아니다
보살은 상相에 머무르지 않고 보시해야 한다.

若菩薩 有我相人相衆生相壽者相 則非菩薩
菩薩 應如是布施 不住於相

'아상·인상·중생상·수자상'이 없고, '상相'에 머무르지 않고 보시해야 보살이라 하였다. 결국은 아상 즉 '내가 있다'는 생각이 없으면 바로 보살이다.

그렇다면 《반야심경》에 나오는 보살은 어떤 행을 하는가? "관자재보살이 온갖 고통에서 건넌다."고 했다. 어떻게 건너는가? '오온이 공한 것을 비추어 보고' 건넌다. 언제 비추어 보는가? '반야바라밀다를 행할 때'이다. 정리해 보면, 관자재보살은 오온이 공하다는 것을 깨치는 것이 목표이다. 이것이 바로 우리 불자들의 수행의 목표이다. 왜 깨치려 하는가? 고통에서 건너기 위해서이다. 이것이 수행을 하는 이유이다. 바꿔 말하면 우리의 인생 목표이자 살아가는 이유라 할 수 있다.

관자재보살은 온갖 고통에서 벗어나기 위해 수행했다. 우리는 어떤가? 왜 사는 걸까? 돈, 명예, 평화… 여러 가지가 떠오를 테지만, 갖가지 이유를 하나의 카테고리로 묶어 보면 아마도 '행복'이라는 말로 대치할 수 있을 것이다.

왜 사는가보다 먼저 생각해야 할 게 있다. 우리는 왜 태어났는가? 단언컨대 우리가 태어난 이유는 없다. 그렇지만 우리는 태어난 이상 행복하게 살아야 한다. 고통에서 벗어나면 행복이다. 그러니 우리는 온갖 고통에서 벗어나기 위해서 살고 있다고 말할 수 있다.

그러면 왜 부처님은 "관자재보살이 오온이 공한 것을 비추어 보고 행복을 얻었다."라 하지 않고, "관자재보살이 온갖 고통에서 건넌다."라고 했을까? '이런 것이 행복이다'라고 정해 놓으면 이 테두리 안에 들어가지 않는 것은 불행한 것이 되기 때문이다. 그래서 '고통스럽지 않은 것이 행복'이고, '고통에서 건너는 것이 행복'이라고 말씀하신 것이다.

그렇다면 또 의문이 생긴다. 행복하기 위해 노력하면 노력한 만큼 행복해질까? 그렇지 않다. '이것이 행복이다.'라고 정하는 순간, 이미 스스로에게 '저것은 행복이 아니다.'라고 최면을 거는 것과 같다. 행복하기 위해 노력한다는 말은 불행하기 위해 노력하는 것이 된다. 그러니까 우리는 행복하기 위한 수행이 아니라 고통에서 벗어나기 위한 수행을 해야 한다.

관자재보살은 어떻게 고통에서 벗어났을까? 오온이 공한 것을 비추어 보고 온갖 고통에서 벗어났다. 그렇기 때문에 오온이 공한 것을 수행의 목표로 삼은 것이다. 목표란 어떤 행동을 하여 도달해야 하는 지점이자 실제적 대상이다. 목표를 정했으니 이제 우리는 오온이 공하다는 것이 무엇인지 알면 된다. 이를 더 세분하면 오온이 무엇인지, 공하다는 게 어떤 것인지 알면 된다. 그런데 여기에서 대부분 막막해질 것이다.

'오온'이란 무엇일까? 색·수·상·행·식이라는 다섯 가지 온, 즉 색온色蘊, 수온受蘊, 상온想蘊, 행온行蘊, 식온識蘊이다. '온蘊'이란 '덩어리, 쌓였다, 뭉쳐있다' 등의 뜻이 있다. 《원각경》〈보안보살장〉에는 '환幻의 때'라는 말이 나온다. 환은 허깨비이다. "거짓된 허깨비에 때가 쌓여 있는 것이 마음이고 몸"이라고 《원각경》에서 이야기하듯이, 《반야심경》에서 온은 뭔가가 쌓인 덩어리로서 실재하는 것이 아니라고 한다.

왜 오온이 환의 때이고 실재하는 것이 아닌지 하나씩 살펴보자. 우리 증심사 오백전五百殿 앞에 장미 한 송이가 피어났다면, 뭔가가 있다는 느낌이 내 안에 생긴다. '뭔가가 있다'라고 알아차린 이 느낌이 색온色蘊이다. '색色'이란 공간을 차지하는 어떤 것이다. 모양과 빛깔을 가진 물질이라 생각하면 된다. 자세히 보니 '이것이 아름답다'는 느낌이 든다. 이 느낌이 수온受蘊이다. 그런데 이 장미꽃이 아주 크고 빨갛다. '다른 장미보다 더 크고 더 빨갛네' 하고 비교하는 마음이 생긴다. 이것이 상온想蘊이다. 더 크고 빨간 장미를 보니, 꺾어서 방 안 꽃병에 꽂고 싶어진다. 이렇게 '무언가 하고 싶다'는 의도가 행온行蘊이다. 색온에서 행온까지 긴 시간이 필요한 것은 아니다. 보는 순간 바로 의도까지 일어난다.

그리고 "저기에 장미가 있고 내 안에 무언가가 '저기에 장미가 있구나'라고 생각하고 있다."라는 것이 식온識蘊이다. 즉 '지금 내가 저 앞에 있는 것을 보면서 어떤 생각을 하고 있구나. 이런 생각을 하고 있는 뭔가가 내 안에 있구나.' 이런 느낌이 식온이다. 더 쉽게 말하면 '의식을 잃었다'라 할 때의 '의식'이라고 이해해도 된다. 이처럼 오온은 결국 내 마음을 이야기하는 것이다. 내가 보고 듣고 만지고 느낀 것을 종합하여 내 마음에서 진행되어 내가 생각하는 것, 이것이 오온이다.

《원각경》은 "몸과 마음이 다 환의 때이니, 때가 아주 없어지면 시방 세계가 청정함을 알지니라.(當知身心皆爲幻垢 垢相永滅 十方淸淨)"고 했다. 그러면서 "깨끗한 이 보배구슬에 오색을 비추면 그 빛에 따라 보석구슬이 여러 가지 색으로 다르게 나타

나는데 어리석은 사람들은 그 보배구슬에 실제로 오색이 있어
서 빛을 낸다고 생각을 한다.(譬如淸淨摩尼寶珠映於五色隨方各現
諸愚癡者見彼摩尼實有五色)"라고 비유했다. 파란색을 비췄으므로
다이아몬드가 파랗게 빛난 것인데, 어리석은 사람들은 다이아
몬드 자체가 파란 빛을 낸다고 생각한다는 것이다. 사실 오색
의 빛을 내는 보배구슬 자체에는 아무 색이 없지만 갖가지 색
깔이 보일 뿐이다. 《원각경》은 이것을 '환의 때'라고 말했다.

또 《원각경》은 '허망하게 인연 기운이 쌓인 것이 마음(妄
有緣氣於中積聚似有緣相假名爲心)'이라고 한다. 있는 것이 아닌데
도, 허망한 인연 기운이 쌓이고 모여서 뭔가 있는 것 같다고 착
각하는 것이 마음이라는 것이다.

이번엔 좀 더 복잡하게 설명해 보자. 조금 전에 오온 중 식
온이 의식이라고 했다. 식온, 의식이라 할 때의 '식識'은 세 가
지로 나눌 수 있다. 제6식, 제7식, 제8식이다. 의식이 제6식이
고, 제7식은 말나식末那識, 제8식은 아뢰야식阿賴耶識이라 한다.
말나식은 우리가 일반적으로 말하는 '나'이다. "요즘 내가 왜
이렇게 사는지 몰라. 저 인간만 보면 내 속에서 열불이 나."라
고 할 때처럼, 내가 느끼는 나 자신이 말나식이다. 몸도 내 자신
이고 생각도 내 자신이라면 이 모든 것들을 관장하는 '나'가 어
딘가에 있어야 할 것 같다. 그러한 '나'가 있다는 느낌이 제7식
인 말나식이다. 이보다 더 깊은 의식이 제8식인 아뢰야식인데,
말로 표현하기도 힘들고 볼 수도 없고 느낄 수도 없는 무의식
단계라 할 수 있다.

이번에는 '공空'에 대해 생각해 보자. 공은 '꽉 채워져야 하는데 뭔가 빠져 있는, 결여된, 부족한'이란 뜻인데, 인도 산스크리트어로 '순야sunya'라고 한다. 무엇이 빠져 있다는 걸까? 바로 '자성自性'이다. 그러므로 자성이 무엇인지 알면 공을 아는 것이나 마찬가지이다.

그리스의 철학자인 플라톤은 모든 사물의 원인이자 본질을 '이데아'라고 했다. 예를 들어보자. 태어날 때부터 동굴에 갇혀 살아온 사람들이 있다. 동굴 밖에 해가 뜨면 동굴 벽에 새의 그림자가 비친다. 동굴 안에서만 살던 그들은 새의 그림자를 새라고 생각한다. 그러다 동굴 밖에 나가게 되었는데, 자신이 보던 새와는 전혀 다른 새가 하늘을 날아다니는 것을 보게 된다. 이처럼 플라톤은 우리가 눈으로 보고 듣는 것은 마치 동굴에 갇힌 이들이 보았던 그림자와 같다고 하였다. 동굴 밖에 실재하는 그 무언가가 바로 플라톤이 말하는 이데아이다.

지금 내 옆에 시계도 있고 컵도 있다. 플라톤의 이데아론에 따르면, 지금 내가 보는 이 시계는 실제 시계가 아니라 시계 이데아의 그림자이다. 모든 시계는 그 시계의 이데아가 다양한 모습으로 나타난 것이다. 컵도 마찬가지이다. 이 컵은 색깔이 하얀 컵, 빨간 컵, 유리로 만든 컵 등 이데아의 다양한 그림자이다. 컵의 실재인 이데아는 내가 실제로 볼 수 없지만 어딘가에 존재하고 있으며, 하나이고, 똑같다.

자성도 마찬가지이다. 자성은 조건에 따라서 변하는 것이 아니다. 즉 자성이라는 것은 고정불변의 영원한 것, 변하지 않는 것, 그것을 그것이게 만드는 것이다. 시계의 본질이 변하면 그것은 더 이상 시계가 아니다. 시계를 시계이게끔 하는 고정 불변의 그 무엇이 자성이다. 새를 새이게끔 만들고, 사람을 사람답게 만드는 것, 그 본질이 바로 자성이다.

자성이 있다는 생각은 우리 안에 아주 뿌리 깊게 박혀 있다. "인간이 인간다워야지. 인간이 인간답지 못하면 개돼지랑 뭐가 달라?" 또는 "어른이 어른다워야지." 또는 "스님이 스님다워야지." 하는 말들이 바로 자성에 근거를 둔 사고방식에서 나온 말이다. 이상향, 이데아, 자성이 있다고 굳게 믿고 있는 것이다.

그런데 불교는 자성이 없다고 한다. 애초에 '자성이라는 것, 이데아라는 것은 없다', 이것이 바로 '공'이다. 이 공을 올바로 알면 불교의 핵심을 깨치게 된다. 공을 더 익숙한 용어로 말하면, 연기사상이고 무아사상이다. 하지만 우리는 불교의 핵심인 공을 이해하기 어렵다고 여긴다.

불교는 모든 것이 인연에 의해서 생겼다가 인연에 의해서 사라진다고 한다. 모든 존재는 독자적으로 존재하는 것이 아니라는 것이 연기법이다. 그러니 자성이 없다고 하는 것이다. 이러한 연기법을 잘 설명한 아주 유명한 게송이 있다.

이것이 있으므로 저것이 있고,
이것이 일어나므로 저것이 일어난다.
이것이 없으므로 저것이 없고,
이것이 사라지므로 저것이 사라진다.

此有故彼有 此起故彼起
此無故彼無 此滅故彼滅

그런데 '자성이 없다'는 것을 쉽게 이해할 수 있는 '연기'라는 용어 대신에, 왜 굳이 공이라고 어렵게 표현했을까?

부처님 당시에는 '연기'라고 했다. 하지만 세월이 지나면서 겉으로 드러난 양상 즉 '이것과 저것이 서로 연결되어 있다'는 것만 강조되고 '자성이 없다'라는 핵심은 사라지게 된다. 시간이 더 지나게 되자, 많은 사람들이 '자성이 있는 게 아닐까?' 하며 점점 자성을 인정하게 되었다. 부처님의 가르침을 완전히 왜곡하게 된 것이다. 그러자 관세음보살의 화현이라고 존경받는 용수 스님이 등장해 '연기'를 '공'으로 설명하였다. '자성이라 할 만한 게 없다.'는 것이 핵심인데, 연기를 제대로 이해하지 못하고 인연이라든가 서로 의존하여 존재한다는 관계성이 부각 되었기 때문에 연기라는 용어 대신 공이라는 말로 바꾸어 버린 것이다. 자성이 없고 텅 비었으니 '빌 공空'이다.

예를 들어보자. 영화를 보다 보면 슬픔이 밀려오기도 하고 두려움이 몰려오기도 한다. 하지만 영화가 끝나고 나면 그런 것들이 사라져버린다. 말 즉 언어만 놓고 보면 마치 물건이 공간을 따로 차지하고 있는 것처럼 저기 어딘가에 두려움이라는 감정이 있다고 받아들이게 된다. 두려움이 영화라는 조건을 통해서 나와 만났고, 영화라는 조건이 사라지니까 두려움도 어디론가로 가버렸다. 두려움도 존재하고 나도 존재한다. 개별적으로 존재하는 두 존재가 서로 관계를 맺고 있다고 생각하는 것이다. 이렇듯 부처님 사후에 많은 사람들이 불교를 잘못 이해하고 있었다. 그래서 용수 스님은 이데아나 자성 같은 것은 없다는 부처님의 가르침을 강조하고, 사람들의 잘못된 생각을 바로잡기 위해 '연기'라는 용어 대신 '공'이라는 새로운 표현을 사용하였던 것이다.

우리는 왜 이데아적 사고, 자성 중심적 사고에 익숙할까? 이런 사고는 어디에서 비롯된 것일까? 바로 우리가 하는 말 때문이다. 김사업 님의 《인문학을 좋아하는 사람들을 위한 불교 수업》을 읽다가 재미있는 예를 발견했다. 집에 아주 오래 된 단지가 하나 있다. 시어머니가 시집올 때 가지고 온 요강이다. 그런데 시어머니 외에는 이 단지가 요강이라는 것을 아무도 몰랐다. 어느 날 손자가 엄마에게 "이게 뭐야?"라고 묻자, 엄마는 "그릇이야."라고 대답했다. 얼마 후에 엄마는 요강에다 고추장을 담갔다. 이를 본 시어머니가 화를 낸다. 요강에다 장을 담그니 당연히 화를 낼 수밖에. 이번에는 손녀가 오줌이 마렵다고 하자, 시어머니가 요강을 가져다주었다. 이를 본 손자가 동생에게 화를 낸다. "그릇에다 오줌 누면 어떡해!"

이들 중에서 잘못한 사람은 누구일까? 아무도 잘못하지 않았다. 또 요강은 무슨 죄가 있나? 누구는 요강이라 하고 누구는 고추장 단지라 생각하고 그들끼리 싸웠는데 말이다. 그냥 뭔가가 거기 있을 뿐이다. 오줌을 누면 요강이 되고, 고추장을 담그면 단지인 것이다. 그런데 "이것은 단지다."라고 말해버리면 그것은 원래부터 단지였던 것으로 생각하게 된다. 나도 모르게 단지를 단지이게 하는 뭔가가 있다고 착각하는 것이다. 우리가 연기나 공을 이해하고 체험하기 어려운 이유도 여기에 있다.

'요강'이라고 '말하는' 순간, 우리는 요강의 이미지로 현실의 뭔가를 바라본다. 꼭 그런 것은 아니지만 요강이라는 이미지가 현실의 그 무엇을 덮어씌우는 셈이다. 요강이라고 '말하는' 현실의 그 뭔가를 아무리 뚫어지게 쳐다보아도 거기에 요강은 없다. 우리가 보고 듣고 느끼는 세상은 사실 우리가 언어로 재구성한 세계, 이미지와 상징들로 재구성된 세계이지 실제 세계는 아니다.

조사스님들이 "말의 길이 끊어지고(言語道斷), 마음이 가는 길이 다 사라졌다(心行處滅)."라고 말씀하셨다. 말하는 순간 이미 다른 세계가 된다. 이것이 요강이라고 생각하는 순간 이 세계에서 이것은 요강이 된다. 실제 요강이 아니라 '요강이 있다.'가 되어버린 것이다. 요강뿐 아니라 시계나 컵도 마찬가지이다. 그럼 이러한 세계는 무엇이 만든 것일까? 내 마음이다. 일체유심조一切唯心造. 요강의 이야기를 제대로 이해했다면, 모든 것은 결국 내 마음이 만들었다는 말도 이해할 수 있을 것이다.

마지막으로 '반야바라밀다'를 살펴보자. 바라밀다波羅蜜多는 '건너가자'는 뜻의 산스크리트어인 파라미타pāramitā를 소리 나는 대로 한자로 옮긴 말이다. 이 언덕에서 저 언덕으로 건너가는 게 바라밀다이다. 피안彼岸의 언덕으로 가는 것, 즉 뭔가를 하는 것(行), 실천하는 것이다. 어떤 실천을 하는가? 반야바라밀다를 한다. 반야般若는 '진리를 통찰하는 지혜'라는 뜻이다. 산스크리트어인 쁘라즈냐prajñā를 뜻으로 옮기면 지혜이고 소리로 옮기면 반야라 한다. 우리가 보시, 지계, 인욕, 정진, 선정, 지혜의 육바라밀을 실천하는 것은 반야 즉 진리를 통찰하기 위해서이다. 그래서 육바라밀 전체가 반야바라밀이다.

이제 다시《반야심경》의 첫 문장을 생각해 보자. 관자재보살은 깊은 반야바라밀다를 행할 때 오온이 모두 공한 것을 비추어 보고 온갖 고통에서 건넜다. 우리가 불교 공부를 해야 하는 이유도 고통에서 벗어나기 위해서이다. 우리가 불교 수행을 하는 목표는 공을 증득하기 위해서이다. 오온은 공한 것이고 마음은 모두 허깨비라는 것을 깨닫기 위해서 수행하는 것이다.

관자재보살이 깊은 반야바라밀다를 행한다는 말은 육바라밀을 실천하고 있을 때라는 말과 같다. '관자재보살은 육바라밀 수행을 할 때 오온이 공함을 깨닫겠다는 목표를 세우고 열심히 수행하여 고통에서 건너게 되었다.' 이것이《반야심경》첫 문장의 내용이다. 이 하나의 문장에 불교 수행을 해야 하는 이유와 수행의 목표, 수행하는 방법이 모두 들어있다. 그러니까《반야심경》의 첫 문장만 올바로 이해해도 불교의 모든 것을 다 이해한 것이나 마찬가지가 된다. ♥

___ 2019년 6월 5일 초사흘 법회

무상과
자비

내가
사라지면
세계도
사라진다

#무상과 아상
#자비
#집착과 사랑
#동체대비
#코끼리의 시봉

몇 년 전에 일본 홋카이도의 비와 호수(琵琶湖)에 갔었다. 호수 안에 멋진 섬이 있어 무척 신비롭고 환상적인 풍경을 지닌 곳이었는데, 풍경 말고도 내 눈을 사로잡은 것은 어르신들의 청소였다. 결벽증이라고밖에 설명할 도리가 없을 정도로 길바닥의 돌에 긴 먼지까지도 송풍기로 쓸어버렸다. 교토의 거리에서도 비슷한 느낌을 받았는데, 어쩌면 잦은 지진 때문이 아닐까 하는 생각을 했다. 일본인들은 아무리 열심히 가꾸어도 한 번 지진이 나면 무참히 파괴된다는 것을 오랜 경험을 통해 알고 있다. 한 번 지나간 것은 다시 오지 않는다는 '무상無常'에 대한 자각 말이다. 그러니까 이 길, 이 거리, 이 건물은 오직 이 순간뿐이라는 생각으로 주변 환경에 집착하며 그토록 열심히 청소하는 것은 아닐까.

무상. 한 번 지나간 것은 다시 오지 않는다는 이런 생각은 지금 이 순간에 더욱 집착하게 만든다. 다시 오지 않을 것에 대해 아쉬워하고 더 간절하게 매달리는 이유는 아상我相 때문이다. 내가 있고, 내 것이 있고, 내가 좋아하는 것이 있다는 이 모든 것들은 넓은 의미의 '나'이다. 나라는 것이 있다는 생각 때문에 내가 사라지기를 원치 않게 된다. 또 내가 있다는 생각은 '나는 소중하다'는 생각으로 이어지고, 나는 소중하기 때문에 내가 사라지는 일이 생겨서는 안 된다고 생각한다. 이런 생각들이 굳어져 '나'와 '나의 것'과 '나에 속한 모든 것'들에게 집착하는 마음이 생기고, 그것이 한순간 사라지는 무상함을 경험하게 되면 더욱 집착이 굳어진다.

부모는 누구보다 자식이 성공하고 행복하기를 바란다. 이
것은 부모가 자식을 사랑해서인가, 아니면 자식이 내 뜻대로
살기를 바라서인가. 이 둘을 잘 구별해야 한다. 만약 자식이 내
뜻대로 살기를 바라는 것이라면, 자식에 대한 사랑이 아니라
집착이다. 집착한다는 것은 내 자신을 확장하는 것이고, 자식
이 내 뜻대로 살기를 바라는 것은 자식과 나를 동일시하는 것
이다. 하지만 부모와 자식이 한 몸처럼 생각하고 행동하는 것
은 현실적으로 불가능하다.

　　불교에서는 사랑이라는 애매한 표현보다는 자비라는 말
을 쓴다. 사랑 자慈 슬플 비悲. 대중가요에 나오는 슬픈 사랑이
라는 뜻이 아니라 상대방의 감정에 공감하는 것이다. 자비는
나 자신이 없어야 가능하다. 나 자신이 사라지는 것, 이것이 자
비의 출발점이자 목적지이다. 집착과 정반대인 것이다. 그런데
우리는 집착을 사랑이라 착각하며 산다. 만약 진정으로 사랑하
는 사람이 잘못된 길을 가고 있다면 어떻게 해야 할까? "안 돼!
그건 잘못이야!"라고 혼내고 따지고 비판한다면 내 생각을 강
요하는 것이다. 이건 집착이다.

　　부처님은 제자들에게 강요하지 않으셨다. 꼬삼비의 승원
에서 비구들이 다툼을 벌였다. 한 비구가 화장실에서 일을 보
고 변기를 씻은 물통을 거꾸로 돌려놓지 않고 나온 것이 발단
이었다. 점차 비구들이 둘로 나뉘어 다투고 재가자들도 합세했
다. 부처님이 서로 화합할 기회도 주었으나 이들은 부처님의
말씀도 듣지 않았다. 부처님은 비구의 무리를 떠나 혼자 숲속

으로 들어가 수행하였다. 아난다도 없이 혼자 수행하시는 부처님을 시봉한 건 코끼리였다. 결국 이 다툼은 부처님을 뵙지 못하게 된 재가자들이 비구들에게 공양을 거부함으로써 끝을 맺었다. 잘못을 뉘우친 비구들이 부처님을 찾아뵙고 참회했다고 한다.

이처럼 부처님은 충고하되 강요하지 않으셨고, 자신의 잘못을 스스로 알도록 배려하되 무관심하지 않으셨다. 다툼에 빠진 제자들을 바라보는 부처님의 마음은 슬프고 안타까웠을 것이다. 그렇다고 해서 직접 그들을 혼내고 벌을 주는 것은 당신의 생각을 강요하는 것이고, 아상을 키우는 것이며, 집착하게 되는 것이니까 그렇게 하지 않으셨던 것이다.

이렇듯 집착과 사랑은 뿌리가 다르다는 점을 반드시 명심해야 한다. 나를 키우고 나를 확대하고 나라는 생각을 더 견고하게 만드는 것이 집착이라면, 진정한 사랑은 나를 사라지게 하는 것이다. 궁극적으로는 모든 것이 너와 나의 구별이 없는 하나로 바라보는 것, 그것이 사랑이다. 동체대비同體大悲는 여기에서 나온 말이다. 한 몸이라고 생각하니까(同體) 큰 자비심(大悲)이 나오는 것이다. 저 사람이 불쌍해서가 아니라, 바꿔야 하는 대상이어서가 아니라, 나와 한 몸이기 때문이다.

무상을 느끼더라도 내가 있다는 생각에 사로잡히면 헛되이 사라지는 것들에 집착하게 된다. 집착하면 집착한 만큼 지금 내게 있는 것들을 더 간절한 마음으로 아끼게 된다. 하지만 동체대비의 마음에서 보자면 끊임없이 생겼다 사라지고 사라졌다 생기는 변화는 다만 과정일 뿐이다. 무상을 자각하는 것이야말로 세상만물이 제각각 흩어진 별개의 존재가 아니라 한 몸임을 자각하는 것이다. 그리고 그 속에서 진정한 자비심이 나온다. 결국 무상을 자각하는 것이 지혜이고, 곧 자비심을 키우는 것이다. ♥

__ 2019년 5월 22일 지장재일 법회

염불과 화두

무념무상 부처의 경지로 이끌다

#관음시식 장엄염불
#염불은 부처님을 생각하는 것
#아미타부처님은 어디에 계시는가?
#부처님을 생각하는 마음이 바로 부처
#무념무상의 경지
#잡생각 말고 한 생각

정초에는 이런저런 기도도 많고 제사도 많다. 제사를 지낼 때 장엄염불을 하는데, 경전이나 조사어록에서 중요하고 좋은 이야기만 고르고 골라서 염불을 장엄하는 의식이다. 영가님을 위해서, 그리고 제사에 참석한 분들을 위해서 장엄염불의 내용을 함께 공부하는 것도 의미가 있다고 생각한다. 곧 있으면 칠성 재일이고, 이날 사부대중이 함께 염불을 할 것이다. 그러니 우선은 '관음시식 장엄염불'의 도입부 게송부터 살펴보면 어떨까.

> 아미타불은 어디 계신가
> 마음머리에 꼭 붙여서 간절하게 잊지 말라
> 생각생각이 지극하여 생각 없는 곳에 도달할 때
> 육문에서 항상 상서로운 자금광을 발할 것이다

> 阿彌陀佛在荷方
> 着得心頭切莫忘
> 念到念窮無念處
> 六門常放紫金光

아무리 열심히 아미타불을 찾으려 해도 중간에 까먹고 또 까먹는 동생에게 나옹 스님이 지어주신 게송이다. 우리도 염불을 하다 보면 졸기도 하고 딴생각하기도 하고 자꾸 마음이 옆으로 샌다. 사람 마음이 다 그렇다. 나옹 스님의 동생도 그랬던 것 같다. 나옹 스님의 게송을 정리하면 이렇다. "네가 열심히 염불을 해서 부처님 생각이 끊이지 않고 이어져 마침내 생각이 없는 경지에 이르면, 그때 네 마음이 바로 아미타부처님이다."

염불念佛이란 말 그대로 '부처님을 생각함'이다. 평소에 시기하고 슬퍼하고 우울해하고 자책하는 마음인 중생심이 부처라는 말이 아니다. 부처님 생각을 끊임없이 해서 마침내 부처님을 생각한다는 그 생각마저도 없는 경지에 도달했을 때, 그때의 마음이 부처라는 말씀이다.

육문六門이란 안·이·비·설·신·의라는 여섯 개의 감각기관, 즉 육근六根을 말한다. 하지만 단순히 우리 몸에 있는 것이 나가는 구멍만을 말하는 것이 아니다. 육문은 우리 마음이 밖으로 나가는 통로이다. 마음이 눈을 통해서 밖으로 나가면 무언가를 보고, 귀를 통해 나가면 듣고, 혀를 통해 나가면 맛을 본다. 이렇게 마음은 여섯 가지 문을 통해 가져온 여러 정보들을 기억하고 저장하고 또 다른 생각을 만든다. 그러므로 '육문에서 방광한다.'는 말은 '내 마음이 곧 부처'라는 말씀이다.

마음이 부처라는 말을 꼼꼼히 따져보자. '마음 = 부처'이므로 '마음이 아닌 것 = 부처가 아님'이 된다. 즉 마음 밖에 있는 것은 부처가 아니라는 말이다. 예를 들어 용은 상상 속의 동물이다. 실제로 존재한다는 것은 반드시 어딘가에 공간을 차지하고 있다는 의미이고, 반드시 시간을 차지하고 있다는 의미이다. 즉 존재하는 것은 형체가 있고 시작과 끝이 있다. 그런데 용은 생명이 있어서 태어나고 죽는 것이 아니며, 어느 공간에 머물고 있지도 않다. 그저 우리 상상 속에 있을 뿐이다. 마찬가지로 마음이 부처라 했을 때, 부처는 실제로 존재하는 것이 아니다. 부처는 시간과 공간을 차지하고 있지 않다는 말이다. 그러니 첫 문장에서 '아미타불은 어디 계신가?' 하고 질문을 던지신 것이다.

불교는 부처라는 것이 실제 존재하지 않으며 다만 마음이 부처라 말한다. 믿으면 존재한다는 기독교와는 완전히 다르다. 우리는 마치 부처님을 시간과 공간을 차지하는 무언가는 아닐지라도 상상 속의 동물처럼 어딘가에 있는 것처럼 생각한다. 그런데 나옹 스님은 '아미타부처님이 어디에 계시는가?' 하는 생각을 마음 머리에 붙들어 매고 잊지 말라고 한다.

'화두話頭'도 마찬가지다. 말 그대로 '말의 머리'라는 의미이다. 말을 하려면 먼저 생각을 해야 한다. 그러니까 말의 머리는 곧 생각의 머리이다. 염두念頭, 심두心頭도 화두와 같은 말이다. 생각의 머리는 생각이 나오는 곳, 생각이 시작되는 곳이다. '생각의 머리에 둔다'는 말은 어떤 생각을 하든 그 생각이 시작되는 곳을 살핀다는 의미이다. 설령 생각에 생각이 꼬리를 물고 이어진다 하더라도 생각을 거슬러 올라가면 생각이 시작되는 지점에 도달할 것이다. 그곳은 생각이 아직 시작되지 않았으니 당연히 생각이 없는 곳, 즉 무념무상無念無想의 경지이다. 그러니까 하나의 생각, 예를 들어 '아미타부처님은 어디에 계시나?'와 같은 생각이 어디서 시작되었는지 골똘히 생각하는 것은 마치 그 생각을 하는 내면의 상황을 관찰하는 것과 유사하다. 혹은 그 생각이 '툭' 하고 튀어나오는 순간을 포착하기 위해서 숨죽이고 지켜보고 있는 것과 같다. 마치 낚시꾼이 낚시찌를 뚫어져라 쳐다보고 있는 것처럼 말이다. 화두를 본다는 말은 바로 그 무념무상의 경지를 직접 느끼는 것이다.

그러니까 하루 스물네 시간, 매 순간 일 분 일 초, 무엇을 하는지 '아미타부처님이 어디에 계시는가?'를 생각하면 무념의 경지에 이르게 된다. 어떠한 잡생각이 없이, '아미타부처님이 어디에 계시는가?' 하는 마음만 있을 때, 그때가 바로 내가 부처인 것이다. 마음 밖에서 아미타부처님을 백날 찾아봐야 못 찾는다. '아미타부처님이 어디에 계시는가?', 이 생각만 하다 보면 그 마음이 바로 부처라고 나옹 스님은 일러주신 것이다.

정리해 보자. 첫째, '마음이 부처'라는 말은 부처가 마음 밖에 있는 게 아니라는 말이다. 마음이 부처라 할 때의 그 마음은 무념무상의 경지를 말한다. 희로애락, 오욕락에 물든 중생심이라고 오해해서는 안 된다. 부처는 실제로 존재하는 무엇도 아니지만 상상 속의 존재도 아니다. 내 마음이 깨달으면 그것이 바로 부처의 경지이며, 편의상 '부처님'이라고 부르는 것이다. 이 때문에 어떤 일을 할 때에도 한 생각을 놓치지 말고 꾸준히 이어가야 한다. 그러니 지금부터라도 노력해 보자. 잡생각 말고 한 생각하자. ♥

__ 2020년 1월 31일 칠성재일 법회

법신
보신
화신

부처님은
어디에
계실까?

#비로전, 비로자나부처님
#법신, 보신, 화신
#역행보살
#부처님은 짚새기불
#연기실상의 세계

보신 화신이 다 참모습이 아닌 거짓된 인연이니

법신은 청정하고 넓어서 가이 없구나

천 강에 물 맑으니 천 개의 달 비추고

만 리에 구름 없으니 만 리가 푸른 하늘이네

報化非眞了妄緣

法身淸淨廣無邊

千江有水千江月

萬里無雲萬里天

"증심사 어딘가에 이 구절이 붙어 있습니다. 어디일까요?"

엄청나게 유명한 게송인 데다 관음시식에도 이 구절을 외우기 때문에 아주 쉬운 질문이라며 핀잔들을 줄 알았다. 그런데 의외로 많은 분들이 머뭇거리며 답을 하지 못했다. 증심사에는 주련이 걸린 곳이 비로전밖에 없다. 가서 읽어 보면 이 구절이다. 비로전에 이 주련을 걸어둔 이유는 비로전에서 모시는 부처님이 비로자나불이고, 비로자나불은 법신이기 때문이다. 게송에서는 비로자나불을 법신청정광무변이라고 묘사했다.

부처님을 법신, 보신, 화신 이렇게 세 가지 몸(三身)으로 설명하는 것을 삼신관이라고 한다. 법신이 비로자나불이라 했으니, 그럼 보신은 뭐고 화신은 뭘까?

고타마 싯다르타는 2,500년 전 인도에서 태어나 열심히 수행하여 깨달음을 얻은 후 40여 년 동안 쉬지 않고 포교와 교화에 전념하다가 80세에 돌아가셨다. 그런데 제자들은 고타마 싯다르타라는 위대한 수행자가 돌아가셨다는 사실을 인정할 수 없었다. 그래서 부처님이 잠깐 우리 곁에 사람의 몸으로 오셨다가 다시 당신 계시는 곳으로 가셨다고 생각하게 되었다. 우리 스승님은 영원히 살아 계신다고 믿기 시작했으니, 부처님을 신으로 추앙하는 것이 되어버렸다. 신이란 불교적으로 말하면 '상주'하는 존재라고 할 수 있다.

그런데 부처님이 우리와 같은 사람의 몸으로 상주한다는 것은 아무리 생각해도 말이 안 된다. 여기서 법신이 탄생했다. 부처님의 가르침, 진리 그 자체가 곧 영원한 부처님이라고 생각하였다. 진리로써 상주한다면 육신하고 상관없이 영원히 상주할 수 있기 때문이다. 진리 그 자체가 부처님이며 법신이고, 이를 형상화한 게 비로전에 있는 비로자나불이다.

하지만 법신으로만 계시면 우리같이 무지몽매한 중생들은 부처님을 볼 수 없다. 그래서 부처님이 자비심을 내어 중생들의 근기에 맞게 중생들이 볼 수 있는 모습으로 당신의 모습을 바꾸어서 나타났다고 하는 것이 화신이다. 석가모니불이 대표적인 화신이다. 과거에는 연등불이 오셨고 미래에는 미륵불이 그렇게 오신다.

보신에서 '보'는 업보, 과보할 때의 '보報'이다. 전생에 선업을 많이 쌓아서 그 과보로 부처가 되었다는 개념이다. 이를테면 석가모니 부처님이 우리와 같은 시대에 태어나서 29세에 출가하여 6년 동안 수행한 그 수행력으로 부처가 되었다고 하기에는 부처님의 깨달음이 너무나 심오하고 완전하다. 그래서 전생과 그 전생 또 그 전생의 오백생 동안 어마어마한 수행과 자비행의 선업을 쌓은 공덕의 과보로 세상에 나오신 부처님을 생각하게 되었고, 이러한 부처님을 보신이라 하였다.

법신이라는 개념이 부처님을 너무나도 존경한 제자들이 만들어낸 신적인 존재라는 사실을 안다면, 이를 통해 부처님은 우리와 별개의 신적인 존재가 아니라 우리와 같은 수행자였다는 것을 명확히 이해할 수 있다. 얼마나 수행에 철저했으면 신적인 존재로까지 추앙되었는지 말이다. 또한 우리가 눈으로 보고 귀로 들을 수 있게 우리 옆에 와 있는 부처님이 화신불이라는 논리를 가만히 살펴보면 모든 생명이 화신이라는 의미로 해석할 수 있다. 이 생각을 발전시키면 모든 생명 있는 것들은 다 부처가 된다. 그러니까 우리는 모든 생명 있는 것들을 공경하고 사랑해야 한다. 자비심은 이런 맥락에서 나온 것이다.

또 다른 각도에서 보면 역행보살과도 연결된다. 역행보살은 나를 따라다니면서 괴롭히는 사람을 이른다. 정말 미운 사람을 보면 "역행보살이라 생각하고 마음을 다잡으라."고 하지 않던가. 그 사람에 대한 원망과 분노를 가지는 대신, '저 사람이 내가 마음공부를 하도록 일부러 저런 모습으로 행동을 하는구나.' 하고 생각하라는 조언이다. 그런데 다른 측면에서 보면 역행보살은 결국 나 잘났다는 이야기가 될 수도 있다. '너는 인간 말종이지만 나는 부처님의 가르침을 공부하는 사람이니까 너하고 상대 안 하겠다.'는 처세가 되니 말이다. 생각을 바꿔야 한다. 혹시 내가 주변 사람들에게 역행보살이지는 않은지 되돌아보는 것, 이것이 진정한 불자의 자세이다.

다시 게송으로 돌아가 보자. '법신은 청정하여 끝이 없구나.'라고 했다. 보신이나 화신은 참모습이 아니라 공덕의 과보혹은 중생들의 바람이나 원이라는 인연으로 나타난 것이다. 그러므로 이 세상 전부가 다 부처님의 몸이며 법신이다, 이렇게말할 수 있다.

게송에서는 이런 비유를 들고 있다. 보름달이 휘황찬란하게 떴는데 시냇물에도 바다에도 강에도 연못에도 시궁창에도찻잔에도 달이 비친다. 천 개의 강마다 그 강에 맞는 모습으로달이 비친다. 만 리에 달하는 온 하늘에 구름 한 점이 없고 그하늘에 달빛이 비치면 달빛이 온 하늘을 다 채운다. 그것이 바로 법신이다. 하늘에 있던 달은 법신이고, 여기서는 이렇게 저기서는 저렇게 모습이 바뀌어 보이는 것은 화신이다. 법신과화신의 관계를 하늘에 뜬 달과 그 달이 강물에 비친 모습에 비유한 것이다. 이렇게 법신, 보신, 화신의 개념을 이 게송을 통해서 이해할 수 있다.

그런데 마음이 부처님이라는데 또 온 세상이 부처님이라고 하면 도대체 어느 말이 옳은가? 이 두 명제가 모두 맞는 말이 되려면 마음과 온 세상이 둘이 아니면 된다. 여기서 말하는온 세상은 진리의 세계, 연기실상의 세계이다. 우리가 상식적으로 생각하는 세계는 말로 표현되고 논리적으로 생각할 수 있는 세계, 마음의 대상이 되는 세계이다. 이러한 세계를 불교에서는 '일체一切'라고 표현한다. 일체유심조一切唯心造라 할 때의 일체가 바로 이것이다. 그러나 연기실상의 세계는 말로 표현할 수 없고 생각으로 헤아릴 수 없다. 마음이 따로 있고 마음 밖에 마음과 별도로 존재하는 그런 세계가 아니다. 이것과 저것으로 이름 짓고 분별하기 이전의 세계, 나와 나 아닌 것으로 분별하지 않는 세계이기 때문에 마음 따로 세상 따로가 아니다. 마음과 실상實相은 둘이 아니다. 그러므로 마음이 부처라는 말도 틀린 말이 아니요, 온 세계가 부처님이라는 말도 틀린 말이 아니다.

옛날부터 전해온 이야기가 생각난다. 무릎을 탁 치며 그렇구나! 알아채는 사람이 있고, 그냥 우스갯소리라며 웃고 잊어버리는 사람도 있을 것이다. 각자의 몫이다.

옛날 옛적 신심이 깊은 할머니가 공양미를 싸 들고 절에 가서 며칠 동안 열심히 공을 들였다. 그런데 손녀딸이 보기에 할머니가 참 한심해 보였나 보다. 손녀가 물었다.

"할머니는 부처가 뭔지나 알고 그렇게 열심히 비는 거야?"

할머니도 잘 몰랐던 건지 대답을 못 하다가, 얼마 후에 다시 절에 간 김에 스님한테 물어보았다.

"스님, 부처가 뭔가요?"

"즉심시불卽心是佛이니라."

할머니는 즉심시불이 무슨 말인지도 모르고 그저 "예, 알겠습니다." 하고 돌아서서는 마을까지 즉심시불을 외우면서 내려왔다. 그러다 개천에 풍당 빠지고 말았는데, 정신을 차리고 보니 아까 들은 말을 까먹고 말았다. 한참 만에 겨우 기억해 낸 할머니는 다시 외우기 시작했다. 그리고 집에 도착하자마자 손녀에게 말했다.

"부처가 뭐냐 하면, 짚새기불이야."

"흥, 지푸라기가 무슨 부처야!"

손녀가 토라져 가버리자, 할머니는 그날부터 드러누워서 '왜 부처님이 짚새기불일까?'만 생각했다. 다른 생각은 전혀 안 하고 말이다. 이 할머니는 어떻게 되었을까? 도를 깨쳐버렸다고 한다. 부처가 되었다는 말이다. 이처럼 부처님은 하늘의 달처럼 멀리 있는 게 아니다. 수행해서 깨달으면 우리가 바로 부처다. ♥

__ 2019년 7월 11일 백중 2재 법회

탐·진·치

선과
악에 대한
명쾌한
풀이

#십악참회
#죄무자성종심기
#선과 악은 서로 의존하는 관계
#제로섬게임과 자리이타
#악은 선으로 제도한다
#칠불통계게

송광사에서 발행하는 〈월간 송광사〉 편집장 소임을 맡은 지 여러 해가 지났다. 증심사 주지로 부임하기 이전부터 해 오던 일이다. 최근에는 영화 리뷰 원고를 직접 쓰고 있는데, 이번 호에는 영화 〈사바하〉를 선택했다. 제목은 원만한 성취를 의미하는 불교 용어이지만, 내용은 기독교의 선과 악에 대한 영화였다. 영화는 "악이 도처에서 활개를 치고 있고 우리는 이렇게 고통받고 있는데 도대체 신은 무엇을 하고 있는가?"라는 독백으로 끝난다. 영화가 던진 도발적인 질문에 나는 불교적으로 '선과 악'을 고민해 본다.

기독교 교리에는 선과 악이 매우 명료하게 정리되어 있다. 실낙원失樂園이 대표적이다. 태초에 에덴동산이 있었고, 생명의 나무가 있었고, 선악의 지식을 알려주는 선악과나무가 있었고, 아담과 이브가 살고 있었다. 여호와께서 아담과 이브에게 '이 에덴동산에 있는 모든 것을 먹어도 되지만 선악과나무에 열린 금단의 열매는 손대지 말라.'고 경고한다. 이때 뱀이 나타나서 '선악과 열매를 먹으면 너의 하느님 아버지보다 더 현명해질 것'이라고 이브를 유혹한다. 이브가 열매를 따먹는 순간 부끄러움을 알게 되고, 하느님은 아담과 이브를 에덴동산에서 추방한다.

실낙원은 낙원에서 쫓겨난 그래서 낙원을 잃은 아담과 이브의 이야기이다. 이들은 여호와의 첫 번째 계명인 '순종하라'를 어겼기 때문에 낙원에서 쫓겨났다. 그들이 받은 형벌은 가혹했다. 불로장생할 수 있었던 그들은 죽음이라는 운명에 던져졌다. 그리고 남자인 아담은 평생 노동하는 수고가, 여자인 이 브는 출산의 고통이 형벌에 추가되었다.

기독교에 의하면 인간은 원죄를 갖고 태어난다고 한다. 인간의 원죄란 아담과 이브가 여호와의 명을 어긴 죄를 말한다. 순종하지 않음, 이것이 원죄이다. 아담과 이브의 원죄가 후손들에게도 내려와 이들의 후손인 인간들은 태어난 순간부터 죄인이다. 그럼 여호와는 어떻게 그 죄를 사하여 주는가? 예수 그리스도께서 사람의 몸으로 태어나서 인간들의 모든 원죄를 대신 속죄하였다. 그러므로 인간들은 자신이 살면서 지은 죄만 용서를 빌면 된다.

인간이 여호와에게 순종하지 않아 지은 죄를 씻으려면 여호와의 말씀을 절대적으로 복종하고 따르면 된다. 그냥 믿으면 된다. 예수 천당 불신 지옥. 기독교에서는 믿으면 모든 죄가 다 사라진다. 기독교의 선악관을 압축적으로 설명한 설화인 이 실낙원 이야기에서 내가 주목한 내용은 두 가지이다. 첫째, 아담과 이브는 수동적이고 피동적인 존재이다. 뱀이 유혹하니까 여호와의 말씀을 어겼다. 인간이 주체적이고 능동적이어서 악한 행동을 하는 게 아니라, 악한 존재가 유혹하니까 수동적으로 끌려간다는 것이다. 둘째, 에덴동산에는 이미 악한 존재도 살고 있었다. 낙원이라는 에덴동산에 실제로 악이 존재했다는 말이다.

기독교의 선악론에 나타난 두 가지 특징은, 사실 보편적이고 상식적인 인간이 가진 선악에 관한 생각이기도 하다. 악이라고 하는 것이 실제로 존재하고 있으며, 내가 잘못한 게 아니라 주변 환경이 이러저러해서 나쁜 짓을 했다고 생각한다. '인간 자체는 악한 존재가 아니다. 악한 존재가 어딘가에 따로 있어서 우리를 유혹했기 때문에 내가 고통받고 죄를 짓는다.'라는 생각 말이다. 그런데 이 경우는 어떤가. "우리 아이는 착한데 나쁜 애들이 우리 아이를 속였어요." 이 논리와 기독교 선악론의 기본 구조가 완전히 같지 않은가.

영화의 마지막 독백인 '악이 이렇게 활개치고 다니는데, 신은 무엇을 하고 있는가?'를 생각해 보자. 엄밀하게 말해 기독교적인 선악론에서는 '신은 뭐 하고 있느냐?'라고 따질 수 없다. 순종하지 못한 나의 원죄를 참회하고 신 앞에서 절대복종을, 오로지 여호와만 믿겠다고 나 스스로 다짐하고 다짐해야만 이 인간 세상의 고통이 없어진다. 그러니 기독교적인 선악론에 비추어 보면, 영화의 감독은 믿음이 부족한 사람이다. 내가 받는 고통을 신에게 따진다고 될 문제가 아니다.

기독교적인 선악론에서는 신에 대한 복종, 순종, 절대적 믿음만 있으면 세상 모든 일이 해결된다. 그러나 현실은 그렇지 못하다. 이론과 현실이 너무 다르니까 갈등이 생긴다. 살인을 생각해 보자. 평소에 살인은 매우 크고 중한 죄이다. 하지만 전쟁에 참여한 군인이라면 적을 많이 죽일수록 영웅이 된다. 전쟁이라는 특수한 상황이 살인을 묵인하고 권장하는 것이다. 악을 악이게 하는 그 무언가가 있다면, 어떠한 상황에서도 가치 판단이 달라져서는 안 된다. 그런데 현실에서 벌어지는 모순에 맞닥뜨리고 나면 이런 질문이 나올 수밖에 없다. "악은 실제로 존재하는가?" 저기에 산이 있고 집이 있듯이 어딘가에 악이 객관적으로 존재하는지에 대한 의문 말이다.

간통도 마찬가지다. 우리나라에서 간통은 이제 사회적으로 죄가 아니다. 간통은 개인 대 개인 간의 문제, 양심의 문제라고 규정했다. 반면에 아프리카의 어떤 부족은 바람을 피우다 걸리면 유부남은 벌을 받지 않지만, 여자는 돌팔매질 형벌을 받아 죽임을 당한다. 불륜도 연애라 한다면, 같은 연애를 해도 어느 사회에서는 감옥에 가고 어느 사회에서는 맞아죽지만, 또 다른 곳에서는 연애가 로맨스라고 한다. 시대에 따라, 사회에 따라 악이라는 판단이 달라지는 것이다.

이런 상황은 또 어떤가. 어떤 사람이 속옷만 입고 시청 앞에서 춤을 추면 어떻게 될까? "여기 미친 사람 있어요."라는 신고를 받고 경찰이 출동한다. 그 사람은 미풍양속을 해친 죄로 벌금을 내야 풀려난다. 그런데 만약에 이 사람이 춤을 춘 곳이 무대였다면 어땠을까? 관객들은 박수를 치고 환호를 할 것이다. 같은 행위인데 정반대의 결과이다. 이상하지 않은가.

더 많은 사례를 들 수 있지만, 선악에 대한 내 생각을 결론 짓기에는 이것만으로도 충분할 것이다. 현실에서의 선과 악은 시대에 따라서, 사회에 따라서, 전후 사정에 따라서, 상황에 따라서 달라진다. 수시로 변한다. 이게 현실이다. 그러므로 기독교적인 선악의 개념은 인간들이 가진 선악에 대한 상식에 기대어 아주 정교하게 종교적으로 체계화시킨 개념이라고 생각한다. 결론적으로 선과 악이라는 것은 정해져 있는 것이 아니다. 객관적으로 실재하는 것이 아니다. 〈천수경〉의 말씀을 빌자면, 죄는 자성이 없으니 공하다(罪無自性從心起).

내가 지난 날 지은 모든 악업은
모두 탐진치로 말미암았으니
이것들은 모두 신구의에 의해 생긴 것
내가 이제 이 모든 걸 참회한다

我昔所造諸惡業
皆由無始貪嗔痴
從身口意之所生
一切我今皆懺悔

이것이 불교의 선과 악에 대한 인식이다. 불교에서 악이란 탐진치에서 비롯되고, 무명에 휩쓸리지 않으면 그것이 선이다. 탐진치인 탐냄, 성냄, 어리석음, 이 세 가지는 독毒에 비유될 만큼 위험하다. 이 중에서 가장 근본은 치癡, 즉 어리석음이다. 무명無明이기 때문에 어리석다. '내가 있다'는 잘못된 생각으로 욕심내고 화내는 것에서 가장 근본적인 번뇌와 정신적인 고통이 생긴다. 탐진치라는 삼독이 나를 부려서 행한 것이 나쁜 행동이다. 악업惡業이다. 그럼 선이란 무엇인가. 무명에 휩쓸려서 한 행동들을 참회하고, 반성하고, 욕심내지 않고, 화내지 않고,

자비롭고 자애롭게 살려고 노력하는 행위이다.

불교의 선악은 너무나 명쾌하다. 탐진치에 휘둘린 행위는 악업, 무명에서 벗어나 청정한 마음으로 한 행위는 선업이다. 깨달음이란 탐진치 삼독이 완전히 사라진 상태이다. 그러니까 깨달음을 추구하는 행동은 선한 행위이고, 깨달음의 길에 장애가 되는 행위는 악한 행위이다. 탐진치가 악업의 원천이라면, 선업의 원천은 탐진치가 없는 마음, 청정한 마음, 자비심, 보리심이다.

살생중죄금일참회　殺生重罪今日懺悔

투도중죄금일참회　偸盜重罪今日懺悔

사음중죄금일참회　邪淫重罪今日懺悔

망어중죄금일참회　妄語重罪今日懺悔

기어중죄금일참회　綺語重罪今日懺悔

양설중죄금일참회　兩舌重罪今日懺悔

악구중죄금일참회　惡口重罪今日懺悔

탐애중죄금일참회　貪愛重罪今日懺悔

진에중죄금일참회　瞋恚重罪今日懺悔

치암중죄금일참회　痴暗重罪今日懺悔

_ 〈천수경〉 십악참회 十惡懺悔

더는 악업을 짓지 않겠다는 결심이 십악참회이다. 몸으로 입으로 생각으로 짓는 무수한 악한 행위를 종류별로 갈무리하면 열

가지가 된다. 살생, 투도, 사음은 몸으로 짓는 신업身業이고, 망어, 기어, 양설, 악구는 입으로 짓는 구업口業이며, 탐애, 진에, 치암은 생각으로 짓는 의업意業이다. 행위를 갈고 닦는다는 것은 단순히 몸으로만 어떤 행동을 안 하면 되는 게 아니다. 올바른 습관이 뿌리내려 성품이 되고 성격이 되고 나의 체질이 된다. 그래야 선업이 완전히 뿌리를 내려서 삼독심이 사라진다. 이것이 불교에서 말하는 선악이다.

이렇게 내가 지은 악업을 참회하고 나면, 자연스럽게 선업을 쌓으며 살게 된다. 선을 실천하는 방법은 의외로 단순하다. 자애로운 마음, 자비로운 마음, 청정한 마음을 항상 지니고 유지하려 노력하면 된다. 내가 행복하고 싶으면 남도 당연히 행복하고 싶을 거라는 역지사지의 마음이 자비심이고, 내 이익만 생각하지 않고 남도 이롭고 모두가 이로운 행동을 하는 것이 자리이타이다.

제로섬 게임이 있다. 상대가 점수를 얻으면 나는 점수를 잃는다. 내가 점수를 얻으려면 상대의 점수를 빼앗아야 한다. 그러니 더 많은 점수를 얻으려고 죽기 살기로 경쟁을 하지만, 막상 게임이 끝나 상대와 내가 얻은 점수를 합해 보면 0이다. 우리 인생이 제로섬 게임과 같다고 생각하는 사람들이 많을 것이다.

하지만 자리이타는 그렇지 않다. 나에게는 이익인데 상대방은 괴로운 상황이라면 어떨까 생각해 보라. 이익을 얻었다고 좋아하는 건 잠시일 뿐 상대방의 고통이 나에게도 연결되어 있다. 그러니 모두가 이로운 상황으로 서로 노력해야 한다. 이것이 자리이타의 마음이고, 선업을 키우고 쌓아가는 방법이다. 선업을 쌓는 것이 습관이 되고, 습관이 다져져서 성품이 된다. 이렇게 내 안에 선업이 완전히 뿌리를 내리게 되면, 나는 깨달은 사람이다. 물론 이 경지에 오르기까지 쉽지는 않을 것이다.

기독교는 선과 악이 객관적으로 존재하고, 인간을 피동적인 존재로 규정한다. 불교는 선과 악이 상대적이며, 인간은 스스로 자신의 행위를 다스릴 수 있다고 가르친다. 악의 근원인 탐진치는 바깥에 있는 대상이 아니라 내 마음 안에 있는 탐욕과 성냄과 어리석음이다. '내가 있다'는 잘못된 생각에서 생긴 것들이다. 그러니까 악이 생겨나고 커지고 결국에는 악을 없애는 것 모두 내가 마음을 어떻게 다스릴 것인지의 문제로 귀결된다.

밝음이 있으면 어둠이 있고, 남자가 있으면 여자가 있고, 위가 있으면 아래가 있듯이, 선이 있으면 악이 있다. 그러니 선과 악은 밝음과 어둠처럼 서로 의존하는 관계이다. 이것이 선이고 이것이 악이라고 경계를 짓기 모호한 관계 말이다. 시대, 사회, 상황, 맥락에 따라 선이 되기도 하고 악이 되기도 하는 게 현실이다. 기준이 달라진다는 건, 선과 악의 실체가 없다는 말과 같다. 자성이 없기 때문이고, 공하기 때문이고, 연기하기 때문에 실체가 없다. 이처럼 선과 악도 불교적 관점에서 보면 연기이고 공이다.

내가 악을 행하지 않으면 그것이 선이다. 악래선도惡來善

度라는 말이 있다. 악이 오더라도 선으로 제도할 수 있다는 말이다. 선이라는 자성, 악이라는 자성이 없기 때문이고 선과 악은 서로 의존하는 관계이기 때문에 그렇다. 그래서 모든 부처님께서 한결같이 말씀하셨다. 우리는 그 말씀을 믿고 실천하면 된다.

모든 악을 짓지 말고   諸惡莫作
모든 선을 봉행하며   諸善奉行
스스로 내 마음을 청정하게 하는 것   自淨其意
그것이 바로 불교다   是諸佛教

_〈칠불통계게〉♥

_ 2019년 3월 9일 초사흘 법회

윤회와 무아

시작도 없고 끝도 없다

#백중 천도재
#아트만과 진아
#업보와 윤회
#시작도 없고 끝도 없다
#공덕을 쌓으면 복으로 돌아온다

백중 기간 동안 돌아가신 분들이 극락왕생하시라고 천도재를 지내는 것은 윤회를 한다는 전제가 있기 때문이다. 그럼 윤회란 무엇인가. 윤회는 생과 사를 반복하는 것이다. 즉 의식이 있는 것이 나고 죽음을 반복하는 것이 윤회이다. 돌이나 구름 같은 무정물은 윤회하지 않는다.

많은 사람들이 윤회가 불교의 고유한 사상이라 생각하지만, 사실 윤회는 2,500년 전 불교가 일어나기 전에도 인도 사회에 보편적으로 통용되던 사상이다. 당시 인도사회를 지배하던 대표 종교는 바라문교(지금의 힌두교)였다. 그러니 바라문교에서는 윤회를 어떻게 생각하였는지를 먼저 알 필요가 있다.

바라문교는 아트만atman 혹은 진아眞我라고 하는 변함없는, 영원한, 고정불변의 '나'가 있어서, 이 '나'라는 것이 윤회의 주체가 되고 업의 주체라고 한다. 내가 악한 업을 지으면 다음 생에 나쁜 몸을 받고, 내가 착한 업을 지으면 다음 생에 좋은 몸을 받는다. 쉽게 말해서 영혼이 있어서 좋은 몸 받았다가 나쁜 몸 받았다가 짐승의 몸을 받았다가 천상에 태어나면 천신의 몸을 받는다. 이것이 바라문교의 윤회사상이다.

'어? 내가 생각한 윤회랑 똑같네?'라고 생각한다면, 불교의 윤회사상에 대해서는 완전히 무지한 사람이다. 업業은 요즘 말로 행동이다. 업에 의해서 윤회한다는 기본 명제는 바라문교와 마찬가지로 불교에서도 수용한 개념이다. 그러나 불교는 당시 인도 사회에 널리 퍼져 있었던 아트만을 부정한다. '아트만 같은 건 없다.' 고정불변의 실체, 변하지 않는 나라고 하는 존재는 없다. 이것이 바로 불교의 가장 핵심적인 교리인 무아사상이다. 이제부터 어려워진다.

'내가 없는데 어떻게 윤회를 하지?'

'내가 다음 생에도 몸 받아 태어나는 게 윤회라며? 그럼 내가 윤회하는 건데 왜 내가 없다고 하냐구. 내가 없다면 도대체 뭐가 윤회한단 말이야?'

불교에서 말하는 윤회를 설명하려면 항상 제일 먼저 튀어나오는 질문이다. 바라문교는 '아트만이 윤회한다'고 한다. 그런데 불교는 '유업보有業報 무작자無作者'라 한다. '업보는 있으나 작자는 없다'라니, 답을 들어도 이해가 안 가는 건 여전하다. 상식적으로 생각해 보아도, 누군가 어떤 행위를 했으니 그 행위의 결과로 업보가 있는 게 아니겠는가? 그런데 행위를 한 사람이 없다, 업보를 지은 사람이 없다는 건 무슨 말이냔 말이다.

어떤 사람이 빵을 훔쳤다. 그는 사회적인 약속에 따라서 법적으로 처벌을 받는다. 남의 재산을 허락 없이 가져가면 사회의 기본 질서가 유지되지 않으니까 도둑질을 한 사람에게는 벌을 준다는 사회적 약속이 법이다. 그 사람 자체에 대한 벌이 아니라, 도둑질을 한 행위에 대한 처벌을 법에 정해진 기준에 따라 시행하는 것이다. 불교식으로 말하면, 악업을 지었으니 그 업에 따른 과보를 받는다. 그러므로 업보는 있지만 작자는 없다.

법회에서 경전을 함께 독송할 때를 떠올려 보자. 먼저 내가 한 구절씩 읽으면 대중이 따라 읽는다. 그때 내 입에서 나온

경전 구절이 대중의 입으로 옮겨가서 소리가 나오는 걸까? 아니다. 그러면 경전 구절이 나한테 왔다가 대중한테 옮겨갔다 하는 걸까? 이것도 아니다. 이처럼 윤회라는 것에 어떤 주체가 있어서 옮겨 다니는 게 아니다.

또 야외행사를 생각해 보자. 사회자 앞에 마이크가 있다. 탁 트인 넓은 공간이라도 마이크를 사용하면 구석구석까지 소리가 전달되어 그곳에 모인 사람들이 모두 들을 수 있다. 하지만 마이크 자체가 소리를 크게 만드는 건 아니다. 마이크 전원을 켜야 한다. 마이크라는 장치에 전기가 들어와야 소리가 커진다. 발전소에서 만든 열에너지가 전기에너지로 바뀌고 전기에너지가 마이크로 와서 소리를 크게 바꾸는 것이다. 하지만 전기에너지는 눈으로 보고 손으로 만지고 귀로 들을 수 있는 게 아니다. 보고 만지고 들을 수 없다면 전기에너지는 있다고도 말할 수 없고 없다고도 말할 수 없다. 이처럼 '업보는 있으나 작자는 없다.'는 말은 실체가 있는 무엇이 아니라 지금 이뤄지고 있는 무엇을 따져보라는 말이라고 이해해도 좋을 것이다.

또 다른 예를 들 수도 있다. 요령을 흔들면 소리가 난다. 누가 소리를 냈는가? 요령을 흔든 내 손은 나의 몸뚱이이지 요령이 아니다. 그런데 요령에서 소리가 났다. 행위는 있는데 소리를 낸 사람은 없는 것이다. '아니, 당신이 손으로 요령을 흔들었잖아.' 이렇게 생각하는 사람이 의외로 많다. 하지만 잘 생각해 보라. 나라고 하는 것에 몸뚱이가 없고 영혼만 있다면, 그 영혼이 소리를 낼 수 있을까? 영혼만으로는 소리를 낼 수 없다. 그러면 그건 내가 아니다. 행위는 있되, 누가 소리를 냈는지의 그 '누구'는 없는 것이다. 업보는 있으나 작자는 없다.

불교의 윤회를 설명하는 가장 고전적인 비유는 촛불이다. A라는 초에서 B라는 초로, 다시 C라는 초로 불이 옮겨붙었다. 이때 허공에서 짠! 하고 불이 나타나서 A초의 심지에 붙고, A초의 불이 B, C의 초로 옮겨가고, 심지가 다 타고나면 불이 허공으로 사라지는 걸까? 초가 없이 촛불이 탈 수 없다. 불 그 자체로는 존재할 수 없는데, 우리는 불이 옮겨붙었다고 말한다. 누가? 불이. 어떻게? A초에서 B초로 옮겨가서.

이 말 속에는 불이라는 독립적인 존재가 있어서 이것이 A라는 초, B라는 초, C라는 초로 옮겨갔다는 생각이 담겨 있다. 그런데 사실은 그게 아니다. A라는 초에서 촛불이 타올랐다가 꺼진다. 그리고 B라는 초에 촛불이 타올랐다가 꺼진다. A라는 초에 불이 확 커져서, 아니면 바람이 휙 불어서 그 옆에 있던 B라는 초의 심지가 타오르는 원인이 되었다. 불이라는 존재가 여기저기 옮겨 다닌 것이 아니라, 각각의 불이 타오르고 각각의 불이 서로 어떤 인연에 따라 다른 초의 심지가 타는 원인을 제공한 것이다.

그러면 이런 의문이 든다. 윤회란 각각 타오르는 불꽃이 어떤 인연에 따라서 옆에 있는 초로 옮겨가는 것이라고 한다면, 그 윤회는 언제 시작했으며 언제 끝나는가? 상식적으로 생각하면 모든 일은 시작이 있고 끝이 있다. 그런데 부처님은 무시무종無始無終, 시작도 없고 끝도 없다고 하셨다.

윤회를 한다는 건 윤회를 하는 '무언가'가 있어야 한다. 예를 들어 전지전능한 절대적인 존재가 있어서 그가 무언가를 만들었고 그것이 윤회를 한다면, '모든 것을 만들어 낸 신은 누가 만들었느냐?'라는 질문에 도달한다. 서양철학에서 근본적으로 탐구하는 문제이기도 하다. 신은 누가 창조했는가? 이것이 존재론이고 인식론이다. 그들이 오랜 세월 고민한 끝에 내놓은 답은 '신은 스스로가 스스로를 창조했다'이다. 형이상학에서는 제1 원인을 이렇게 말한다.

좋다. 신이 어떤 시점에서 자기 스스로를 창조했다고 가정해 보자. 그러면 스스로를 창조하는 시점에서 신은 존재하고 있거나 존재하지 않거나 둘 중 하나이다. 만약 신이 존재하는 상태에서 스스로를 창조했다면, 이 말은 '무시무종'과 같은 말이다. 신은 창조하기 전 이미 아득한 옛날부터 존재해야 하기 때문이다. 반면, 존재하지 않는 어떤 시점에서 신이 창조하였다고 한다면, 이 말은 기본 전제를 부정하는 말이다. 무無에서 유有가 나올 수 없다. 무에서 유가 나온다면 창조라는 말 자체도 필요하지 않다. 그러니 신은 스스로를 창조할 수 없다.

이 세상은 시작도 없고 끝도 없다. 부처님이 깊은 사유를 하시고 나서 내린 결론이다. 하지만 실제 이 세상은 어떤가? 지구는 45억 년 전에 탄생했다고 한다. 우리가 속해 있는 은하계는 150억 년 전에 탄생했고, 우리가 알고 있는 우주는 200억 년 전에 만들어졌다고 한다. 그런데 과학자들은 우리가 사는 우주 말고 또 다른 우주가 있다고 한다. 그것들이 언제 생겼는지 아무도 모른다. 지금 우리의 과학으로는 시작과 끝을 찾을 수가 없다. 과학이 아무리 발달해도 모든 존재하는 것들의 시작을 찾지 못한다. 그러니 현재로서는, 부처님이 말씀하신 무시무종이 진리이다.

또 부처님은 무아를 말씀하셨다. 이것이 있으므로 저것이 있다. 무엇이든 자기 혼자 있는 것이 아니라 관계 속에서 모두 엮여 있으므로, 독자적으로 존재하지 않는 것이고 결국 없는 것과 마찬가지라고 하셨다. 그래서 우리는 '여기에 뭔가 있다.'고 착각하지만, 사실은 없는 것이다. 어떤 대상이 언제부터 있게 됐는지를 아무리 고민해 봐야 소용이 없다는 말씀이다.

윤회가 언제 끝나는가의 문제도 같은 맥락에서 이해할 수 있다. 어떤 수행자가 열심히 수행하여 무아의 진리를 깨쳤다면, 그가 깨친 것은 '내가 있다고 생각했던 것이 큰 착각이었구나. 원래부터 나는 없었는데.'이다. 깨치기 전에는 계속 윤회를 하다가, 내가 윤회를 했던 그 모든 사실이 착각이었다는 걸 깨친 것이다. 그러면 이렇게 깨치는 순간 윤회가 끝나는 것일까? 그건 아니다. 깨치면 다른 세상으로 순간이동을 하는 게 아니고 여전히 내가 살던 세상과 같은 세상인데, 단지 내 마음이 완전히 바뀐 것이다. 그러니 깨치는 순간에 윤회가 끝났다고 볼 수가 없다.

그러므로 '도대체 윤회의 시작과 끝은 뭐야?'라는 질문은 그 자체가 성립하지 않는다. 다시 말하면, 시작도 없고 끝도 없다.

엉뚱한 비유라 생각하겠지만, 다섯 살 아이가 '동생은 어디서 왔어?'라고 물으면 뭐라고 대답하는가? '남자의 정자가 여자의 몸속으로 들어가서 자궁 속에 있는 난자와 결합하여 세포분열을 거쳐 증식을 한 후에 여자의 몸 밖으로 나오면 그게 바로 네 동생이야.' 그러면 아이가 알아들을까? 차라리 '삼신할머니가 데리고 오셨어.'라는 대답이 아이에게는 훨씬 이해하기 쉬울 것이다. 그러면 아이는 어떻게 할까? 삼신할머니에게 동생을 또 만들어 달라고, 데리고 와 달라고 기도할 것이다.

부처님께서 '공덕을 쌓으면 복으로 돌아온다.'고 하신 말씀도 아이와 같은 질문을 던지는 중생들에게 이해하기 쉽게 설명하신 것이다. 이 말씀에 담긴 의미는 업보이다. '한다는 마음을 버리고 보시하라.'는 무주상 보시는 '업보는 있으나 작자는 없다.'라는 무아윤회를 중생의 근기에 맞춰 쉽게 풀이해 주신 말씀이다. 그런데 우리는 '내가 기도를 열심히 하면 부처님이 들어주는구나!'라고 생각한다. 마치 아이가 삼신할머니에게 동생 하나 달라고 조르는 것처럼 말이다. 우리 신도님들은 불교의 윤회사상을 올바로 알고 믿음이 맹신으로 변하지 않도록 경계하며 사셨으면 좋겠다. ♥

_ 2019년 7월 5일 초사흘 법회

저 언덕으로 건너갈 수 있는 뗏목인
팔정도八正道를 갖추고 나면 저절로
강을 건널 수 있을까? 아니다.
뗏목이 흐르는 물에 쓸려 내려가지 않도록
열심히 노를 저어야 한다.
뗏목이 저 언덕에 도달할 수 있도록
두 손으로 두 발로 있는 힘껏 노력해야 한다.
내가 만든 잘못된 생각에 내가 쫓기며
살지 말고 팔정도 수행을 통해 깨달음을
얻어 열반의 세계로 가는 것이 바로
부처님께서 말씀하신 인생에 대한
올바른 성찰이다.

아공
법공
구공

세계를
올바르게
바라보는
눈

#나란 무엇인가
#인생 성찰
#한 해를 마무리하며
#오온과 사대
#위빠사나와 사마타 수행
#아공, 법공, 양구공
#일체유심조

벌써 한 해를 마무리하는 시점이 되었다. 올 한 해 잘 살아왔나 되돌아보는 시기이다. 그 기준은 부처님 가르침대로 잘 살았나가 될 것이다. 불교에서 강조하는 내용들은 모두 삶에 대한 성찰과 맞닿아 있다. 인생에 대해 성찰한다고 하면 뭔가 심오하고 고상하고 멋진 말로 정리해야 할 것 같지만, 정작 부처님은 상당히 실제적이고 구체적으로 말씀해 주셨다.

한 해의 마지막 주에 초하루 법회 준비를 하려니, 마지막과 첫날이라는 묘한 부조화가 재밌다. 그래서 경전에서 두 가지 가르침을 뽑아 보았다. 인생에 대해 불교적 분석을 할 수 있는 〈뱀의 독〉과 '나'에 대한 불교의 인식을 확인할 수 있는 《백유경》 35번째 경이다. 먼저 〈뱀의 독〉을 살펴보자.

독사 네 마리에 쫓겨 도망가는데 살인자 다섯 명이 나를 쫓아온다. 여기에 더해 나와 가까운 친구가 나를 죽이려 쫓아온다. 어느 마을로 도망을 쳤지만, 마을이 텅 비어 있다. 몸을 숨기기도 전에 여섯 명의 도적이 나를 쫓아온다. 이들을 피해 도망가다 보니 넓은 강이 보이고 그 건너에 언덕이 있다. 저 언덕에 가면 몸을 피할 수 있다.

_《상윳따 니까야》, 〈뱀의 독〉

이 이야기를 마치신 부처님은 각각의 비유가 무엇을 의미하는지를 하나씩 풀어 설명해 주셨다. 독사 네 마리는 지수화풍 사대이다. 지地는 딱딱한 땅의 성질, 수水는 축축한 물의 성질, 화火는 뜨거운 불의 성질, 풍風은 움직이는 바람의 성질이다. 이 사대가 일시적으로 모여 나의 육신을 구성한다. 그런데 부처님은 왜 우리 육신을 구성하는 사대를 독사에 비유하셨을까? 내 몸이 내 말을 듣지 않기 때문이다. 뚜렷이 잘 보고 싶은데 눈이 뿌예서 보이지 않고, 계단을 뛰어 올라가고 싶은데 무릎이 시원찮고, 잠을 푹 잘 자고 싶은데 한 시간마다 소변이 마려워서 깬다. 네 마리 독사 중 한 마리라도 성질을 부리면 내가 고통을 받고 심하면 죽음에 이른다. 내 몸뚱이는 사대가 잠시 모여 있는 것이고, 사대는 결국 언젠가는 흩어진다는 것을 알려주기 위해서 네 마리의 독사라고 하신 것이다.

살인자 다섯 명은 오온이다. 온蘊은 쌓여 있다 또는 모여 있다는 뜻이니, 오온은 색·수·상·행·식이라는 다섯 가지 요소가 모여 있다는 의미이다. 실제로 오온은 내가 보고 듣고 만질 수 있는 것이 아니라 내 마음속의 무언가를 말한다. 장미를 예로 들어보자. 색온은 내 앞에 뭔가(장미)가 있다는 느낌이다. 수온은 앞에 있는 장미가 아름답다고 생각하는 마음이고, 상온은 이 장미를 저 장미와 비교해서 만들어내는 이미지이다. 행온은 아름다운 장미를 꺾고자 하는 의도이다. 식온은 저기에 장미가 있고 저것을 장미라고 생각하는 무언가가 있으며, 그것이 나라는 생각이다. 결국 색·수·상·행·식의 다섯 가지 요소는 내 마음에서 일어나는 작용을 말한다. 이 작용들 때문에 내가 피폐해지므로 살인자에 비유하신 것이다. 마치 재미있는 TV 프로그램에 내 마음을 빼앗겨 자꾸 빠져드는 것처럼 말이다.

나를 죽이려고 쫓아오는 나와 가장 가까운 친구는 쾌락이다. 흔히 쾌락을 욕망이나 탐욕과 혼동하는데, 우리가 생존하기 위해 꼭 필요한 에너지가 욕망이라면, 쾌락은 욕망을 스스로 다스리지 못한 것이다. 성욕이 없다면 인간은 멸종하지만 쾌락의 도구로서 성욕만 탐하는 것은 삶에 독이 된다. 이처럼 가까운 거리에 있다가 내가 조금이라도 선을 넘어가면 욕망이 쾌락으로 바뀐다. 그러므로 나와 아주 가까이 있으면서 나를 괴롭히는 것이 쾌락이다. 이런 이유로 가장 가까운 친구를 쾌락에 비유하셨다.

텅 빈 마을과 그곳에서 만난 여섯 명의 도적은 6내입처內入處와 6외입처外入處이다. 6내입처는 안·이·비·설·신·의, 6외입처는 색·성·향·미·촉·법이다. 둘을 합해 12처라 한다. 저기 뭔가가 보인다고 할 때, 보이는 뭔가가 있고 보는 무언가가 있다. 보이는 뭔가는 6외입처 중 색에 해당하고, 보는 무언가는 6내입처 중 눈을 의미한다.

여기서 색과 눈의 관계를 명확히 알아야 할 필요가 있다. '보는 기능이 있으니 눈이다.'라는 말과 '눈이니까 본다.'의 차이는 무엇일까. 앞의 설명은 맞는 말이지만, 뒤의 설명은 성립하지 않는다. 예를 들어 시체도 눈이 있지만 보지는 못한다. '본다'는 행위가 중요한 것이지, '무엇이 보는가'가 중요한 게 아니라는 것이다. 다만 보는 행위가 주로 이뤄지는 곳이 눈이므로 우리는 '눈이 본다'고 착각하기 마련이다. 이제는 '눈이 본다'가 아니라 '보는 것이 눈이다'라는 점을 확실히 구별할 수 있을 것이다.

다시 텅 빈 마을과 도적에 대해 생각해 보자. 6내입처를 비유한 텅 빈 마을은 내 안에 있는 보는 무언가, 듣는 무언가, 냄새 맡는 무언가, 소리를 듣는 무언가, 느끼는 무언가, 지난 기억들을 되새겨서 생각하는 무언가가 있다는 여섯 종류의 생각이다. 6외입처를 비유한 여섯 명의 도적은 보이는 무언가가 있다, 들리는 무언가가 있다, 향기 나는 무언가가 있다, 맛이라는 무언가가 있다, 감촉이라는 무언가가 있다, 뭔가가 있다는 생각이 들게 하는 것들이다. 이 6내입처와 6외입처가 합쳐져서 텅 빈 마을의 도적떼가 되고, 그것이 나를 피폐하게 한다. 재미있는 것을 계속 하고 싶고, 아름다운 이성과 계속 함께 있고 싶고, 도박의 스릴을 계속 느끼고 싶다. 그 결과 자기 욕망과 집착을 다스리지 못하게 되므로 도적떼와 같은 것이다.

이런 마을에서 도망쳐 나오니 큰물이 앞을 가로막고 있다. 내가 도망쳐온 세계는 오온이 나라고 생각하는 세계이다. '내가 있다'고 생각하는 이 세계가 바로 이 언덕이고, 물 건너의 저 언덕은 '나라는 것이 없다'고 하는 깨달음의 언덕이다. 그 사이에 넓고 긴 물이 흐르고 있다. 건너가려면 뗏목을 만들어 노를 저어 가야 한다. 그 뗏목은 팔정도이다. 정견, 정사유, 정어, 정업, 정명, 정정진, 정념, 정정. 올바른 견해를 갖고, 올바르게 생각하고, 올바르게 말하고, 올바르게 업을 짓고, 올바르게 생계

활동을 하고, 올바르게 꾸준히 물러섬이 없이 노력하고, 올바르게 마음챙김과 집중을 하는 것이다.

먹고 자고 말하고 쓰고 느끼고 생각하고 걷는 모든 삶이 팔정도이다. 이 중에서 마지막 두 가지 수행인 정념과 정정은 지관수행이라고 한다. 올바른 마음챙김인 정념은 관(觀, 위빠사나), 올바른 집중인 정정은 지(止, 사마타)이다. 밝은 지혜로 대상을 꿰뚫어 보는 것이 관이고, 망념을 그치고 하나의 대상에 마음을 모으는 것이 지이다. 이처럼 정견부터 정정진까지 여섯 가지의 올바른 생활이 있고 난 뒤에 깨달음으로 나아가는 정념과 정정의 과정이 있다. 수행자는 수행자의 생활에서 재가자는 재가자의 생활에서 이 여덟 가지 수행과정을 거쳐 깨달음으로 나아가야 한다.

저 언덕으로 건너갈 수 있는 뗏목인 팔정도를 갖추고 나면 저절로 강을 건널 수 있을까? 아니다. 뗏목이 흐르는 물에 쓸려 내려가지 않도록 열심히 노를 저어야 한다. 뗏목이 저 언덕에 도달할 수 있도록 두 손으로 두 발로 있는 힘껏 노력해야 한다. 염불을 열심히 하고 절을 열심히 하고 기도를 열심히 하는 것도 삼매에 드는 지관수행이다. 부처님께서 말씀하신 삶이란 다른 것이 아니다. 내가 만든 잘못된 생각에 쫓기며 살지 말고 팔정도 수행을 통해 깨달음을 얻어 열반의 세계로 가는 것이 바로 부처님께서 말씀하신 인생에 대한 올바른 성찰이다.

그런데 우리는 네 마리의 독사와 다섯 명의 살인자와 나를 죽이려 쫓아오는 친구와 텅 빈 마을과 여섯 명의 도적들에게 쫓기며 산다. 내 육체를 구성하는 지·수·화·풍이, 나라고 생각한 색·수·상·행·식이, 내 안의 감각기관과 내 밖의 감각 대상인 안·이·비·설·신·의와 색·성·향·미·촉·법이 나를 탐진치로 몰아가는데 거기에 마냥 휩쓸려 살고 있는 것이다. '나란 무엇인가'를 바르게 성찰하여 '어떻게 살 것인가'를 바르게 실천해야 하는데 말이다. 이를 명쾌하고 강렬하게 보여주는 이야기가 바로 《백유경》의 서른다섯 번째 경이다.

아주 먼 옛날에 매우 가난한 사람이 있었다. 그는 빚쟁이에 쫓겨 도망가던 중에 한눈에도 무척 값이 나가는 보물 상자를 발견했다. 뚜껑을 여니 과연 금은보화가 가득 들어 있었다. 그런데 상자 안에 자신을 지켜보는 누군가가 보였다. 그는 화들짝 놀라 보물 상자를 버리고 도망쳤다.

이 이야기의 반전은 보물 상자 안에 있던, 그 가난한 사람을 지켜보는 누군가가 누구인가이다. 이 수수께끼는 어쩌면 어린아이들이 더 쉽게 맞출지 모르겠다. "상자 뚜껑에 거울이 달려 있어서, 거울에 비친 자기 얼굴을 보고 놀라 도망간 거죠?" 알고 보니 너무 쉽지 않은가. 허탈할 정도다. 이 이야기를 불교 용어를 사용해 한 줄로 요약하면 '아견에 집착해 자기의 본모습을 알아채지 못하고 보물 상자를 버리고 도망간 사람의 이야기'라

하겠다.

《백유경》에 나온 사람에게는 두 명의 내가 있었다. 거울 속에 비친 내가 있고, 그것을 보는 육신의 내가 있다. 여기까지는 쉽게 알아챌 수 있는데, 그럼 이 중에서 과연 누가 불교에서 말하는 무아에 해당할까? 이야기의 주인공인 그 사람은 거울에 비친 자기 모습을 실제로 존재하는 다른 사람으로 착각하여 금은보화가 가득 담긴 보물 상자를 팽개치고 도망갔다. 그러니 거울에 비친 자기는 나라고 할 수 없다. 엄밀히 따지면 거울에 빛이 반사되어 나타난 형상일 뿐이다. 그것은 실재하는 내가 아니라 거울이다. 이미 정답이 나온 것 같다. 하지만 이게 다가 아니다.

생각해 보자. 거울을 보고 있는 이 무언가는 무엇인가? 〈뱀의 독〉 경에서 말한 텅 빈 마을과 여섯 명의 도적처럼, 뭔가 '있다'라고 이야기하는 것은 실제 무언가가 있는 것이 아니라 '있다'는 생각이다. 무언가가 있다고 생각하고 그게 '나'라고 생각하는 것이다. 실제로는 무엇인지 모르는데, 이것을 시계라 생각하고 마이크라 생각하고 컵이라 생각한다. 하지만 무엇이 시계인가. 이것은 시계가 아니다. 플라스틱과 태엽과 나사가 들어있는 무엇일 뿐이다. 더 작게는 원자, 전자, 양성자이고, 전자와 전자 사이에는 암흑물질이 있다. 그러니 이것을 시계라고 하는 것은 잘못이다. 내가 시계라고 생각할 뿐인 것이다.

이제 진짜 정답을 확인해보자. 보물 상자 안에 있는 사람은 내가 아니라 거울일 뿐이라고 깨닫는 것이 무아를 깨닫는 것이고, 거울을 보는 무언가가 있다는 것은 색·수·상·행·식이 화합해 만들어 낸 무언가가 있다는 생각일 뿐이다. 여기까지 깊이 생각해야 무아를 제대로 이해했다고 말할 수 있다. 이렇게 아공을 이해했다면 한 걸음 더 나아가 법공 또한 정확하게 이해해야 한다.

실제 무언가가 아니라 내 마음에서 만들어진 모든 것들이 일체이다. 일체는 오직 마음이 만든 것이다. 이것이 '일체유심조'이다. 그런데 많은 사람들이 일체유심조를 '뭐든지 마음먹기 나름'이라고 오해한다. 내가 마음먹는다고 여기에 있던 무등산이 저기 한라산이 있는 곳으로 옮겨가는 것이 아니지 않은가. 일체유심조의 의미는 존재하는 모든 것은 내가 '있다'라고 생각하는 것에 불과하다는 것을 지적한 말이다. 실제로 무엇이 존재하는지는 아무도 모른다. 그래서 일체유심조를 '법공'이라한다.

삼공三空이란 불교 용어가 있다. 세 가지 공이란 아공我空, 법공法空, 양구공兩俱空이다. '나도 공하고, 법도 공하고, 나와 법도 모두 공하다'고 해석하니 '아하! 이 얘기구나.' 느낌이 온다. 《금강경》의 말씀처럼 '아상, 인상, 중생상, 수자상'을 깨뜨리고 나면 '나(아상)도 공하고 법(인상, 중생상, 수자상)도 공하고, 나와 법(일체)이 모두 공하다.'가 된다. 물론 여기서 말하는 법은 자연, 존재, 현상 등을 말하는 것이지, 진리를 가리키는 말이 아니다. 《백유경》의 이야기로 정리하자면, 거울에 비친 사람은 내가 아니라는 아공, 모든 존재는 공하다는 법공, 그리고 아공과 법공이 모두 공하다는 것이 양구공이다. 이것을 올바로 알고 성찰하는 것이 인생을 올바르게 바라보는 것이다.

1724년에 송광사에서 펴낸 《취미당집》은 취미 대사의 시집이다. 서문을 보면 초간은 이보다 60년도 더 전에 발간했다고 짐작되는데, 송광사에서 다시 이 책을 펴낸 이유가 분명히 있을 것이다. 취미 대사는 사육신인 성삼문의 후예였고, 부휴 선사의 법을 이었으며, 병자호란을 겪으셨던 분으로 조선 중기의 대표적인 고승이셨다. 시간을 두고 천천히 음미하며 《취미당집》을 읽다가 한 게송이 눈에 띄었다. '산거(山居, 산에 기거하며)'라는 제목의 이 시는 바로 앞에서 말한 《백유경》의 이야기에 취미 대사가 게송을 덧붙이신 것이다. 미리 해설을 하자면, 아공과 법공을 지혜로 체득하면 비로소 열반의 경지에 도달할 수 있다는 내용이다.

산이 나를 불러 머문 것이 아니고   山非招我住
나 또한 산을 잘 알지 못했도다   我亦不知山
산도 나도 서로 잊는 곳이 되어야   山亦相忘處
그제야 특별한 한가함이 있으리라   方爲別有閑

_ 취미 대사, 《취미당집》, 〈산거山居〉

이제 불자라면 적어도 '인생을 어떻게 성찰해야 할까?'에 대한 질문에 '오온과 사대, 아공과 법공'으로 답해줄 수 있어야 한다. 하지만 이러한 이치를 이해한 사람이라도, 막상 살기가 팍팍하고 힘들어지면 이런 생각이 들 것이다. "도대체 사는 게 뭐지?" "나는 왜 이렇게 살아야 하는 거지?" "어떻게 사는 게 잘사는 걸까?"… 회의와 혼란이 섞인 이 질문에 대한 답은 다시 원점으로 돌아가야 찾을 수 있다. 아공과 법공의 지혜를 제대로 알아서 인생을 올바르게 성찰하면 답이 보인다. 일상생활에서 부딪히는 힘들고 괴롭고 슬프고 화나는 일들은 이 삼공의 지혜와 동떨어진 현상이 아니다.

불교의 진리와 삶의 회의를 별개로 생각하는 이유는 부처님의 가르침을 단순한 지식으로 받아들였기 때문이다. 불교를 지식으로 생각하면 살면서 힘든 일에 부딪혔을 때 불교의 가르침이 인생에 대한 성찰로 이어지지 못한다. 부처님의 가르침은 지식이 아니라 삶에 대한 지혜이다. 이를 확실히 알고 부처님의 말씀을 내 인생에 비추어서 생각하는 마음의 훈련을 계속해야 한다. 그래야만 부처님의 말씀이 내 인생의 피가 되고 살이 될 것이다. ♥

__ 2019년 12월 26일 초하루 법회

자비

생각과 행동으로 발현되는 것

목요봉사팀, 10년 동안 마음을 모아
자비심과 사랑
살아있는 모든 것은 행복하여라
자기의 욕망을 절제하라
니르바나에 이른 사람이 해야 할 일
나에게, 타인에게, 모든 중생에게

증심사에 온 지 1년이 다 되어 가는데 아직도 모르는 게 많은 것 같다. 목요봉사팀의 존재는 알고 있었지만, 지난 10년간 매주 목요일마다 관내 어르신들께 점심 공양을 대접해 왔다는 사실은 어제 처음 알았다. 아니, 건성으로 들어서 잊어버렸던 게 맞다. 혹시나 또 이런 실수가 있지 않을까 반성하고 또 반성했다. 그날 목요봉사팀이 봉사하는 곳에 가서 신도님들과 함께 봉사도 하고 점심도 먹고 커피도 한 잔 마시며 많은 이야기를 나누었다. 지역사회를 위해 봉사해 오신 분들께 진심으로 존경스럽다는 말씀을 드렸다. 그리고 더 좋은 재료로 더 맛있는 공양을 대접할 수 있도록 사중에서도 지원하기로 약속드렸다.

무려 10년의 시간이다. 어떻게 10년이 넘는 시간 동안 남을 위해 봉사할 수 있을까? 한 번도 빠지지 않고 활동한 분도 계시겠지만, 대부분은 개인 시간을 쪼개고 쪼개어 봉사에 참여했을 것이다. 개인 사정으로 또는 연세가 들어서 봉사를 중단한 분들도 계실 것이다. 하지만 이렇게 마음을 모은 한 분 한 분이 모여 목요봉사팀이 계속 유지되고 있었다는 것은 참으로 대단한 일이다.

목요봉사팀 여러분들은 가족이나 친척도 아닌, 한 번도 만난 적 없는 어르신들을 위해 매주 봉사를 하였다. 그 활동을 지속시킨 동력은 무엇일까. 아마도 자비심이 아닐까. 하지만 목요봉사팀 모두가 봉사할 때마다 항상 자비심이 철철 넘쳐흐르고 마음에 뭉클한 감동이 솟아나지는 않았을 것이다. 힘들고 언짢고 부담스러울 때도 있었을 텐데, 그 어려움들을 매번 이

겨냈으리라.

흔히 자비심은 자식을 생각하는 마음과 같다고 설명한다. 그만큼 자비심은 깊고 넓고 간절한 마음이다. 자비심은 사랑이란 말로 대치되기도 한다. 하지만 서양의 학자들에 의하면 사랑은 육체적 사랑인 에로스도 있고, 친밀감이나 우정 또는 의리와 같은 필리아도 있고, 부부애와 같은 프라그마도 있다. 흔히 '썸 탄다'라고 표현하는 감정인 루두스도 사랑의 한 종류이다. 이렇게 사랑은 여러 층위의 의미를 내포한 용어이다. 썸 타는 것은 아직 사랑이 아니라고 말할 수 있겠으나, 마주 보면 눈빛이 찌릿찌릿 통하고 괜히 장난치고 싶고 시답잖은 농담 따먹기만 해도 재미있는 이 '썸 타는' 감정도 사랑이다. 어떤 사람은 오래된 부부 사이는 사랑보다 정으로 유지된다고 생각하겠지만, 내가 목격한 간접 경험에 의하면 부부애는 세상이라는 험한 파도를 함께 헤쳐나가는 동료에게 느끼는 이해와 사랑이다.

이 외에도 많은 사람이 좀 더 상위의 사랑으로 아가페와 플라토닉 러브를 말한다. 아가페는 보편적인 인류애를 의미하므로 인간이 인간에게 가지는 믿음이라 생각해도 좋을 것이다. 플라토닉 러브는 성적 쾌락이 없는 정신적인 사랑을 의미한다. 그러면 자비심은 어떤 사랑일까? 자비심은 모든 중생에게 연민의 마음을 가지고 감싸 안는 것이다. 중생에는 인간뿐 아니라 개미나 지렁이도 포함한다. 그러므로 어떤 사랑보다 더 넓고 크고 깊은 사랑이 자비심이다.

《수타니파타》에는 부처님께서 자비에 대해 설명하신 내용이 들어있고, 이 내용만을 따로 뽑은 〈자비경〉이라는 독립된 경이 널리 유포되었다. "살아있는 모든 것들은 행복하여라."라는 구절이 바로 〈자비경〉에 나온다. 그런데 부처님은 자비를 설명하시면서도 '자비란 무엇이다'라고 정의를 내리지 않으셨다. 대신 자비로운 사람은 어떤 생각과 행동을 하는지를 하나하나 제시해 주신다.

니르바나에 이른 사람이
편안한 경지에서 해야 할 일은 다음과 같다.
공명하고 성실하며 말은 부드럽고 점잖아야 하며,
잘난 체하고 뽐내지 않는 것이다.

〈자비경〉은 '니르바나에 이른 사람이 해야 할 일'을 소개하는 것으로 시작한다. 니르바나, 즉 열반에 이른 사람이 해야 할 일이 바로 자비라는 말씀이다. 우리는 자비심을 상대방에 대한 자비심, 즉 내가 중생들을 연민으로 대하는 태도라고만 생각한다. 그런데 부처님께서는 지금 욕망을 잘 다스리고 있는지 행동은 공명하고 말은 부드러운지 먼저 나 자신을 돌아보라고 하셨다.

만족할 줄 알며, 변변치 않은 음식으로 생활하라.
잡일을 줄이고 생활을 되도록이면 간소하게 하라.

모든 감관을 편안하게 하고
남의 집에 가서도 욕심을 내지 말아야 한다.

자비심과는 관련이 없는 것처럼 보이는 이 구절은 '자기의 욕망을 절제하라'는 경계의 말씀이다. 음식, 생활, 욕심을 절제하는 마음이 자비심의 시작이다.

현명한 사람들로부터 비난을 살만한
그런 비열한 짓을 해서는 결코 안 된다.

현명한 사람들에게 비난을 받지 않으려면 내 행동이 현명해야 한다. 그러므로 자비로운 삶이란 현명한 삶이다.

살아있는 것들아,
부디 행복하고 편안하여라.

모든 중생들이 행복하고 편안하기를 바라는 마음, 이것이 자비심이다. 자비심을 기르기 위해서는 내가 욕망을 다스리고 절제할 줄 알고 행동을 현명하게 해야 한다. 무턱대고 타인을 향해 베푸는 것이 아니라, 우선 나의 행동을 먼저 단속해야 자비심도 우러난다는 뜻이다. 그런 다음에 모든 중생들에 대해 연민의 마음을 가지되 구별하지 말라고 하신다.

어떠한 생명체라도 약한 것이건, 강한 것이건,

큰 것이건, 중간 것이건,

제 아무리 미미하고 보잘것없는 것일지라도

눈에 보이는 것이나, 보이지 않는 것이나,

멀리 있는 것이나, 가까이 있는 것이나,

이미 태어난 것이나, 앞으로 태어나려 하는 것이나,

살아 있는 모든 것들아,

부디 행복해져라.

모든 중생들이 다 행복해지기를 바라는 마음에는 약하다, 강하다, 크다, 작다 등의 구별이 없다. 의외로 이 가르침은 머리로는 받아들일 수 있지만 온전히 실천하기 어렵다. 막상 내 행동들을 되돌아보면 매 선택의 순간에 구별하는 마음이 있었다. 예를 들면 아이들은 작고 약하고 보호받아야 하는 존재이지만, 모든 아이들을 똑같은 마음으로 사랑하지 못한다. 아무리 예쁜 아이가 있더라도 내 자식이 더 귀엽고 잘나 보인다. 구별하는 마음을 없애라 함은 '이것은 내 것'이라는 생각을 없애라는 가르침이다. 나의 바운더리(boundary, 경계선)를 만들어서 여기까지는 내 거, 내 사람, 우리 식구, 우리 회사, 우리 민족 등으로 구별 짓고는 내가 만든 경계선 안에 있는 것을 더 우선시하는 구별을 하지 말아야 자비심이다.

남을 속여서는 안 된다.
또 남을 멸시해서도 안 된다.
남을 괴롭히거나
고통을 주어서는 더욱 안 된다.

이제부터는 본격적으로 타인에 대해 가져야 하는 마음을 설명하신다. 나의 욕망을 잘 다스리고 절제하는 마음을 확실하게 가지고서 상대방에 대한 연민의 마음을 내어 그들을 속이거나 괴롭혀서는 안 된다. 어렸을 때부터 우리가 들어왔던 내용들이다. 그러고 나서 어머니가 하나뿐인 자식을 보호하듯 모든 살아 있는 것들에게 연민의 마음을 일으키라고 하셨다.

어머니가 하나뿐인 자식을 보호하듯
살아 있는 이 모든 생명체에서
한없는 연민의 마음(자비심)을 일으켜야 한다.
그 자비심이 골고루 스미게 하라.
위로, 아래로, 또는 옆으로,
장애도 없고, 적의도 없고, 척짓는 일도 없이
이 누리에 두루두루 스미게 하라.

연민의 마음이 바로 자비심이다. 자비심을 일으켰으면 온 누리에 자비심이 두루 스미게 하라고 당부하신다. 이것으로 끝일까? 아니다.

서 있을 때나, 걸을 때나, 앉을 때나, 누울 때나
잠자지 않는 동안에는 이 연민의 마음을 굳게 지녀라.

부처님께서는 자비심을 언제 어디서나 꾸준히 일으키고 실천하라고 당부하셨다. 자비심이란 내 맘대로 일으키는 게 아니다. 화가 날 때는 자비심을 내팽개치고, 심심하고 시간이 나면 자비심을 내 봉사하고, 손자가 내 앞에서 재롱을 피우면 그 손자에게만 베푸는 것이 아니다. 하루 24시간 평생 나와 남에게 나아가 모든 중생에게 연민의 마음을 일으켜야 한다.

사악한 견해에 사로잡히지 않고
자신을 절제할 줄 아는 사람,
사리를 잘 판단하며
욕망의 늪을 이미 나온 사람,
이런 사람은 결코 두 번 다시
이 윤회 속에 태어나지 않는다.

_ 《수타니파타》, 〈자비경〉

〈자비경〉은 윤회의 수레바퀴를 끊을 수 있다는 강렬한 메시지로 끝을 맺는다. 내 행동을 성찰하고 욕망을 다스려 나의 생활을 절제하면서 타인에 대해 구별하는 마음 없이 연민의 마음을 낸 사람은 두 번 다시 윤회 속에 태어나지 않는다고 하셨다. 첫 구절에서 '니르바나에 이른 사람'이 해야 할 일이라 하셨던 이유를 마지막 문장에서 확인하게 되니, 그 과정의 모든 말씀이 더욱 가슴에 와 닿는다.

다음 법회 때에는 이 〈자비경〉을 한 부씩 나누어 드리고 함께 독송하는 시간을 가져야겠다. 우리 신도님들이 지갑에 넣고 다니면서 매일 시간이 날 때마다 읽는다면, 잠시 느슨했던 마음을 다잡고 자신을 점검하고 자비심을 발현하는 계기가 될 수 있기를 바라면서. ♥

_ 2019년 10월 1일 초사흘 법회

자비경

니르바나에 이른 사람이 이 편안한 경지에서 해야 할 일은 다음과 같다.

공명하고 성실하며 말은 부드럽고 점잖아야 하며, 잘난 체 뽐내지 않는 것이다. 만족할 줄 알며, 변변치 않은 음식으로 생활하라. 잡일을 줄이고 생활을 되도록이면 간소하게 하라. 모든 감관을 편안하게 하고 남의 집에 가서도 욕심을 내지 말아야 한다. 현명한 사람들로부터 비난을 살만한 그런 비열한 짓을 해서는 결코 안 된다.

살아있는 것들아, 부디 행복하고 편안하여라. 어떠한 생명체라도 약한 것이건, 강한 것이건, 큰 것이건, 중간 것이건, 제아무리 미미하고 보잘것없는 것일지라도. 눈에 보이는 것이나, 보이지 않는 것이나, 멀리 있는 것이나, 가까이 있는 것이나, 이미 태어난 것이나, 앞으로 태어나려 하는 것이나, 살아있는 모든 것들아, 부디 행복해져라.

남을 속여서는 안 된다. 또 남을 멸시해서도 안 된다. 남을 괴롭히거나 고통을 주어서는 더욱 안 된다. 어머니가 하나뿐인 자식을 보호하듯 살아있는 이 모든 생명체에서 한없는 연민의 마음(자비심)을 일으켜야 한다.

그 자비심이 골고루 스미게 하라. 위로, 아래로, 또는 옆으로, 장애도 없고, 적의도 없고, 척짓는 일도 없이 이 누리에 두루두루 스미게 하라. 서 있을 때나, 걸을 때나, 앉을 때나, 누울 때나 잠자지 않는 동안에는 이 연민의 마음을 굳게 지녀라.

사악한 견해에 사로잡히지 않고 자신을 절제할 줄 아는 사람, 사리를 잘 판단하며, 욕망의 늪을 이미 나온 사람, 이런 사람은 결코 두 번 다시 이 윤회 속에 태어나지 않는다.

명상

계율과
선정,
지혜의 길이
하나로 모이다

#명상과 참선, 그리고 수행
#팔정도와 삼학
#계율을 지키는 것이 먼저다
#불교인데 불교 아닌 콘텐츠들
#기도가 명상이다
#대혜 스님의 간화선 지침서

얼마 전 증심사 템플스테이에 참가한 20대 초반의 젊은이들과 차를 마시며 이야기를 나누었다. 또랑또랑한 눈빛으로 "스님, 명상은 어떻게 해야 하나요?" 하고 진지하게 묻길래, 기특한 마음에 이런저런 설명을 해 주었다. 그런데 그들이 돌아가고 나서 문득 이상하다는 생각이 들었다. "왜 참선이 아니고 명상이지?"

2019년 서울 불교박람회의 주제도 명상이었다. 280여 개 단체가 참가했고, 그 중 61개 단체가 사흘 동안 명상 수업을 개설하여 1천 명 이상이 수강했다고 한다. 명상 컨퍼런스는 사전 예약이 모두 매진될 정도로 인기가 높았다. 우리가 모르는 사이에 명상이 깊이 스며들어 있다는 사실이 충격이었다. 명상은 불교의 역사보다 더 이전부터 인도사회에 존재해 있었는데, 왜 이제야 사람들이 명상에 관심을 갖게 된 것일까.

유튜브에서 명상을 검색해 보았다. 내용까지 볼 시간이 없어 제목만 훑었더니 공통점이 보였다. '하루를 바꾸는 5분 명상', '몸의 기운을 맑게 해 주는 10분 몰입 명상', '불안한 마음을 평화롭게 하는 평화 명상', '10분 안에 해소 명상'…. 대부분 몇 분 안에 끝내는 명상이고, 이 명상을 하면 마음이 평온해진다는 제목들이다. 명상의 종류로 구분해 보면 차 명상, 향 명상, 소리 명상, 촛불 명상 등 다양했다.

그렇지만 우리나라 불자가 떠올리는 명상은 이런 명상이 아닐 것이다. 선방 스님들이 하루에 열 시간씩 참선을 하는 모습을 가장 먼저 떠올릴 테니, 유튜브에 있는 명상과는 큰 차이가 있다. '눈감을 명瞑'에 '생각할 상想', 즉 눈을 감고 고요히 아무 생각을 하지 않는 것이 명상의 원래 의미이다. 인터넷에서 명상의 정의를 찾아보니 마음을 깨끗하게 하고, 스트레스를 줄이고, 내면의 평화를 찾고, 마음을 훈련시키는 것이라 한다. 명상의 방법 역시 무수하게 많이 제시되어 있었다. 나아가 명상을 하면 뇌파가 어떻게 변하는지, 생체 호르몬에 어떤 변화가 생기는지 등 과학적인 연구 결과까지 첨부해 놓았다.

명상의 목표 또는 효과가 마음의 평화라면, 명상보다는 힐링healing이라는 더 직접적인 용어가 있다. 힐링이란 치유한다는 뜻이다. 우리나라에도 힐링 열풍이 불었던 때가 있었다. 힐링 음악, 힐링 여행, 한방 테라피 등 각양각색의 힐링 방법이 소개되었다. 마음의 평화를 바라는 사람들에게 도움이 되는 정보들이라 생각했는데 막상 뚜껑을 열고 보니 상품이었다. 그래서인지 세간의 관심을 끌며 힐링 마케팅과 결합해 곳곳에서 달아올랐던 힐링 열풍은 이제 잠잠해진 것 같다.

반면에 명상은 힐링처럼 열풍을 일으킨 것은 아니지만, 결과적으로 봤을 때 꾸준히 우리 사회의 곳곳에 스며들더니 이제는 하나의 라이프 스타일로 자리잡은 듯하다. 명상은 우리나라보다 미국이나 유럽에서 더 대중화되는 추세다. 미국에서 최근 1년 동안 한 번이라도 명상을 경험해 본 사람이 10%가 넘는다고 한다. 우리나라에서 힐링의 열풍이 사그라지면서 명상의 의미가 퇴색되는 동안에 미국과 유럽은 명상이라는 콘셉트로 대중화에 성공했다고 볼 수 있다. 현대인들이 바쁘고 힘들고 괴롭고 불안한 이 현실에서 마음의 평화를 가져오는 방법의 하나로 명상을 받아들인 결과이다.

언뜻 보기에 힐링이나 명상의 외형은 불교의 참선과 비슷하다. 하지만 참선의 목표는 깨달음이다. 마음의 평화나 스트레스 해소라는 명상의 목표는 불교에서 보면 임시적인 방편일 뿐이다. 우리는 외형만을 쫓지 말고 내용을 구분할 줄도 알아야 한다. 사실은 불교인데 불교가 아닌 것 같은 콘텐츠가 불교 밖에 많이 퍼져 있다는 말이다. 명상이 대표적이라 하겠다. 그러니 지금 이 상황이 더 진행되기 전에 불교의 수행과 불교 밖 대중화된 명상의 차이를 분명히 할 필요가 있다.

부처님께서 다섯 비구에게 첫 법륜을 굴리실 때 중도와 사성제, 그리고 팔정도를 말씀하셨다. 팔정도는 정견, 정사유, 정어, 정업, 정명, 정정진, 정념, 정정의 여덟 가지 바른 수행법이다. 부처님께서 팔정도대로 수행하면 깨달음을 얻을 수 있다고 분명히 말씀하셨으니, 팔정도는 불교에서 공인한 수행법이다. 이 팔정도를 세 부분으로 묶으면 계학戒學, 정학定學, 혜학慧學의 삼학三學이다. 정견은 혜학, 정사유·정어·정업·정명은 계학, 정정진·정념·정정은 정학에 해당한다.

팔정도를 하나씩 살펴보자. 올바른 견해를 의미하는 정견은 지혜를 말한다. 불교에서 지혜는 무명을 깨뜨리는 것이다. 정어는 거짓말, 꾸민 말, 이간질하는 말, 악한 말을 하지 않고 바른 말을 하는 것이다. 정사유는 탐욕, 성냄, 어리석음의 삼독에 휩쓸려 생각하지 않고 지혜롭고 올바른 생각을 하는 것이다. 〈천수경〉의 '십악참회'를 떠올리면 정어와 정사유를 쉽게 이해할 수 있다. 정업은 몸으로 나쁜 업을 짓지 말고 선업을 지으라는 것이다. 즉 정어, 정사유, 정업은 신구의 삼업을 바르게 잘 다스리는 수행이다. 이 세 가지를 총괄해서 슬기로운 생활을 하라는 것이 정명이다. 그렇기 때문에 정어, 정사유, 정업, 정명은 계학에 해당한다. 나머지 정정진과 정념과 정정은 정학에 해당하는데, 올바른 정진을 꾸준히 그리고 황소걸음처럼 뚜벅뚜벅하는 것이다. 이 세 가지를 합쳐 선정이라 한다.

이처럼 부처님께서는 참선만 열심히 하라고 말씀하신 게 아니라, 먼저 계율을 지켜야 선정에 들 수 있으며 선정에 들어야 무명을 걷어내고 올바른 견해를 가질 수 있다고 하셨다. 그러니까 불교에서 명상에 해당하는 참선을 하려면 그 전에 올바른 견해를 세워서 지혜를 밝히고 계를 지켜야 한다. 이 지점이 지금 일반인들의 라이프 스타일로 스며들고 있는 명상과는 확연히 다르다. 불교에서는 명상하기 전에 먼저 행이 올바르게 서야 하며 계율을 지키고 지혜로워야 한다고 강조한다. 단순히 마음의 평화를 목표로 하느냐 위 없는 깨달음을 목표로 하느냐, 이것이 불교의 수행과 불교 밖 명상의 근본적 차이이다.

우리나라의 대표적 선 수행 전통인 간화선은 중국에서 시작하였다. 1세기경에 불교가 중국에 들어왔고, 5, 6세기경에 달마 대사가 소림사에서 면벽수행을 하여 새로운 선법이 널리 퍼져 나갔다. 이전까지는 화엄종, 법상종, 유식종 같이 소의경전을 갖추고 교학체계가 잘 짜여 있는 불교가 대세였다. 그런데 달마 대사 이후에는 기존의 교학불교와는 완전히 다른 혁신적인 불교인 선종이 점차 사람들의 관심을 받게 되면서 많은 선맥禪脈이 퍼져 나갔다. 조주 스님이나 혜능 스님 등 유명한 선사들도 많았다. 그러다가 당송시대인 11, 12세기경에 대혜 스님이 간화선을 크게 진작시켰다. 당시의 사대부들이 선 수행에 관심이 많았지만 그냥 앉아만 있을 뿐 도무지 진척이 없다며 대혜 스님에게 편지를 보냈다. 이에 대혜 스님이 간화선 실참 방법과 수행 중에 생기는 여러 장애들을 타파하는 법 등을 적어 답장을 보내 주었는데, 이 편지들을 모은 책이 바로《대혜보각선사서》, 줄여서《서장》이다.

그들의 질문은 이렇다. "그냥 아무 생각 없이 앉아 있으면 되는 건가요?" "일상생활을 해야 하니 참선에 집중할 수가 없어 답답해요." "화두를 깨치면 부처가 된다고 하는데 개도 불성이 있나요?" 이런 질문을 받고 대혜 스님은 화두를 드는 법에 대해 설명하고, 왜 항상 화두를 들어야 하는지 화두의 목표를 분명히 제시하고, 생활이 반듯해야 한다는 계행을 강조한다. 요즘 식으로 표현하면 이런 대화가 아니었을까?

"스님, 명상을 어떻게 해야 합니까?"

"명상하는 방법은 이러이러한데, 명상만 하면 되는 게 아니라 먼저 계를 잘 지켜야 하고 네가 명상하는 이유를 잘 생각해봐야 한다. 결국은 깨달음을 얻어야 영원한 행복을 얻는다. 일시적인 마음의 행복은 오히려 더 큰 고통을 가져다줄 뿐이다. 네가 명상을 하는 목표는 영원한 행복을 얻는 것임을 늘 염두에 두어야 한다."

　사람들이 사는 모습은 1천 년 전이나 지금이나 비슷한 것 같다. 사는 데 바빠 수행할 시간이 없고, 세상은 각박하고 팍팍하고, 괴롭고 힘든 일이 계속 일어나고, 그러니 마음이 좀 편했으면 좋겠다고 갈망한다. 지금 사람들이 내 마음이 편해질 수 있다는 다양한 힐링의 방법에 주목하는 이유일 것이다. 그러다가 불교의 명상에도 관심을 가지고 각종 명상 프로그램에 참여해 나름대로 노력도 해본다.

　하지만 사람들이 간과한 것이 있다. 나는 사람들이 힐링을 원하는 건 종교적인 갈증에서 온다고 생각한다. 이 갈증을 어떤 사람들은 사이비 종교로 채우기도 하고, 과학적 근거가 있는 명상을 통해서 채우기도 한다. 이 두 경우는 정반대 같지만 사실 출발점은 같다.

　원래 종교의 역사가 그렇다. 한때는 신이 모든 것을 지배하는 시절이 있었다. 중세 유럽이 대표적이다. 그런데 산업기술이 발달하면서 가장 먼저 철학이 종교에서 떨어져 나온다. 열심히 일하면 돈을 벌 수 있는데 하느님 아버지께서 돈은 탐욕스러운 것이고 불결하니까 청렴하게 살라고 한다. '돈을 많이 벌고 싶은데 돈을 벌지 말라니, 어떡하지?' 하며 마음속에 갈등이 계속 커지다가 결국에 인간 중심적인 사고가 나오게 되었다. 신이 먼저가 아니고 인간이 먼저라는 생각. 이것이 바로 인본주의이다.

　인본주의가 발현한 뒤에는 교회에서 정치가 떨어져 나온

다. 왕과 교황이 분리된 것이다. 그 다음에는 '네 마음대로 벌고 싶은 만큼 열심히 돈을 벌어라.' 하면서 경제활동이 떨어져 나온다. 또 그 다음에 도덕과 윤리가 종교와 분리되고, 이제는 하나님을 믿는다는 신앙만 남았다. 요즘에는 '신은 없다.'라며 신마저도 떨쳐내고 그 자리에 과학이 들어섰다. 이렇게 신이 사람들의 생활에서 멀어지면서 이제 남은 것은 종교적 갈증뿐이다.

지금 우리의 불교도 이런 과정을 겪고 있는 게 아닐까. 그러므로 더욱더 근본을 지켜야 한다. 우리 증심사에 오시는 분 중에도 명상에 관심이 많은 분들이 있을 것이다. 하지만 불교 수행은 팔정도이며, 팔정도는 계정혜 삼학이 세트로 함께 움직인다는 것을 늘 잊지 말아야 한다. 계를 지키고 올바른 생활을 한다고 해서 영원한 행복을 얻는 것이 아니다. 팔만대장경을 달달 외울 정도로 부처님 말씀을 꿰차고 있다 해서 깨달음을 얻는 것도 아니다. 하루 종일 통나무처럼 앉아서 움직이지 않고 참선을 한다고 해서 깨달음을 얻는 것은 더더욱 아니다. 계행과 선정과 지혜를 함께 실천해야 한다.

사실 우리 불자들은 일상적으로 명상을 하고 있다. 기도를 하면서 내 마음을 잘 살펴 마음에 잡생각이 사라지고 기도하는 그 소리에 온전히 집중하면, 그게 명상이다. 단지 기도가 명상인지 모를 뿐이다. 현대인들이 불교의 수행법에 종교적인 색채를 걷어낸 후 그 위에 과학이라는 옷을 입히고 그럴듯한 영어 이름을 붙여 대중화에 성공했다 하더라도, 그것은 명상의 본질이 아니다. 계율을 지키고 선정을 닦고 지혜를 찾는 세 가지 길이 하나로 모여야 한다. 그래야만 우리 사회에 점차 스며들고 있는 현대적 명상에 대해 균형 있는 시각을 가질 수 있을 것이다. ♥

_ 2019년 12월 28일 초사흘 법회

법정 스님은 '종교 생활은 복습'이라 하셨다.
아는 것도 다시 하고
또 다시 하고,
할 때마다 처음 하는 것처럼
새로운 시작이라는 마음가짐으로 해야 한다.
수행이란 묵은 습習을 버리고 보살의 길을
가고자 하는 것이기 때문이다.
머리로 아는 것이 아니고 몸으로 깨달아야 한다.
매일 새로 공부한다고 생각하고 수행하는 것,
그러니 불교 수행에서 예습은 없다.
영원한 복습이다.

삼매

세상과
나를
바르게 연결하는
침묵

#침묵
#이방인
#참선과 지관 수행
#스트레스 타파
#슬로비디오
#갑자기 세상이 낯설 때

증심사에 부임하고 첫 휴가를 다녀왔다. 여행을 떠나는 날 아침까지도 갈까 말까 고민을 했다. 그런데 정작 휴가 마지막 날이 되니 휴가가 너무 짧아 아쉬웠다. 돌아가기 싫은 마음도 스멀스멀 생겼다. 왜 이런 마음이 들었을까. 공항으로 가면서 곰곰이 생각해 보았다.

휴가를 떠난 곳은 일본이었다. 첫날 식당에서 밥을 먹는데 양옆 테이블에 앉은 사람들이 수다를 떨고 있었다. 우리나라였다면 스트레스를 받을 만큼 그들의 목소리가 꽤 컸지만, 일본어를 모르는 나에게는 전혀 방해되지 않았다. 나는 먹는 데 집중할 수 있었고 그들도 나름대로 즐거운 식사를 했으니 모두가 만족스러운 시간이었다. 그런데 이런 경험은 소음뿐이 아니었다. 거리에서 볼 수 있는 형형색색의 간판, 교통표지판, 마주치는 사람들의 행동도 눈에 보이기는 하지만 나를 자극하지 않았다. 완전히 낯선 세계에 나 혼자 동떨어진 듯한 느낌, 완벽하게 이방인이 된 느낌은 오히려 나를 평온한 상태로 이끌었다.

나에게 익숙한 장소에서는 알게 모르게 그것들을 둘러싼 환경과 엮이게 된다. 가족, 직장동료, 이웃, 같은 식당에 들어온 손님들, 또는 버스, 학교, 복지관, 시장 등 내가 머문 장소마다 사람과 엮이고 물건과 엮이고 사연이나 목적과 엮인다. 듣지 않으려 해도 들리고 보지 않으려 해도 보이니 때론 참견하기도 하고 때론 불편한 마음으로 외면하기도 한다. 모든 것들이 연결되어 있어서 그들의 말과 행동이 나의 말과 행동에 영향을 미치고, 나 역시 그들에게 영향을 미치며 살아왔다. 요즘은 온라인이라는 새로운 사이버 공간까지 생겼으니, 내 삶의 공간은 무한히 확장 중이다. 출가한 내가 이 정도라면, 일반 재가자들은 얼마나 더 복잡한 관계를 유지하며 살고 있을까.

하지만 낯선 사회에 떨어진 이방인이 되면 상황이 달라진다. 그 사회와 완전히 차단된 이방인은 일부러 연결하려 노력하지 않는 이상 그 세계와 분리되어 있다. 외국의 거리를 돌아다니면 마치 영화 속에 들어온 것 같은 느낌이 드는 이유도 이 때문이다. 사람들이 하는 말이 무슨 소리인지 알아듣지 못하고 간판을 봐도 무슨 뜻인지 모른다. 이렇게 세계와 내가 차단된 경험은 일상생활에서 나도 모르게 받고 있던 보이지 않는 스트레스를 해소해 준다. 엄청난 경험을 하거나 유명 관광지를 돌아다니지 않아도, 단 며칠 동안이라도 세상과 나를 차단하고 일상과 떨어져 있다는 것만으로도 마음이 편안해진다. 온몸으로 침묵을 경험한 것이라 부를 만하다.

일반적인 침묵은 소리를 차단하는 것이다. 거리를 지나는 행인들의 소리, 옆 테이블에 앉은 사람들의 목소리, 음악 소리, 새소리로부터 나를 차단하는 것이 침묵이다. 이뿐이 아니다. 보는 것을 차단하는 것도 침묵이다. 더 확장해 말한다면 피동적으로 듣는 작용을 차단하는 것에 그치지 않고 내가 말하는 것, 내가 만드는 것, 내가 행하는 것을 차단하는 것 역시 침묵이다. 침묵을 더 확대해석한다면 소리로부터의 차단, 보는 것으로부터의 차단, 말하는 것으로부터의 차단, 행동하는 것으로부터의 차단이라 하겠다. 안이비설신의를 통해 들어오는 색성향미촉법을 차단하면 침묵을 경험하고, 그 침묵은 나를 평온으로 이끈다. 요즘 말로는 스트레스 타파이다.

그런데 단지 이것뿐일까? 외부 경계로부터의 온갖 자극들을 차단하여 스트레스를 없애는 것은 어쩌면 부수적인 이로움이다. 침묵이 중요한 이유는 자기 자신을 바라보는 일이기 때문이다. 침묵은 밖에 있는 것들과의 관계를 잠시 차단하는 일이고, 바깥으로 나가는 이 마음을 잠시 중단하는 일이다. 그랬을 때 내 안에 있는 침묵과 만날 수 있다. 침묵은 자기 자신을 돌아보고, 나 자신을 성찰하는 좋은 수단이다. 그러므로 침묵은 참선이나 위빠사나 같은 수행의 주춧돌이다.

살면서 이런 완벽한 침묵의 순간을 느낄 때가 있다. 축구 선수가 골을 넣기 직전에는 그 넓은 축구장을 메운 응원 소리가 들리지 않는다고 한다. 선수의 모든 관심은 공에 가 있다. 내 발 아래 있는 축구공에만 집중하기 때문에 경기장이 떠나가라 외치는 관중들의 응원 소리, 같은 팀 선수들의 목소리는 자동으로 음소거 된다. 영웅이 등장하는 영화에서 영웅과 악당이 최후의 전투를 벌일 때, 결정적 장면을 슬로비디오로 편집하는 경우도 마찬가지이다. 실제로 어떤 상황에서는 모든 순간이 슬로비디오로 전개된다. 그만큼 집중력이 극도로 강해지는 것이다.

왜 특정한 순간에만 이런 일들이 생기는 것일까? 우리 마음은 바깥으로 분산되기 마련인데, 이를 차단하면 내 안에 엄청난 집중력이 생긴다. 집중력이 최고점에 도달하면 주변 소리가 귀에 들리지 않고 평소에는 알아채지 못하던 세세한 장면까지 모두 눈에 들어온다. 축구선수가 한순간 최고의 집중력을 발휘해 공을 찰 때, 침묵은 주변의 장애를 없애고 상상하지 못한 힘을 발산한다.

그런데 대부분의 사람들에게 집중의 시간은 길지 않다. 금붕어가 집중력을 유지하는 시간은 단 9초. 인간은 어떨까. 2000년 실험에서는 12초, 2017년 실험에서는 8초였다. 이제 인간이 집중하는 시간은 금붕어보다 짧다. 내 생활을 돌아봐도 그렇다. 단 한 시간이라도 휴대전화, 인터넷, 유튜브, 텔레비전 없이 살 수 있을까. 미국에서 이런 실험이 있었다. 아무것도 없는 방 안에서 15분 동안 아무것도 하지 않는 실험을 했는데, 참가자의 1/3은 답답함을 견디지 못하고 전기 자극이 흐르는 버저를 눌렀다고 한다. 전기 자극의 고통보다 아무것도 안 하는 상태가 더 견디기 힘들었다는 것이다.

반면에 선방의 수좌스님들은 매일 고도의 집중을 유지하는 경험을 한다. 참선에 들면 아무것도 없는 방 안에서 아무것도 안 하고 가만히 앉아서 움직이지 않는다. 매일 짧게는 10시간, 길게는 16시간씩 침묵하며 참선한다. 참선은 지관止觀을 말하는데, '집중해서(止) 관찰하는(觀)' 수행법이다. 그런데 왜 집중하는 것을 '그칠 지止'라고 표현했을까? 집중하려면 내 마음이 밖으로 나가는 것을 그쳐야 한다. 그쳐야 집중이 된다. '볼 관觀'은 또 어떤가. 보되 그냥 눈으로 보는 것이 아니다. 눈을 지그시 뜨고 가만히 바깥 경계의 대상들을 받아들여 꿰뚫어 보는 것이다. 본다는 것은 눈으로 빛을 쏘는 것이 아니라, 다만 눈으로 들어오는 빛을 받아들일 뿐이다. 언뜻 생각하기에 본다는 것이 적극적인 행위 같지만, 사실 보는 그 자체는 상당히 수동적이다. 이처럼 적극적으로 보고 듣고 냄새 맡으려 하지 않고, 수동적으로 있는 그대로를 받아들인다. 이것이 지관 수행이다.

침묵의 세계를 평상시에는 보지 못하게 마련인데, 내 마음이 밖으로 달려나가고 계속 몸으로 입으로 무언가를 행하고 있어서이다. 밖으로 나가는 마음과 부질없이 하는 행동들을 멈추면, 내 안의 침묵의 세계를 만날 수 있다. 이렇게 만난 침묵의 세계는 일상에서 접했던 세계와는 전혀 다른 세계이다.

대부분의 사람은 자신이 먹고 자고 일하는 이 현실이 나와는 별도로 존재하는 세계라고 생각한다. 하지만 그 모든 것은 다만 내가 그렇게 보고 느끼고 듣는다고 생각하는 것일 뿐이다. 내 앞의 이 풍경에 대한 나 자신만의 세계가 만들어져 있는 것이다. 그런데 갑자기 세상이 낯설어 보이는 때가 있다. 큰 충격을 받았을 때, 생각이 크게 바뀌었을 때, 내 안에 변화가 생겨 주변이 낯설어 보인다. 내 안에 충격이 생기면 내가 만들어놓은 세계가 깨져버린다. 그래서 익숙했던 세계가 아니라, 뭔가 주변이 달라졌다고 느끼게 된다. 내 세계가 낯설어 보일 때, 바로 이때가 익숙했던 세상과 자신을 차단할 기회이다.

해외여행에서 느낀 낯선 감정도 이런 기회이다. 말이 통하지 않는 외국에 가면 자연스럽게 나와 세상이 차단된다. 보고 듣고 만지는 것으로 일련의 의미 있는 이미지를 만들어보려 하지만 맘대로 되지 않는다. 물 위의 기름처럼 나만 둥둥 떠다니는 이방인 같고 투명인간 같은 느낌을 받을 때, 한편으로는 심리적인 해방감을 느끼게 된다. 익숙한 환경에서는 내 의지와 무관하게 내가 해야 하는 역할이 있지만 낯선 세계에서는 그럴 필요가 없기 때문이다. 내가 휴가 마지막 날 일상으로 돌아가기 싫다는 생각을 하게 된 건 바로 이런 침묵의 경험을 좀 더 오래 유지하고 싶었기 때문이었을 것이다.

하지만 일상의 책임과 의무를 뒤로한 채 여행을 떠나거나 세상이 뒤집힐 만한 심리적인 충격을 받는 경우는 그리 많지 않다. 매일 여행을 떠나고 매일 심경의 변화를 겪을 수는 없다. 그래서 불교에서는 참선 수행을 통해 인위적으로 세상과 나를 차단한다. 내가 만든 세계의 이미지와 현상을 미루어 놓고 내 안에 집중하는 시간을 갖는 것이다. 그런 시간이 쌓이고 수행력이 높아지면 삼매의 힘도 깊어져 부처님이 말씀하신 연기법을 체득할 기회를 얻는다. 연기의 진리를 체득하고 그 체험이 깊어져 그것이 나 자신과 완전히 일체가 되면, 그때에야 비로소 있는 그대로의 세상을 볼 수 있다. 내 생각대로 만든 세상이 아니라 연기실상의 세계를 본다는 말이다.

세상과 나를 차단하는 것, 이것이 침묵이다. 그리고 수행은 인위적으로 세상과 나를 차단하는 수단이다. 이러한 침묵과 수행의 시간을 일상생활에서도 마련해 놓아야만 정신적 육체적으로 건강한 삶을 살 수 있을 것이다. ♥

＿ 2019년 6월 12일 수요 야간 법회

호흡
수행

마음의 환승역

#시끄러움과 고요함의 차이
#감정은 실체가 없다
#백색소음
#평소에 꾸준히
#고속도로 톨게이트

"나는 항상 마음의 평정을 유지하려 애쓴다."

"나는 남에게 해코지 한 번 안 하고 착하게 살아왔다."

"내가 너무 착해서 그런가, 사람들이 나를 바보 취급한다."

"내가 뭐 좀 하려고 하면, 훼방꾼들이 꼭 나타난다."

"수행 열심히 해 봤자 소용없더라."

이 모든 말은 며칠 전에 모임에서 만났던 분이 한 말이다. 이분의 주장을 정리하면, '나는 열심히 수행하고 착하게 살려고 하는데, 주변 사람들이 도와주지 않아 화난다.'이다. 가만히 듣다 보니 틀린 말은 아니다. 이런 생각이나 경험을 한두 번쯤 겪지 않은 사람은 드물 것이다.

나 역시 그렇다. 몇 년 전에 〈월간 송광사〉 5월호를 준비하던 때였다. 부처님 오신 날이 있는 달이라 다른 호보다 특집이 많아 상당히 신경을 써서 준비했다. 꼼꼼하게 원고와 사진을 최종 검토하고 표지 디자인과 본문 편집본도 몇 번이고 수정하여 인쇄본을 넘겼다. 한숨 돌릴 새도 없이 저녁 기도에 들어가야 했다. 그런데 이게 어인 일인가! 초파일 등 접수 광고의 내용이 잘못 적힌 걸 발견했다. 큰일이다. 인쇄 기계를 당장 멈춰야 했다. 부랴부랴 인쇄 파일을 수정해서 다시 인쇄소에 보내야 하는데 여기저기서 전화는 계속 오지, 저녁 기도에 들어가려면 뭐라도 좀 먹어야 하는데 하필 공양주 보살은 없지, 스트레스를 넘어 화가 머리끝까지 올라와 폭발하기 일보 직전이었다.

되는대로 라면을 끓여 먹으며, 전화 통화를 하면서 편집 내용을 수정해 인쇄판을 교체했다. 겨우 급한 불을 끄고 법당에 들어가 저녁 기도를 했다. 그런데 상황은 해결됐지만 화는 여전히 풀리지 않았다. 목탁을 칠수록 화가 더 치밀어 오르고, 화가 올라올수록 목탁을 치는 손에 힘이 들어갔다. '이러다가 목탁 채가 부러지는 거 아닌가?' 걱정될 정도로 감정이 격해져 있었다. 그때 번쩍하고 깨달았다. 내 안에 분노가 폭포처럼 흐르고 있다는 것을.

몇 년 전의 일이지만, 지금도 얼얼한 기억이다. 며칠 전 모임에서 만났던 분도 그때의 나와 같은 감정을 느끼고 있었던 것 같다. '나는 잘했는데 주변에서 도와주질 않는다. 오히려 방해만 하는 거 같아 너무 화난다.' 그런데 이 생각은 과연 맞는 걸까? 누가 내게 1톤짜리 화를 주었기 때문에 내가 1톤만큼의 화가 난 것일까? 과연 '화'라고 하는 감정에 실체가 있어서, 너와 내가 주고받을 수 있는 건가? 사실 이런 질문은 슬픔, 즐거움, 괴로움, 우울 등 인간의 모든 감정에 그대로 적용된다. 저 아름다운 꽃이 나에게 행복이라는 감정을 줘서 내가 행복해진 걸까? 그렇지 않다는 것을 분명히 알 텐데도, 우리는 무의식적으로 '저 아름다운 꽃'이 행복이라는 걸 내게 '주었다'고 생각한다. 저 사람이 내게 화를 '주었다'고 생각하고, 저 사람이 내게 슬픔을 '주었다'고 생각한다.

이렇게 우리는 화, 슬픔, 즐거움 등의 거친 감정에 실체가 있어 '주고받는다'고 착각한다. 그리고 내가 화가 난 원인은 상대방에게 있다고 생각하고, 누가 잘못했는지 따져야만 속이 풀린다. 하지만 불교적 입장에서는 누가 나를 화나게 하는지 누가 잘못했는지 따지는 것은 중요하지 않다. '무엇 때문에 나에게 이런 감정이 일어나는가?'라고 스스로를 관찰해야 한다. 내가 화가 난 이유를 남 탓으로 돌리면 마음의 평정을 되찾을 수 없다. 그가 또 내 눈앞에 나타나면 눌러두었던 화가 다시 치솟아 오르기 때문이다. 하지만 '누구 때문에 화가 났나?'가 아니라 '무엇이 문제인가?'라고 생각한다면, 그 '문제'만 해결하면 화는 자연히 소멸된다.

> "평소에 마음을 아주 고요한 곳에 머물게 하는 것은
> 단지 시끄러운 가운데에서 사용하기 위할 뿐이다. 만
> 약 시끄러운 가운데 힘을 얻지 못하면 도리어 일찍이
> 고요한 가운데에 있어서 공부를 짓지 않음과 같다."
>
> ＿ 대혜 스님,《서장》,〈증 시랑에게 보낸 답장〉

증曾 시랑이라는 관리는 세간의 번뇌 때문에 수행에 집중할 수 없어서 조급했던 것 같다. 대혜 스님이 그의 편지를 받고 답장 첫머리에 하신 말씀은 이렇게 요약할 수 있다. "고요한 곳에서는 수행이 잘 되지만 시끄러운 곳에서는 수행이 안 된다면, 그동안의 공부가 헛수고였다는 증거다."

처음엔 고개를 끄덕였지만, 가만히 생각해 보니 좀 모호한 말씀이다. 무엇이 고요하고 무엇이 시끄러운 것인가. 언뜻 생각하면 산속 깊은 곳에 있는 암자나 선방이 먼저 떠오른다. 좀

더 생각을 모아보면, 마음이 청정을 이루어서 평화로운 상태, 거친 감정이 없는 상태도 고요하다고 표현한다. 그러니까 '고요한 곳, 시끄러운 곳'이라는 말은 실제 물리적인 공간일 수도 있고 마음의 상태일 수도 있다. 이렇게 생각하니 대혜 스님이 무슨 말씀을 하신 것인지 알 것 같다.

평소에 조용한 선방에서 참선하고 마음공부를 하는 이유는 일상생활에서 부대끼는 골치 아픈 일, 화나게 하는 일, 신경이 쓰이는 일들에 마음이 끌리지 않도록 하려는 것이다. 그리하여 내 마음에 어떠한 감정, 즉 화를 내거나 슬퍼하거나 기뻐하는 감정이 요동치지 않는다면 당연히 마음은 고요한 상태가 된다. 그런데 이 상태가 과연 수행의 목적지일까? 아니다. 아무 감정도 없고 어떤 생각도 일으키지 않고 하루 24시간 앉아만 있다면, 그의 공부에 진척이 있을 수 있을까? 방석 위에 죽은 나무를 올려놓은 것과 무엇이 다르냔 말이다. 오히려 기뻐하고 슬퍼하고 우울한 감정들이 시끄럽게 들락날락하더라도 그 거친 감정들을 잘 다스려야 공부에 진척이 있다고 할 수 있지 않을까.

그러니 대혜 스님이 말씀하신 '고요한 곳'의 의미를 잘 이해할 필요가 있다. 혼자 고요한 숲길을 산책한다고 마음이 평화로울까? 전혀 그렇지 않다. 새소리, 꽃 핀 모습, 거미줄에 매달린 물방울… 마음이 한시도 가만히 있지 못한다. 주변은 조용한데 오히려 마음이 고요하지 않다. 반대의 상황도 있다. 요즘 카페에서 공부하는 사람들이 많다. 음악 소리, 테이블마다 사람들의 대화 소리, 커피 내리는 소리, 별별 소리들이 섞여 있는 곳이 카페다. 그런데 의외로 이곳으로 공부하러 오는 사람들이 상당하다. 무의미한 소음이 집중에 도움이 된다는 것이 과학적으로도 증명되었다. 이른바 백색소음이다. 그러므로 고요한 곳이든 시끄러운 곳이든 장소가 중요한 것이 아니라 어디에서든 내 마음이 평정심을 유지하는 것, 이것이 수행이다.

시끄러운 상황에서 마음을 고요히 유지하려면 어떻게 해야 할까? 호흡을 가다듬고 잡념을 그쳐 하나의 대상에 정신을 집중하는 사마타 수행이나, 현재의 현상에 집중해서 순간 일어나는 생각을 알아차리고 지켜보는 위빠사나 수행을 하면 된다. 좌선이든 행선이든 수행하는 습관을 들여 꾸준히 실천하는 것이다. 그런데 마음집중은 말처럼 쉽지만은 않다.

잔뜩 화가 난 상태에서 수행한다고 앉아 있으면 수행이 잘 될 리 만무하다. 화가 난 것을 아는 순간 화가 사그라드는 것도 아니다. 이것이 우리 중생들이 수행할 때 넘어야 하는 높은 문턱이다. 일단 마음이 고요해지면 수행을 지속할 수 있을 텐데, 사람 마음이라는 게 내 맘대로 할 수 있는 게 아니지 않은가. 게다가 거친 감정에 휩싸여 있는 상태에서 수행하는 경우, 무작정 앉아서 수행에 매달리는 건 조급함만 덧붙일 뿐이다. 이럴 때는 고속도로 톨게이트를 지나듯이, 지하철을 갈아타듯이 중간 단계를 설정하면 된다. 나는 이것을 '마음의 환승역'이라 부른다.

광주 지하철은 광산구 평동역에서 중구 녹동역으로 이어

진 1호선뿐이다. 지금 공사 중인 2호선은 이삼 년 뒤에나 개통된다. 방향만 제대로 알면 지하철을 타고 목적지까지 가는 데 어려움이 없다. 그런데 서울의 지하철은 어떤가. 1호선부터 9호선까지 있는 것도 모자라 춘천, 용문, 인천, 수원, 문산 등 종착지도 사방팔방인 노선들이 거미줄처럼 얽혀 있다. 서울 사람이 아니고서는, 아니 서울 사람이라도 지하철역에서 헤매기 십상일 것이다. 하지만 나 같은 외지인도 서울의 지하철에서 헤매지 않는 방법이 있다.

만약에 내가 지하철을 타고 청량리에서 신촌까지 가야 한다면, 두 가지에 집중하면 된다. 목적지와 갈아타는 곳. 출발지인 청량리역은 1호선이고, 목적지인 신촌역은 2호선이다. 그 사이에 1호선을 타고 가다가 2호선으로 갈아타야 하는 지점인 시청역이 있다. 그러므로 청량리역에서는 '시청역에서 내린다'는 생각만 하고, 시청역에서는 '2호선으로 갈아타고 신촌역에서 내리자'는 생각만 하면 된다. 청량리역에서부터 '어떻게 신촌으로 가지?' 하고 고민할 필요가 없다. 이것이 서울에서 헤매지 않고 목적지를 찾아가는 방법이다.

마찬가지로 마음이 거친 상태에서 고요한 상태로 갈 때도 중간에 환승역을 하나 만들면 된다. 화가 나거나 우울하거나 슬픔이 밀려오는 어떤 순간에서 습관적으로 하나의 수행을 하는 것이다. 광명진언, 신묘장구대다라니, 옴마니반메훔, 참선 등 어느 것이라도 좋다. 평소 마음이 고요할 때 열심히 해서 습관이 된 수행을 먼저 해보자. 이 수행을 하면서 거친 감정에서 벗어나기만 하면 문제의 반은 해결되는 거다.

　빠르고 효과 좋은 환승역을 만들고 싶다면 '평소에 열심히'가 중요하다. 평소에 수행하는 습관을 들여야 그 수행력으로 화를 소멸시킬 수 있다. 아무것도 하기 싫고 할 수 없는 무기력감이 몰려와도 5분이든 10분이든 습관적으로 수행을 할 수 있다면, 일단은 환승역까지 잘 도착했다고 보면 된다. 환승역까지 오는 과정에서 마음은 이미 고요해졌으니, 그때부터는 수행에 집중할 수 있게 된다. 내 뜻대로 일이 잘 안 되더라도, 평소에 꾸준히 시끄러운 내 마음을 고요한 상태로 옮기는 훈련을 해 두자. 이것이 곧 내 마음에 환승역을 만드는 일이다. ♥

__ 2019년 6월 20일 지장재일 법회

번뇌

'나'라고
할 만한 것이
없음을 보라

"비구들이여, 아직 가르침을 받지 않은 사람은 괴로운 느낌을 받으면 비탄에 잠기면서 매우 혼미하게 된다. 그것은 마치 첫 번째 화살을 맞고 난 뒤에 다시 두 번째 화살을 맞는 것과 같다. 반대로 이미 가르침을 받은 사람은 괴로운 느낌을 받아도 쓸데없이 비탄에 잠겨 혼미하게 되지 않는다. 그것을 나는 두 번째 화살을 맞지 않는다고 말한 것이다."

_《잡아함경》 470경

《잡아함경》의 470번째 경인 〈화살경〉은 '두 번째 화살을 맞지 말라'라는 가르침으로 유명하다. 하지만 두 번째 화살이 무엇인지, 부처님의 가르침을 받은 사람은 왜 두 번째 화살을 맞지 않는지 구체적인 내용을 아는 사람은 적은 것 같다. 부처님의 말씀에 따르면 첫 번째 화살은 '괴로운 느낌을 받는 것'이고, 두 번째 화살은 '비탄에 잠기면서 혼미하게 되는 것'이다.

사실 우리가 일상에서 받는 느낌은 괴로운 느낌만이 아니다. 우리의 안이비설신의가 색성향미촉법이라는 바깥 대상과 접촉하면 괴로운 느낌(苦受), 즐거운 느낌(樂受), 괴롭지도 즐겁지도 않은 느낌(不苦不樂受)를 낸다. 부처님은 〈화살경〉에서 이 세 종류의 느낌을 모두 말씀하셨다.

독화살을 맞은 사람이 있다. 그는 독이 몸 안에 퍼지면서 목숨이 끊어질 정도로 고통을 받는다. 몸의 고통뿐 아니라 마음의 고통도 극심해져 원망하고 울부짖고 급기야 마음이 미친

듯 혼란스러워진다. 왜냐하면 그는 고통을 느끼면서도 오욕(수면욕, 식욕, 색욕, 명예욕, 재물욕)에 대해 즐겁다는 느낌을 일으키고 오욕의 즐거움에 더욱 집착하게 되었기 때문에 탐욕(貪)이라는 번뇌의 부림을 당하게 된다. 그리고 괴롭다는 느낌 때문에 곧 화를 내게 되고, 화를 내기 때문에 성냄(瞋)이라는 번뇌의 부림을 당한다. 이렇게 괴로운 느낌과 즐거운 느낌에 대해 그것의 발생과 소멸, 그것에 맛들임과 재앙, 그것에서 벗어남을 여실하게 알지 못한 그는 괴롭지도 즐겁지도 않은 느낌을 일으켜 어리석음(癡)이라는 번뇌의 부림을 당한다. 결국 독화살을 맞은 이 사람은 괴로운 느낌, 즐거운 느낌, 괴롭지도 즐겁지도 않은 느낌에 얽매여 탐진치와 생로병사 우비고뇌에 묶여 벗어나지 못한다.

살면서 쉽게 경험할 수 있는 예를 들어보자. 자전거를 타다 넘어져 무릎이 까졌다. 이것이 첫 번째 화살이다. 제때 약을 바르고 치료했다면 상처는 금방 아물었을 것이다. 그런데 가렵다고 마구 긁어 상처가 덧나거나, 이쯤이야 하면서 약을 바르지 않고 버티다가 상처가 심해져 파상풍에 걸릴 수 있다. 두 번째 화살을 맞은 것이다. 부처님께서 말씀하신 '두 번째 화살'은 상처를 잘 치료해 아물게 하면 맞지 않을 수 있다.

만약 족집게 일타 강사라면 부처님의 말씀을 생활밀접형 기본공식으로 만들어서 무조건 암기하라고 할지도 모르겠다. 첫째, 상처는 저절로 생기지 않는다. 둘째, 상처가 나면 치료해야 한다. 셋째, 상처를 긁으면 덧이 난다. 상식적인 사람이라면 모두 아는 내용이다. 그런데 이 쉬운 원리를 마음의 상처에 대입하면 무용지물이 되고 만다.

마음의 상처란 무엇일까? 이미 가르침을 받은 사람이라도 첫 번째 화살인 괴로운 느낌을 받는다. 모기가 물면 순간적으로 따끔하고 괴로운 느낌이 온다. 부처님도 사람이니까 우리와 똑같다. 그러나 '따끔하구나.' 하고 만다. 그런데 중생들은 '아이, 짜증나! 또 물렸잖아!'라며 짜증을 낸다. 중생들은 첫 번째 화살을 맞고 거기에 대해서 '좋다', '싫다', '아름답다', '추하다' 같은 판단을 덧칠한다. 이것이 두 번째 화살이며, 내가 만든 것이다.

마음은 자신이 보고 듣고 느끼는 대로 세상을 받아들인다. 한마디로 이 세상을 '내 마음대로' 만들어 낸다. 내가 보는 내 자식은 잘 생겼고 똑똑하다. 그러나 다른 사람이 보는 내 자식은 그저 평범한 사람일 뿐이다. 똑같은 사람인데 서로 다르게 보는 것은 보는 마음이 다르기 때문이다.

그렇다면 두 번째 화살이 만들어낸 마음의 상처를 어떻게 하면 치료할 수 있을까?

첫째, 이것이 두 번째 화살인가 첫 번째 화살인가를 구별해야 한다. 두 번째 화살은 첫 번째 화살이 원인제공을 해서 내가 만든 나의 감정이다. 그렇기 때문에 '마음은 화가와 같다'는 사실을 명심하고 내가 그린 그림을 꼼꼼하게 살펴보는 지혜가 필요하다. 화가는 자기가 원하는 대로, 다시 말해서 자기 '마음대로' 세상을 그리고 자기가 그린 세상에 심취한다. 마음 역시 이와 같다.

그러나 카메라는 다르다. 카메라는 자기가 본 그대로를 필름에 담는다. 화가 나는 상황이라면 화가 나는 내 마음속 풍경을 마치 사진을 찍듯이 꼼꼼하게 살펴봐야 한다. '지금 심장이 벌렁거리는구나', '뒷골이 당기는구나', '마음속에서 상대방에게 험한 말을 마구 쏘아붙이고 있구나'…. 이렇게 화가 나는 내 모습을 잘 관찰해야 한다. 그러다 보면 자연스럽게 이것이 내가 만든 감정인지 밖에서 온 행위인지를 알아차리게 된다. 내 마음과 감정을 잘 관찰하면 내가 만든 것과 그렇지 않은 것을 구별할 수 있다. 구별하게 되면 내가 만든 나의 감정은 내가 다스릴 수 있게 된다.

우리는 두 번째 화살 즉 '기분이 나쁘다', '짜증 난다', '화가 난다'는 감정들을 타인이 내게 준 것으로 착각한다. 그러나 타인의 행동은 첫 번째 화살이다. 거친 번뇌들은 나의 감정이고 내가 만든 두 번째 화살이다. 우리들은 두 번째 화살과 첫 번째 화살을 애초부터 하나로 생각하는 오류를 저지르고 있는 것이다.

나 스스로 '화가 난다'는 그림을 그려놓고 타인이 그렸다고 하면 되겠는가? 이런 착각을 하면 안 된다. 착각하지 않으려면 내 그림을 내가 자세히 봐야 하고, 내가 그린 그림임을 제대로 알아야 한다. 그러면 첫 번째 화살이 모습을 드러낸다. 처음엔 보이지 않을지라도 내 마음속의 풍경을 살피다 보면 첫 번째 화살이 보이게 된다.

둘째, 상처가 있다면 첫 번째 화살은 반드시 존재한다. 내가 언제 어디에서 누구에겐가 화살을 맞았지만 단지 기억하지 못할 뿐이다. 예를 들어 아무 이유 없이 화가 나고 울화통이 치밀 때가 있다. 가족들은 내 눈치를 보고 나 역시 미안한 마음이 들기도 하지만 왠지 모를 짜증이 계속 난다. 이유를 모르기 때문에 나 자신도 답답하긴 매한가지다.

이런 경우 아무리 자신을 관찰해도 첫 번째 화살이 보이지 않는다고 항변할 수 있다. 그러나 화살을 맞은 당시에 화살을 제거하고 약을 바르고 치료를 해야 했는데 작은 상처라며 그대로 방치했고, 그 자리에 잊을 만하면 또 화살이 날아와 꽂혔다. 쌓이고 쌓이니까 살짝만 건드려도 아픈 것이다.

우리는 항상 이런 생각을 해야 한다. '두 번째 화살은 결코 저절로 생기지 않는다.' 그래서 지금은 희미해져 버린 첫 번째 화살이 무엇이었는지를 잘 생각해 볼 필요가 있다. 그리고 첫 번째 화살을 찾아내어 뽑아내고 치료를 해야 한다. 자신의 마음을 잘 관찰하는 그 자체가 곧 마음의 상처를 치료하는 효과적인 방법이다. 물론 시간이 걸리겠지만 말이다.

셋째, 두 번째 화살은 '나의 감정'이 아니라 '그냥 감정'임을 명심해야 한다. 마음의 상처가 될 정도의 감정은 기쁨과 슬픔, 분노와 질투, 무기력과 우울, 초조와 긴장 같은 거친 번뇌들이다. 이런 거친 번뇌들에 휘둘리지 않는 것이 가장 좋지만 이미 휘둘렸다면 그런 번뇌들과 자신을 분리하는 것이 중요하다. 우리가 거친 번뇌들에 휘둘리는 가장 큰 이유는 그것이 바로 내게서 일어나는 일이기 때문이다. 남의 일이라면 당연히 거친 번뇌에 휘둘리지 않을 것이다. 내가 화나고, 내가 슬프고, 내가 기쁘고, 내가 우울하고, 내가 초조하니까 문제인 것이다.

하지만 나와 거친 번뇌를 구분하는 것은 불가능하다. 거친 번뇌들이 나의 일부이기 때문에 불가능한 것이 아니라, 애초부터 거친 번뇌와 별도로 존재하는 '나'라는 것은 없으므로 불가능하다. 어찌 보면 거친 번뇌에 휘둘린다는 표현 자체가 잘못되었다. 거친 번뇌 자체가 바로 '나'이다. 화가 따로 있고 화를 내는 '나'가 따로 있는 것이 아니라, 화가 바로 '나'인 것이다. 슬퍼할 때는 슬픔이 바로 나이고, 기뻐할 때는 기쁨이 바로 나이다. 깊은 슬픔에 빠져 있을 때 거기서 쉽사리 헤어나오지 못하는 이유는 내가 슬픔이라는 감정에 완전히 잠식당해서가 아니라, 슬퍼하는 행위 그 자체가 곧 '나'이기 때문이다.

나와 거친 번뇌를 별개로 생각하는 사고방식에서 벗어나야 두 번째 화살을 맞지 않을 수 있다. '나라고 할 만한 것이 없다'는 말의 실질적인 의미가 바로 이런 것이다.

모든 내용을 다 되새길 필요는 없고 한 가지만 기억하면 된다. 내 마음은 화가다. 그런데 자기가 그린 그림을 놓고 남이 그렸다고 우기고 있다. 내가 그린 그림이 어떻게 생겼는지 잘 살펴보면 모든 문제는 잘 해결될 것이다.

마음은 화가와 같아서
모든 세간을 그려내나니

오온이 마음 따라 생기어서
무슨 법이나 못 짓는 것도 없도다.

마음과 같이 부처도 또한 그러하고
부처와 같이 마음도 또한 그러하니
응당히 알라, 부처나 마음이나
그 성품 모두 다함이 없도다.

_《대방광불화엄경》, 〈야마천궁게찬품〉 ♥

_ 2019년 8월 30일 초하루 법회

보시와 지계

세 가지 행복을 지키는 길

#행복한 피자가게
#보시와 지계
#봉사는 꾸준히, 평등하게
#도덕적인 삶, 참회하는 삶
#업을 없애는 업
#오무간업
#영원한 행복의 삶

얼마 전 불교 텔레비전에서 증심사 '행복한 피자가게'의 봉사 활동을 촬영해 갔다. 곧 BTN 불교TV에서 방송된다고 한다. 날짜를 꼽아보니 마침 백중 6재 법회가 있는 날이다. 방송 날짜가 너무 맘에 든다. 백중 천도재와 봉사가 무슨 상관이 있길래 그러냐고 물을지도 모르겠지만, 세상에 연결되지 않은 것은 없다.

팔만대장경에 들어있는 부처님의 가르침을 한마디로 얘기하면 결국 '행복하자'는 것이다. 부처님께서 45년 동안 인도 대륙을 떠돌며 설법에 나선 이유는 나 혼자 행복하지 말고 다른 중생들과 다 같이 영원한 행복을 얻자는 것이었다. 부처님의 가르침은 '어떻게 하면 행복할 수 있는가?'가 전부라고 말해도 좋다.

부처님이 말씀하신 행복은 크게 세 가지로 나눌 수 있다. 첫 번째는 금생의 행복, 두 번째는 내생의 행복, 세 번째는 영원한 행복이다. 부처님의 가르침은 궁극적으로 세 번째인 영원한 행복에 초점이 맞춰져 있지만, 그렇다고 금생과 내생의 행복을 외면하지 않으셨다. 금생의 행복은 살아있는 지금의 행복이고, 내생의 행복은 죽은 후의 행복이다. 깨달은 자가 얻는 열반의 상락아정常樂我淨이 아니라, 우리가 일반적으로 또 상식적으로 생각하는 행복이다. 지금 어떻게 하면 행복할까, 어떻게 하면 죽은 후에 좋은 몸을 받아서 태어날까, 이것이 평범한 우리가 생각하는 행복의 범위이다.

불교는 궁극적으로 열반의 성취를 지향한다. 열반은 번뇌의 불꽃이 다시는 일어나지 않도록 불씨를 완전히 꺼버린 상태이다. 부처님은 그것이 영원한 행복이라 하셨다. 어떻게 해야 영원한 행복인 열반을 성취할까? 계율을 지키고(戒), 참선하여 선정을 닦고(定), 지혜의 눈을 여는(慧) 것, 이러한 계정혜 삼학을 닦으면 된다. 계를 지킴으로써 내 몸을 잘 다스리면 마음이 고요해져서 마침내 지혜가 열리고 열반을 성취할 수 있다.

그러나 세상의 모든 사람이 영원한 행복을 얻기 위해 의식주에 얽매이지 않고 선정을 닦는 수행만 하며 살아간다면 사회가 제대로 작동하지 않을 것이다. 그러므로 사회 안에 살아가면서 금생의 행복과 내생의 행복을 추구하는 것도 중요한 과제이다. 어떻게 해야 금생과 내생의 행복을 얻을 수 있을까? 보시布施를 하고 계를 지키면(持戒) 된다.

보시란 무엇인가. 불사에 동참하는 물질적 보시를 떠올리는 사람들이 많겠지만, 물질적인 재화 즉 돈을 내는 행위는 보시의 극히 일부분에 지나지 않는다. 보시의 의미는 이보다 훨씬 넓다. 다른 사람에게 나 자신을 최대한 낮추는 모든 행위가 보시이다. 요즘 말로 하자면 '봉사'가 부처님이 이야기하신 보시의 의미와 가깝다.

일반적으로 봉사라고 하면 돈을 기부하는 것만을 말하지 않는다. 재능이 있으면 재능으로 봉사하고, 특별한 재능 없으면 육체노동으로 봉사하고, 그마저도 제대로 할 수 없을 때는 주머니에 있는 돈을 기부해서 봉사하고, 그것도 여의치 않으면 마음으로 봉사하면 된다. 저 사람들이 행복하기를 바란다고 열심히 기도하는 것도 봉사이다. 부처님이 이야기하는 '보시'란 '봉사'라는 것을 마음과 머리에 입력해야 한다.

봉사는 타인에게 나 자신을 한없이 낮추는 것이므로 봉사하는 마음은 한결같아야 한다. 힘들다고 안 하고 바쁘다고 안 하고 기분 나쁘다고 혹은 기분 좋다고 안 하는 것은 봉사가 아니다. 선택적으로 하는 봉사는 한결같은 마음으로 하는 것이 아니며 나 자신을 낮추는 것도 아니다. 더불어 봉사를 하면서도 내 마음이 편해야 한다. 하기 싫은 것을 억지로 하면 속으로 짜증이 나고 그것은 반드시 얼굴에 나타난다.

또한 봉사는 평등하게 해야 한다. 상대의 지위고하나 조건에 따라 달라지는 것은 봉사가 아니다. 다만 한결같이 나 자신을 낮추는 것이 봉사이다. 한결같이 평등하게 나 자신을 낮추는 봉사를 열심히 하면 금생에 복이 온다고 부처님이 말씀하셨다.

그러면 지계란 무엇인가. 계를 지킨다는 말이다. 대표적으로 살殺·도盜·음淫·망妄·주酒의 오계가 있다. 〈보살계본〉에 나오는 48계를 모두 외울 필요도 없고 몰라도 된다. 살생하지 않고 도둑질하지 않고 사음하지 않고 거짓말하지 않고 술 마시지 않는 이 다섯 가지 계만 지키면 된다.

지계라고 하면 흔히 하기 싫은 것을 억지로 참고 인내하는 것, 지키면 대단하고 잘난 사람이라는 느낌을 주곤 한다. 우리나라에서 불교가 1,600년 이상 내려오다 보니까 개념이 하나의 이미지로 정착되어버려서 그렇다. 하지만 지계는 어렵게 생각하지 않아도 된다. 계를 지키는 생활을 요즘 말로 바꾸면 도덕적인 생활로 대치할 수 있다. 도덕적인 생활을 하라, 이렇게 생각하면 더 많은 사람들이 지계하는 삶을 실천할 마음이 생기지 않을까.

얼마 전 국내 모 엔터테인먼트 회사에서 크고 작은 사고가 터져 나왔다. 그 이유는 간단하다. 도덕성이 없기 때문이다. 능력만 좋으면, 음악적으로 잘하기만 하면 된다는 천재 강박증만 남고 도덕성은 없었기 때문에 불교적으로 말하면 과보를 받은 것이다.

'도덕성'은 복잡하고 어렵고 힘든 것이 아니다. 다섯 가지 계만 지키면 된다. 그런데 막상 실천하려고 하니, 머릿속이 복잡해진다. 일상에서 맞닥뜨리는 수많은 상황들을 일일이 '이건 살생인가? 투도인가? 사음인가? 망어인가? 음주인가?' 체크하며 살 수는 없지 않은가.

경계가 모호한 상황들도 많다. 오계 중에서 가장 대표적인 계율인 '살생하지 말라'도 그렇다. 우리가 먹는 음식은 두발짐승, 네발짐승, 어류, 식물 등을 재료로 한다. 스님들은 채식을 하는데, 엄밀하게 따지면 풀도 생명체이다. 풀을 먹는 것도 살생하는 것으로 볼 수 있는 것이다. 그럼 결론은 아무것도 먹지 말라는 것일까? 물만 먹고 살라는 걸까? 아니다. 물에도 수많은 미생물이 있으니 마시면 안 될 것 같다. 불살생계를 지키려고 이렇게 따지다 보면 아무것도 먹어서는 안 되는데, 그럼 어떻게 살라는 말인가.

인정한다. 우리가 생명을 유지하기 위해서는 다른 생명을 죽여야 하는 상황을 피할 수 없다. 어쩔 수 없는 살생 말이다. 다만 사회적으로 인정되지 않는 살생, 불자의 양심을 거스르는 살생은 하지 말자는 것이다. 만일 어쩔 수 없이 불자의 양심에 거스르는 살생을 했다면 참회를 하면 된다.

송광사 강원에 다닐 때, 보성 방장스님께서는 학인들만 보면 풀을 뽑으라고 하셨다. 지겹도록 매일 말이다. 참다 참다 하루는 수업시간에 강사스님께 질문을 드렸다. 나와 같은 마음을 갖고 있었을 학인들도 귀를 쫑긋하는 게 느껴졌다.

"방장스님은 우리나라 율사 중 제일 높은 어르신인데 왜 우리더러 살생하라고 합니까? 풀 뽑는 것도 살생 아닙니까?"

"그렇습니다. 살생입니다. 제가 예전에 대만에서 공부할 때, 노스님들이 낮에는 소일삼아 마당의 풀을 뽑고 저녁이 되면 법당에 들어가서 참회를 하셨습니다. '대중이 살아가려면 풀이 있어야 할 자리가 있고 없어야 할 자리가 있어 오늘 불가피하게 살생을 했습니다. 참회합니다.' 하고요. 그러니까 여러분도 방장스님의 뜻을 잘 헤아려서 풀을 뽑고 그 후에는 참회하면 됩니다. 풀 뽑기 싫어서 이런 질문 하지 말고요."

순간, 방 안에 있던 모두가 웃었다. 그리고 나를 포함한 학인들 모두가 고개를 끄덕였다. 그렇다. 불살생계를 들먹였지만, 우리 학인들은 아니 나는 풀을 뽑는 울력이 너무 지겹고 힘들어 불만이었던 것이다. '살생하지 말라'는 계는 이렇게 이해하고 받아들이면 된다. 사회적으로 허락되는 선에서, 불자의 양심에 어긋나지 않게, 만에 하나 양심에 어긋나는 일이 있으면 참회를 하는 식으로 말이다.

'도둑질하지 말라'는 계도 마찬가지다. 사회적으로 용인되는 선에서 남의 것을 탐내지 않고 내 것이 아니면 욕심을 안 내면 된다. 욕심이 일어났다면 그 마음을 돌이켜보며 참회하면 된다. 같은 맥락으로, 계를 지킨다는 것을 금욕적인 생활을 한다는 관점으로 보면 부담을 덜 느끼지 않을까. 계를 세세하게 모두 지키기 어렵다는 생각 대신에 그저 '도덕적으로 살자'고 생각하면 훨씬 실천하는 데 도움이 될 것이다.

금생에 봉사하고 도덕적으로 사는 것은 말하자면 좋은 업을 짓는 것이다. 봉사한다는 것은 상대방에게 내 자신을 한없이 낮추는 것이고, 도덕적으로 산다는 것은 내 스스로 엄격하려고 노력하는 것이다. 부처님은 남에게는 나를 낮추되 나 자신에게는 엄격하게 살면 금생 내지는 내생에 분명히 좋은 과보를 받는다고 누누이 말씀하셨다. 이치가 그렇다. 선업을 지으면 금생 혹은 내생에 과보로 돌아오고, 꼭 나에게 돌아오지 않더라도 다른 사람에게 도움이 되는 업으로 작용한다.

우리가 백중에 천도재를 지내는 것 역시 남을 위해 봉사하는 것이다. 물론 여기에서 말하는 '남'이란 살아있는 사람은 아니다. 이미 먼저 가신 분들이니까. 이분들에게 봉사하는 마음으로 열심히 천도재를 지내는 선업을 쌓으면 이 업이 그 영가나 다른 몸을 받은 중생에게 도움이 되는 업으로 작용한다.

내가 지은 업은 나 혼자 받는 것이 아니다. 내가 지은 업은 내게 돌아올 수도 있지만, 남에게 도움을 주는 업일 수도 있고 아예 업을 없애버리는 업일 수도 있다. 예를 들면 내가 이 순간에 열반을 증득했다고 하면 모든 업이 없어지고 과보를 받지 않는다. 이것은 좋은 의미로 가장 강력하게 업을 파괴하는 것이다. 나쁜 의미도 있다. 오무간업五無間業이다. 부처님도 구제하지 못하는 다섯 가지 나쁜 짓을 말한다. 첫째 부처님의 몸에 피를 내는 것, 둘째 아라한을 죽이는 것, 셋째 승가의 화합을 깨는 것, 넷째 아버지를 죽이는 것, 다섯째 어머니를 죽이는 것. 이처럼 패륜적인 오무간업을 지으면 지옥으로 직행한다. 악업의 힘이 너무나 강력하여 금생이 다하면 지옥 내지는 지옥과 같은 곳에서 과보를 받게 된다.

그러므로 우리 불자들이 해야 할 일은 열심히 봉사하고 오계를 지키려고 노력하는 것이다. 물론 궁극적인 행복인 열반으로 가기 위해서는 선정을 닦는 과정이 필요하다. 자비로운 마음을 닦고 계를 지키는 이른바 보시와 지계는 선정으로 가는 기초를 닦는 것이다. 이런 기초 과정은 금생과 내생에 좋은 과보를 줄 뿐 아니라 영원한 행복으로 우리를 안내한다. 열심히 봉사하고 도덕적인 삶을 살려고 노력하자. ♥

_ 2019년 7월 25일 백중 4재 법회

수행

수행자와
수행에 대한
바른 생각

《법구경》은 부처님의 말씀을 게송으로 모아놓은 경전으로, 불교경전 중에서도 아주 초기의 가르침을 담고 있다. 그 중에서 110번째 게송은 지계와 수행에 대한 당부의 말씀이다.

계를 지키지 않고 감각기관도 다스리지 않고
100년을 사는 것보다
계를 지키고 수행하며 단 하루를 사는 것이
더 값지다.
계를 지키지 않고 감각기관도 다스리지 않고
100년을 사는 것보다
계를 지키고 명상하며 단 하루를 사는 것이
더욱 값지다.

_《법구경》110게

부처님이 이 게송을 말씀하신 인연담은 한 편의 영화 같은 스토리인 데다 등장인물이 무려 530명이 넘는다. 신도님들께 어떻게 잘 설명해야 할까 고민스럽다. 다른 내용을 더 찾아볼까 하다가, 문득 영화 시나리오 작가로 빙의해 볼까 하는 재밌는 상상을 했다.

장면1. 사위성 귀족 가문의 사람들 서른 명이 부처님께 귀의하고 출가하여 비구계를 받고 5년 동안 계율과 위의를 익혔다. 그후 수행에 집중하기 위해 수행처를 찾아 떠나겠다고 결심하고 부처님께 허락을 구했다. 부처님은 이 비구들이 큰 위험에 맞닥뜨릴 것을 미리 보시고, 사리불을 찾아 가라고 말씀하셨다.

장면2. 사리불 존자는 부처님의 제자 중에서 가장 지혜로운 제자이다. 그에게도 제자가 있는데, 그 중에 '상낏짜'라는 사미가 있다. 이제 겨우 7살. 하지만 그는 삭발을 할 때 아라한과를 얻었다는 말이 있을 정도로 특별했다. 아무튼, 자신을 찾아온 서른 명의 비구들을 만난 사리불은 부처님께서 왜 이들을 자신에게 보내셨는지 의아했다. 하지만 곧 부처님의 뜻을 파악하고 상낏짜 사미를 데려가라고 하였다.

장면3. 졸지에 일곱 살 사미를 데리고 수행처를 찾아 길을 떠난 서른 명의 비구들은 먼 길을 유행하다 마침내 수행하기 적합한 마을을 발견하였다. 마을 사람들은 비구들에게 낮에 수행할 공간과 밤에 잠을 잘 수 있는 꾸띠(1인용 오두막)를 제공하였다. 그리고 정성껏 공양을 올리고 외호하였다. 비구들 역시 부처님의 가르침에 따라 계를 지키며 열심히 수행 정진하였다.

장면4. 가난한 남자가 있다. 그는 딸네 집에 얹혀살기 위해 길을 가던 중 한 무리의 비구들을 발견했다. 남자의 신세한탄을 들은 비구들은 그에게 탁발한 음식물을 조금씩 나누어 주었다. 남자는 생각했다. '비구들과 같이 살면 밥 굶을 일은 없겠구나.' 그리고 비구들에게 사정하여 수행처에서 거주해도 좋다는 승낙을 받았다.

장면5. 두 달쯤 지나자 딸이 보고 싶어진 남자는 비구들에게 아무 말도 하지 않고 수행처를 떠났다. 그러다 숲속에서 오백 명의 산적을 만났다. 산적들은 남자를 잡아다 숲의 신에게 재물로 바치려 했다. 그때 남자는 하찮은 자기보다 귀한 가문의 수행자를 재물로 바치는 게 낫지 않겠냐며 산적들을 설득했고, 자신의 목숨을 부지하려고 산적들을 비구들의 수행처로 안내했다.

장면6. 느닷없이 산적들이 수행처로 몰려왔지만, 비구들은 내막을 알고는 서로 자신이 재물이 되겠다고 나섰다. "수행자 중에서 내가 가장 나이가 많으니 내가 재물이 되겠소." "아닙니다. 스님은 우리를 이끄는 분이니, 제가 재물이 되겠습니다." "아닙니다. 제가 가겠습니다." 이렇게 서로 자신을 희생하겠다고 나서고 있는데, 마지막으로 상낏짜 사미가 말했다. "제가 가겠습니다." 모두들 사미를 말렸다. "사리불 존자께서 특별히 너를 우리에게 부탁하셨는데, 네가 죽임을 당하면 우리가 그 비난을 어떻게 감당하겠느냐." 하지만 상낏짜 사미는 단호하게 말했다. "사리불 존자께서 저를 보내신 이유가 바로 이 일 때문입니다. 걱정하지 마시고 저를 보내 주십시오."

장면7. 산적들은 상낏짜 사미를 숲속으로 데리고 갔다. 상낏짜 사미는 곧 죽게 된다는 두려움에 떨기는커녕 삼매에 들었다. 제사 준비를 마친 산적이 사미의 목에 칼을 내리치자, 칼날이 부서지고 칼자루가 두 동강 났다. 산적들은 놀라 어쩔 줄 몰랐다. 그때 상낏짜 사미가 말했다. "욕망에서 벗어난 사람은 정신적 괴로움이 없고, 집착에서 벗어난 사람은 두려움을 초월합니다." 산적의 두목이 상낏짜 사미에게 감명을 받아 삼배를 올리자, 나머지 산적들도 모두 삼배를 올렸다.

장면8. 수행처에 남아있던 비구들은 상낏짜 사미가 죽었다는 생각에 절대 수행에 집중할 수 없었다. 그런데 오백 명의 산적들을 이끌고 상낏짜 사미가 수행처로 돌아오자 모두 기뻐하며 안도하였다. 상낏짜 사미는 사리불 존자에게 오백 명의 산적들을 데리고 갔고, 사리불 존자는 그들이 부처님을 친견할 수 있도록 하였다. 부처님께서는 산적들에게 계를 지키고 수행하는 삶이 얼마나 중요한지 게송으로 가르치셨다.

이렇게 정리하고 보니, 우리 신도님들도 스펙터클한 스토리와 감동이 어우러진 영화 같은 인연담이라고 생각하실 것 같다는 확신이 든다. 이 인연담은 일곱 살짜리 사미가 오백 명의 폭력적인 산적을 수행의 힘으로 감화시켰다는 것이 주제이다. 그런데 여기에서 그친다면, 반쪽짜리 법문이 될 것이다.

　우선 지금 우리 시대의 상식으로는 이해하기 힘든 상황설정이 맘에 걸린다. 장면3에서 마을 사람들은 수행자들이 수행에 집중할 수 있는 한적하고 인적이 드문 장소를 무료로 제공했다. 또한 아무리 갈댓잎으로 만든 오두막이라 하더라도 수십 채를 지으려면 마을사람들의 노고가 뒷받침되어야 한다. 게다가 어떻게 천 가구 정도의 작은 마을 사람들이 석 달이라는 안거 기간 동안 삼십 명의 수행자들에게 매일 공양을 올릴 수 있을까. 어림으로 계산하더라도 30명 곱하기 90일 동안 음식 공양을 제공하는 일은 보통의 결심으로는 실천하기 어렵다. 더구나 요즘이라면 처음 보는 수십 명의 스님이 마을에 들어와 무리 지어 수행한다고 하면, 아마 사이비 종교집단이라는 오해를 받기에 십상이다. 다행히도 인연담에 나오는 삼십 명의 비구들은 부처님의 가르침대로 여법하게 수행에 매진했고, 마을 사람들은 그들에게 공양 올리기를 마다하지 않았으니 가장 이상적인 출가자와 재가자의 모습이라 하겠다.

부처님 당시 인도 사회는 수행자를 매우 존중하는 문화가 있었다. 수행자에게 공양을 올리면 현세 또는 내생에 복을 받는다는 생각이 광범위하게 퍼져 있었다. 수행자를 공경하고 존경한 나머지 부처님은 본인의 의사와 무관하게 신이 되어버릴 정도였다. 하지만 지금 우리 사회에서는 이런 문화를 찾아볼 수 없다. 우리 사회의 잘못이 아니라, 힌두교 전통의 인도 사회와 수천 년 동안 유교 전통이 이어진 우리 사회의 문화 차이일 것이다. 게다가 지금은 자본주의 시대이다.

"당신은 열심히 수행 정진하는 수행자이군요. 그렇다면 당신이 수행에만 전념할 수 있도록 음식과 필요한 물품들을 당신께 공양 올리겠습니다. 이 공덕으로 나는 복을 받을 수 있겠지요."

　　삼십 명의 비구들에게 수행처와 음식을 공양한 마을 사람들은 수행자에게 공양한 공덕으로 자신이 복을 받을 것이라 믿었다. 비구의 입장에서 말하자면, '열심히 수행했을 뿐인데 공짜로 밥과 처소가 생긴 것'이다. 범어로 비구Bhikhu라는 말은 한자로 걸사乞士이다. 걸인 걸乞 선비 사士. 풀이하자면, 거지를 높인 말이다. 거지는 거지인데 선비처럼 고상하고 당당하게 구걸하는 거지가 걸사이다. 수행자인 비구는 수행을 열심히 한 대가로 공양물을 받는 사람들인 것이다. 최상의 깨달음을 얻기 위해 수행을 하지만, 그 결과로 일용할 양식을 제공받으니 자본주의 관점으로 보면 아주 수익률이 높은 투자처라 하겠다.

　　문제는 '수행의 대가로 밥을 받는' 의미의 본질이 변형되었다는 것이다. 이는 가난한 남자가 음식 공양을 받는 비구들을 보고 그 현상만을 탐하여 비구들과 함께 지내게 된 장면4에서도 발견할 수 있다. 그런데 비단 그 남자 한 명뿐일까? 요즘 시대에도 이런 사람들이 비구들 속에 숨어 있는 것은 아닐까? '프로 수행자', '월급쟁이 수행자'라 불러도 좋을 사람들 말이다. 표현이 천박하게 들릴 수는 있어도 틀린 말은 아니다.

　　월급쟁이 수행자 외에도 우리를 혼란하게 만드는 개념이 또 있다. 바로 성직자이다. 성직자와 수행자는 범주가 다른 별개의 개념이다. 성직자는 종교의식을 대신해 주고, 신도들을 대신해서 신과 소통하는 사람이다. 넓은 의미에서 보면 성직자이면서 수행자인 사람이 있을 수 있다. 성직자이지만 수행자는 아닌 사람도, 성직자는 아니지만 수행자인 사람도 있을 것이다. 하지만 성직자와 수행자가 반드시 일치하는 것이 아니라는 점이 중요하다.

우리나라에서는 부처님께 귀의하고 출가한 수행자를 스님이라 한다. 출가한 수행자는 먹고 살기 위해 직접 노동을 하지 않는다. 수행자이기 때문에 생산 노동을 하지 않고 불자들에게 공양을 받으니, 열심히 수행만 하면 된다. 그런데 현실은 그렇지 못하다. 수행자라 하면 선방에서 오로지 수행 정진하는 수좌스님들이 떠오를 것이다. 일반인은 출입조차 못 하는 문경 봉암사에서 절 밖으로 나오지 않고 오로지 수행만 하는 스님들이 대표적이다. 하지만 시내 사찰에서 포교 소임을 맡은 스님이나 불공, 예불, 기도, 제사와 같은 각종 불교의식을 집전하는 스님들도 있다. 이런 스님들은 수행자이면서 동시에 신도들을 상대하는 성직자의 역할을 하고 있다. 그렇더라도 어떤 방식으로든 수행을 해야만 스님이다. 수행하지 않는다면 스님이라 할 수 없다. 다시 말하면 모든 스님들은 수행자라는 것을 명심해야 한다.

그런데 수행은커녕 점쟁이인지 스님인지 구별이 안 되는 사람들도 있다. 돈을 받고 점도 봐 주고 부적도 써 주고 제사를 지내주는 일을 업으로 삼는 이런 사람들은 '무늬만 스님'으로 불러야 마땅하다. 일종의 생계수단으로 스님이라는 직업을 선택한 사람일 뿐이다. 삭발하고 승복을 입었더라도, 그들 중에 누가 진정한 수행자인지 구분해야 옳다. 특히 재가신자들은 항상 지혜의 눈을 뜨고 수행자로서의 스님, 성직자로서의 스님, 직업인으로서의 스님을 분간할 줄 알아야 한다.

이제 인연담의 주제로 돌아가 보자. 상낏짜 사미가 산적들에게 말했다.

"욕망에서 벗어난 사람은 정신적 괴로움이 없고
집착에서 벗어난 사람은 모든 두려움을 초월한다."

이 말은 '욕망이 있으면 괴롭고, 집착하는 것이 있으면 두렵다.'로 바꿔 말할 수 있다. 욕망이 괴로움을 낳고 집착이 두려움을 낳는다는 것이다. 예를 들어보자. 자식이 내 말을 안 듣고 자꾸 엇나가면 화가 난다. 화는 괴로운 것이고, 화가 난다는 것은 욕망이 있기 때문이다. 두려워서 화를 내는 것이 아니다. 반면에 외국으로 유학을 보낸 자식이 밥은 잘 먹는지 총기사고가 나지는 않을지 불안하다면 이때의 감정은 두려움이다. 자식 혼자 남겨 놓았다는 두려움이고, 이것은 집착에서 비롯된다. 마음속에 이유 모를 두려움과 불안이 있다면, 내가 뭔가에 집착하고 있다는 증거이다. 물론 욕망이 깊어지면 집착이 되므로, 근본적으로 집착은 욕망에서 비롯된다고 볼 수도 있다. 그렇더라도 욕망과 집착은 다른 용어이다.

만약에 자식들도 잘 살고 남편 사업도 잘 되고 아무 문제도 없는데 마음이 불안하다면, 아무리 생각해도 집착하는 게 없는데 두렵다면 이 상황을 어떻게 설명할 수 있을까. 이때는 단 한 가지를 놓치고 있다고 보아야 한다. 바로 '나 자신'이다. 우리가 집착하는 가장 큰 대상은 바로 우리 자신이다. 자식에게 집착하고 자식에게 나쁜 일이 생길까 불안하고 두려운 것은 다름 아닌 '내' 자식이기 때문이다. '남'의 자식이라면 불안해하지도 않고 두려워하지도 않는다. '남'의 자식 일에 화를 내지도 않는다. 결국 자식을 사랑하고 자식에게 집착한다고 하지만, 사실을 직시하면 나 자신을 사랑하고 나에게 집착하고 있는 것이다.

상낏짜 사미가 이야기한 욕망과 괴로움, 집착과 두려움은 바로 이것을 지적한 말이다. "죽음은 공포가 아니라 천 근의 무거운 짐을 내려놓는 것에 불과한데 왜 죽음을 두려워하겠는가?" 죽음을 두려워하는 이유는 바로 나에 대한 집착 때문이다. '나라고 할 만한 것은 없다', '이 육신은 내가 아니다', 이것이 바로 부처님 가르침의 핵심이다. 부처님의 가르침을 올바로 이해하고 뼈저리게 느꼈다면 죽음에 대한 공포 역시 없어야 한다. 오히려 죽음이 다가올 때 '이제야 이 무거운 육신의 짐을 벗는구나.'라고 생각한다면, 그것이야말로 부처님의 가르침을 몸으로 체화한 것이다.

'내가 병이라도 걸리면 내 자식들은 어떻게 하나?'라는 미래에 대한 두려움을 확대해 보면, 내 밖에 있는 대상 즉 남겨진 자식들에 대한 두려움이 아니다. 지금은 이렇게 잘 살고 있지만 언젠가는 나의 육신이 잘못될 수 있다는 나에 대한 집착이 만들어낸 두려움이다. 자기 자신에 대한 집착을 올바로 볼 수 있어야 진정한 불자로서 살아간다고 할 수 있다.

물론 나에 대한 집착을 버리겠다고 다짐하고 결심한다고 해서 집착이 사라지는 것은 아니다. 그릇된 욕망과 집착은 수행으로 없앨 수 있다. 수행한 만큼 욕망과 집착이 소멸하는 것이다. '나는 스님도 아니고 수행자도 아니다. 그저 스님을 잘 모시기만 하면 된다.'라고 생각하지 말고, '나는 불자다. 나는 수행자다.'라는 마음가짐으로 살아야 내 안의 그릇된 욕망과 집착을 덜어낼 수 있다. 나아가 올바른 수행자를 구별할 수 있는 지혜의 눈도 갖추게 될 것이다. 그러니 우리는 모두 '욕망은 괴로움을 낳고 집착은 두려움을 낳는다.'라는 사미의 말을 명심하며 살아야 한다. ♥

_ 2019년 5월 5일 초하루 법회

아무리 불교에 대한 지식이 많아도
수행하지 않으면 아무 소용이 없다.
자동차를 차고에만 넣어두고 운행하지
않는다면 차 없는 사람과 무엇이 다른가.
수행은 시작했지만 조금 하다 그만둔다면
배터리가 방전된 자동차라 하겠다.
아무리 멋진 자동차라도 배터리가 방전되면
그 기능을 하지 못한다.
자동차는 수시로 운행해야 배터리가
충전되고, 내가 원하는 곳으로 달릴 수 있다.

마음
공부

아는 것도
다시 하고
할 때마다
처음처럼

부처님의 10대 제자 중 한 명인 난다 비구는 부처님의 이복동생인데 얼떨결에 출가하였다. 부처님께서 아버지인 숫도다나 왕의 초대를 승낙하고 카필라성에 머무르신 적이 있다. 이때에도 부처님은 궁에서 멀리 떨어진 수행처에서 기거하셨다. 어느 날 아침에 부처님은 난다가 있는 곳으로 탁발을 나가셨다. 마침 결혼식 준비를 하던 난다는 부처님이 발우를 건네자 그 안에 공양물을 담아드렸다. 그런데 부처님이 공양물을 담은 발우를 돌려받지 않으시고 뒤를 돌아 걷기 시작하셨다. 발우를 어찌해야 하는지 몰라 난처해진 난다는 부처님의 발우를 들고 부처님의 뒤를 따라 걸었다. 부처님께서는 한 번도 뒤돌아보지 않으셨다. 부처님의 수행처까지 따라오게 된 난다는 그날로 삭발을 하고 부처님의 제자가 되었다.

엉겁결에 수행자가 된 난다는 집으로 돌아가고 싶다는 말도 못 하고 부처님과 같은 수행처에 머물게 된다. 하지만 수행에 집중하지 못하고 매일 집에 두고 온 아름다운 신부 생각만 하였다. 하루는 부처님께서 난다를 원숭이가 있는 곳으로 부르셨다.

"이 원숭이가 아름다운가, 네 신부가 아름다운가?"

"제 신부가 더 아름답습니다."

이번에는 난다를 데리고 상상도 못할 정도로 아름다운 천녀들이 있는 천상으로 가셨다. 500명의 아름다운 천녀에게 넋이 나간 난다에게 부처님께서 물으셨다.

"이 천녀가 아름다운가, 네 신부가 아름다운가?"

"부처님, 이 천녀들에 비하면 제 신부는 아까 본 원숭이만도 못합니다."

"네가 열심히 공부한다면 천녀들을 모두 너에게 주겠다."

그때부터 난다는 치열하게 공부하였다. 다른 수행자들은 그런 난다가 좋게 보이지 않았다.

"난다는 천녀를 얻으려고 수행을 한다. 수행자가 저러면 되겠는가?"

하지만 부처님께서는 난다에게 아무런 말씀도 하지 않으셨다. 난다는 용기를 얻어 더 열심히 수행하였고 결국 깨달음을 얻었다. 아라한이 된 난다가 부처님을 찾아뵙고 말씀드렸다.

"부처님, 저는 지난날의 과오를 알게 되었습니다. 제가 깨닫기 전에 하셨던 약속은 부디 철회해 주십시오. 더 이상 천녀는 제게 아무 의미가 없습니다."

"네가 깨달음을 얻는 순간, 나는 이미 그것을 철회하였다."

이 말씀을 하신 부처님께서는 난다 비구에게 게송을 들려주셨다.

지붕을 엉성하게 이은 집에
비가 새는 것처럼
수행이 안 된 마음에
탐욕이 스며든다.

촘촘하게 지붕을 잘 이은 집에

비가 새지 못하는 것처럼
수행이 잘 된 마음에
탐욕이 스며들지 못한다.

_《법구경》13, 14게

앞의 게송이 깨달음을 얻기 전 난다의 상태를 설명한 것이라
면, 뒤의 게송은 열심히 수행하여 깨달음을 얻은 난다 비구에
게 더 이상 신부나 천녀를 탐하는 욕망이 스며들 수 없다는 것
을 확인해 주신 것이다. 수행을 하지 않으면 엉성하게 이은 지
붕에 비가 새어들 듯이 탐욕과 집착과 애착이 삶의 원동력으로
작동한다. 하지만 열심히 수행하면 그 욕망이 자비심으로 바뀐
다. 촘촘하게 이은 지붕처럼 탐욕이나 분노, 회의나 나태와 같
은 번뇌가 들어오지 못하기 때문이다. 수행을 하면 내 삶의 원
동력이 욕망에서 자비심으로 질적 전환을 이루게 된다.

　우리가 살고 있는 이 세상은 사바세계이면서 욕계欲界이
다. 욕계란 욕망이 지배하는 세상이고, 욕망이란 내 마음대로
하고 싶은 것이다. 그래서 사바세계娑婆世界란 참고 견디는 세
계이다. 무엇을, 왜 참고 견뎌야 하는가? 괴로움이 넘치기 때문
이다. 세상에 가득 찬 괴로움 중 가장 근본적인 괴로움은 생로
병사에서 벗어나지 못한다는 것이다. 이 네 가지 근본고가 개
별적인 존재가 겪는 괴로움이라면, 사회적 관계 속에서 발생하
는 괴로움도 있다. 사랑하는 사람과 헤어져야 하는 괴로움(愛別
離苦), 원수와 만나야만 하는 괴로움(怨憎會苦), 원하는 것을 구

하지 못하는 괴로움(求不得苦), 오온에 대한 집착에서부터 생기는 괴로움(五陰盛苦).

이러한 대표적인 여덟 가지 고통 중에서 가장 이해하기 힘든 고통이 생고生苦이다. 늙고 병들고 죽는 것이 고통이라는 것은 경험적으로 알 수 있고 사랑하는 사람을 만나지 못하고 원수를 만나는 것이 얼마나 고통인지 어린아이도 다 안다. 그런데 태어나는 것이 왜 고통일까? 단순하게 생각해 보자. 태어나는 순간 아기는 무엇을 하는가? 운다. 그것도 있는 힘을 다해서 악을 쓰며 운다. 태어나는 순간에 왜 그리도 악을 쓰며 우는 걸까? 내 생각은 이렇다. 아기는 그 순간 이렇게 한탄하고 있었던 것이다. "아, 내가 고통 덩어리인 몸뚱이를 가지고 또 사바 세계에 태어났구나. 내가 한 생각 깜빡 잘못하는 바람에!"

갓난아기가 어떻게 이런 생각을 하냐고 따지지 말라. 이것은 의학적 소견이 아니라, 불교 공부를 한 나의 소견이다. 티베트불교에서는 죽는 순간의 마지막 식識이 그다음 생을 정한다고 말한다. 임종 직전에 스님이 독경을 해 주면 그의 마지막 식이 청정해져 좋은 생각을 갖고 다음 생으로 가게 된다. 그런데 죽음을 앞둔 사람에게 부인이든 남편이든 "당신 없이 내가 어떻게 살아!"라고 울먹이며 말한다면, 그의 마지막 식이 이성에게 이끌리면서 다음 생에도 또다시 육신을 가지고 태어나게 된다. 태어나는 순간에 "아차! 그때 한 생각 안 했으면 됐을 텐데, 또 괴로운 생을 받았구나." 생각이 든다. 그러니 대성통곡할 수밖에. 이래도 몸 받아 태어남이 고통이 아니라 할 수 있을까.

게다가 몸 받아 태어난 곳이 욕계이다. 욕망이 지배하는 세상, 내 마음대로 하고 싶은 세상이다. 그러나 내 마음대로 하다 보면 고통이 따르게 되므로, 참고 견뎌야 하는 세상이기도 하다. 욕계이면서 사바세계인 이 세상은 그래서 고통으로 가득 차 있다. 중생은 욕망을 원동력으로 삼아 살아간다. 먹어야 살고, 잠을 자야 살고, 자손을 통해서 내가 영원히 이어질 수 있다고 생각한다. 욕망이 더욱 커질수록 그것을 충족하지 못해 고통은 몇 곱절 더 강해진다. 하지만 욕망을 잘 다스리면 보살이 되고 부처가 될 수도 있는 세상이다. 보살님과 부처님은 자비심 때문에 육신의 몸을 가지고 이 세상에 태어나서 중생들을 제도하신다. 중생도 욕망을 잘 다스린다면 이 욕계를 불국토로 만들 수 있다. 그렇다면 어떻게 살아야 욕망을 잘 다스리게 될까?

식당에 가면 멋진 글귀를 적은 액자가 걸려있는 걸 볼 때가 있다. 기독교인들은 성경 구절을 걸어 놓기도 하고, 불자들은《반야심경》이나 선사의 게송, 또는 달마도를 걸어 놓는다. 인테리어용으로 제작된 불교 액자 중에서 가장 인기 있는 것은 무엇일까 곰곰이 기억을 떠올려 보니, 의외의 결론이 나왔다. 내 기억으로만 손꼽아 보건대, 달마도와 쌍벽을 이루는 인기 액자는 바로 〈보왕삼매론〉인 것 같다. 어쩌면 식당 주인은 "몸에 병이 없기를 바라지 말라."라는 이 구절이《보왕삼매염불직지》의 일부분이고, 핵심 내용이 '삼매를 닦는 데 방해가 되는 10가지 큰 장애'를 없애는 방법이라는 것을 알고 선택했을 수도 있다. 하지만 대부분은 그냥 글의 내용이 좋아서 여러 액자 중에서 고르고 골라 식당에 걸어놓았을 것이다. 주인이 불자이든 아니든, 손님이 종교가 있든 없든 중요하지 않다. 우연히 들어간 식당에서 우연히 고개를 들어 읽게 된 글이 수행에 도움이 되고, 그 가르침을 마음속에 담아와 잠시라도 실천하게 된다면 그 공덕이 얼마나 크겠는가.

우리가 알고 있는 〈보왕삼매론〉은 《화엄경》이나 《법화경》처럼 웅장한 구성이 아니다. 시처럼 짧다. 물론 〈보왕삼매론〉을 지으신 묘협 스님은 이 10가지가 왜 장애인지, 그것을 어떻게 해야 극복할 수 있는지 글로 설명하였다. 하지만 우리 선가 禪家에서는 〈보왕삼매론〉의 핵심만 게송으로 요약해 매일 암송한다. 좀 유식한 티를 내자면, 〈보왕삼매론〉의 원문은 한자로 998자, 게송은 150자, 그리고 한글 번역본은 단 30줄의 시이다.

구성도 단순하다. 10가지 장애를 각각 3줄로 정리하였다. 각각의 장애마다 세 파트가 있다. 첫 줄은 '무엇을 하지 말라', 둘째 줄은 '왜냐하면 이렇기 때문이다', 셋째 줄은 '그러므로 이렇게 하라'이다. 즉 금지, 이유, 명령(또는 권유)으로 구성되었다. 사실 '이렇게 하지 말고, 이렇게 하라'라는 첫 줄과 셋째 줄은 내용상 같다고 보아도 된다. 그러므로 둘째 문장이 바로 우리가 마음속에 새겨야 할, 묘협 스님이 강조하고 싶었던 내용이지 않을까. 가장 유명한 구절을 예로 들면 이해가 쉽다.

몸에 병이 없기를 바라지 말라.
몸에 병이 없으면 탐욕이 생기기 쉽나니

성인이 말씀하시되 병고로써 양약을 삼으라.

몸에 병이 없기를 바라지 말고, 병고(病苦, 병드는 고통)를 좋은 약이라고 생각하라는 가르침이다. 왜냐하면 몸에 병이 없으면 탐욕이 생기기 쉽기 때문이다. 불자라면 이해할 것이다. 중생에게 탐욕은 해탈을 가로막는 독약이다. 참으로 굵고 짧고 강렬한 일침이다. 몸에 병이 없기를, 세상살이에 곤란이 없기를, 수행하는 데 마(魔)가 없기를, 일이 쉽게 풀리기를…. 이렇게만 살수 있다면 이 세상도 살 만한 곳이 될 터인데, 이것을 바라면 장애가 생겨 오히려 수행에 방해가 된다. 핵심이 되는 둘째 줄만 추려서 읽으면 왜 그런지 금방 알 수 있다.

몸에 병이 없으면, 탐욕이 생기기 쉽다.
세상살이에 곤란이 없으면,
잘난 체하는 마음과 사치한 마음이 일어난다.
공부하는데 마음에 장애가 없으면,
배우는 것이 넘치게 된다.
수행하는데 마가 없으면, 서원이 굳건해지지 못한다.
일이 쉽게 풀리면, 뜻이 경솔해지기 쉽다.
친구를 사귀는데 내가 이롭고자 한다면,
의리를 상하게 된다.
남이 내 뜻대로 순종해주면,
마음이 스스로 교만해진다.

공덕을 베풀 때 과보를 바라게 되면,
불순한 생각이 움튼다.
이익이 분에 넘치면, 어리석은 마음이 생기기 쉽다.
억울함을 변명하다 보면,
원망하는 마음을 돕게 된다.

이를 거꾸로 뒤집어 읽으면 훨씬 이해가 잘 된다.

탐욕이 생기면, 쉽게 몸에 병이 걸린다.
잘난 체하는 마음과 사치한 마음이 생기면,
세상살이에 곤란이 일어난다.
배우는 것이 넘치게 되면,
공부하는 데 마음에 장애가 생긴다.
서원이 굳건해지지 못하면,
수행하는 데 마가 생긴다.
뜻이 경솔하면, 일이 어렵게 꼬인다.
친구를 사귀는 데 의리를 상하게 되면,
내게 이로울 것이 없다.
마음이 스스로 교만해지면,
남이 내 뜻대로 순종해주지 않는다.
공덕을 베풀 때 불순한 생각이 생기면,
과보를 바라게 된다.
어리석은 마음이 있으면, 손해 보는 일이 생긴다.

원망하는 마음을 키우면, 곤란한 일에 처하기 쉽다.

생각해 보자. '배우는 것이 넘치면 공부하는 데 장애가 생긴다.'
라고 했다. 배워도 다 흘려버리고 남는 게 없으면 공부가 안 되
는 것이 당연하다. '서원이 굳건하지 못하면 수행하는 데 마가
생긴다.'는 어떤가? 서원誓願이란 욕망 중에서 가장 긍정적이
고 근본적이고 큰 욕망이다. 법회 때마다 간절하게 외우는 사
홍서원을 보자. 모든 중생을 구제하겠다는 서원, 자타가 일시
에 부처가 되겠다고 하는 맹세가 굳건하지 못하면, 공부하다가
도 '제대로 하고 있는 건가?' 의심이 들 것이다. 조금만 힘들어
도 '다음에 하지' 하며 중간에 멈추어 버린다. 이게 마장이지 뭐
가 마장이란 말인가.

　살면서 잘난 체하는 마음과 사치한 마음이 생기면 어떨
까? 하는 일마다 술술 잘 풀리면 '내가 잘나서 그런가 보다' 생
각이 든다. 마음 먹은 대로 다 잘되니까 세상살이에 곤란한 일
이 없을 거라고 자만한다. 욕심이 점점 커지고 바라는 것이 더
많아진다. 더 사치하고 오만해져 남을 업신여기고 오랜 친구와
물건을 소중히 여길 줄 모르게 된다. 이런 사람과 누가 같이 일
을 도모하고 도와주려 할까. 결국 세상살이에 곤란함이 생길
것이다.

　욕심이 지나치면 탐욕이 된다. 욕심을 제대로 다스리지 못
해 탐욕으로 치닫는 양태는 우리 중생들에게는 오히려 자연스
러운 모습이다. 그러니 세상살이에 곤란함이 생기는 것은 '나

의 잘못'이다. 내가 바라는 대로, 하고 싶은 대로 말하고 행동하다 보면 장애가 생긴다. 잘난 체하고 사치하며 나 스스로 장애를 만들었으면서도 어려움에 부딪히면 장애를 탓하고 그저 장애가 소멸하기를 바란다. 원인을 알았으니 이제부터는 그러지 말라는 말씀이다.

장애는 바라는 마음에서 생긴다. 바라는 마음이 없다면 우리가 장애라고 여기는 것들은 단지 하나의 사건일 뿐이다. 몸에 생기는 병이나 세상살이에서 생기는 곤란들은 그냥 어쩌다가 발생한 것이다. 문제는 어떻게 바라는 마음을 갖지 않으며 살 수 있는가이다. 욕망은 중생의 삶의 원동력이기도 하다. 식욕, 수면욕, 명예욕 등이 그렇다. 밥을 안 먹으면 굶어 죽고, 잠을 자지 않으면 몸에 병이 생겨 죽을 수 있다. 그러나 먹는 것에 너무 탐욕을 부리면 식탐이 된다. 남녀가 인연을 맺어 자손을 만드는 것은 번식에 대한 생물학적 본능이지만, 섹스 그 자체만 탐하면 그것은 쾌락이 된다.

그러니 착각하지 말아야 한다. 욕망은 삶의 원동력이 되지만 쾌락과 탐욕은 장애물이다. 이 차이를 착각하면 안 된다. '한 번 사는 인생인데'로 시작하여 '열심히 돈 벌어 떵떵거리며 살아야지', '짧은 인생, 노세 노세 젊어서 노세', 이런 생각으로 마음을 가득 채우며 살고 있다면, 내 욕망에 내 마음의 눈이 멀어버린 사람이다. 욕망이 탐욕과 쾌락으로 변질된 줄 모르고 그 속에 마음이 갇힌 어리석은 사람 말이다.

엉겁결에 출가해 비구가 되었지만 마침내 아라한과를 증

득한 난다 비구의 이야기가 흥미로웠다. 처음에는 아름다운 천녀를 얻겠다는 일념으로 수행에 매진했지만, 아라한과를 깨치고 보니 천녀에 대한 욕망은 남아 있지 않았다. 이야기 자체가 교훈적이면서도 반전이 있어 증심사 신도님들께 들려드려야겠다고 생각하고 법문용으로 정리하다 보니, 이게 끝이 아니었다. 우리 신도님들은 난다 비구의 이야기에서 자신의 삶을 비추어 볼 것이 틀림없다. 그 다음 이야기는 지금 여기 우리의 삶 속에서 이어가야 한다. 그리고 우리가 이어간 이야기는 해탈에 이르는 여정일 것이고, 그 여정의 시작과 끝은 수행이 아닐까.

중생은 욕망으로 살아가고 보살은 자비심으로 산다. 그러므로 내가 보살이 되면, 욕망이 아니라 자비심으로 살아갈 수 있다. 욕망을 자비심으로 바꾸는 것, 그것이 바로 수행이다. 해탈에 이를 때까지 반복해야만 하는 수행. 아마도 내가 〈보왕삼매론〉을 떠올린 이유도 여기에 있을 것이다. 수행자를 위한 지침서이지만 〈보왕삼매론〉이 일반 대중에게도 많은 사랑받는 이유는 사바세계가 삶과 수행이라는 두 다리로 지탱되는 까닭일지 모른다. 참선을 하든 기도를 하든 염불을 하든, 그것이 한 시간이든 열 시간이든 아니면 한 찰나든 간에 누구나 한 번쯤은 수행의 경험이 있다. 그런데 〈보왕삼매론〉은 범부의 삶에 그대로 대입해도 딱 들어맞는다.

'공부하는 데 마음에 장애가 없으면, 배우는 것이 넘치게 된다.'고 했다. 여기서 공부는 대학수학능력시험이나 공무원 시험에 합격하기 위해 하는 공부가 아니다. 원문에는 '구심究

心', 즉 '마음을 찾다, 골똘히 헤아리다'라고 했으니, 정확하게 우리말로 번역하자면 마음공부이다. 수행이라는 말이다. 공부 工夫는 원래 선가禪家에서 쓰던 말이었다. 대혜 스님의《서장》에 '주공부做工夫'라는 말이 있다. '딴생각하지 않고 간절히 참선한다'는 뜻이다. 그런데 이 말이 일반 사회에서도 쓰이면서 학문이나 기술을 익힌다는 일상어로 바뀌었다. 그러니 구심을 '마음공부'라 하지 않고 '공부'라고 번역한 것은 삶과 수행이라는 두 가지 의미를 모두 포함하려는 의도였을 것이다.

현대적 의미의 공부는 생활 속에서 뭔가를 이루기 위해 열심히 노력하는 행위이다. 이런 행위들이 모여 삶을 이룬다. 불교적으로 말하면 '행行'은 '업業'이고, 행에 포함된 공부도 업이다. 이를 공식화하면 공부는 업이고 삶이고 수행이다. 더 단순화한다면 삶이 수행이다. 하지만 이 등식은 일상생활에서 제대로 적용되기 어렵다. 무수한 장애가 끊임없이 방해하기 때문이다. 그러므로 우리의 삶 자체가 수행이 되려면 두 가지를 실천하려고 노력해야 한다. 첫째는 봉사하는 삶, 둘째는 도덕적인 삶이다.

봉사를 하는 이유는 내 안의 자비심을 키우기 위해서이다. 공덕을 베풀 때 과보를 바라는 것이 중생의 마음이지만, 봉사하는 마음은 공덕을 베풀며 자비심을 기른다는 생각으로 하는 수행이다. 바깥에 나가서 하는 자원봉사만 봉사가 아니다. 내 삶과 내 일상이 봉사라고 생각하며 살아야 한다. 하지만 이런 삶을 사는 건 결코 쉽지 않다. 그렇기 때문에 노력이 필요하다.

봉사하는 삶을 살려고 노력하는 사람과 노력마저도 하지 않는 사람의 삶은 하늘과 땅 차이만큼 더욱 벌어진다.

도덕적인 삶이란 오계를 실천하는 삶이다. 살殺·도盜·음淫·망妄·주酒의 다섯 가지 계를 지키며 생활하면 된다. 그러면 자연스럽게 욕망을 다스릴 수 있다. 욕망이 탐욕으로 변하지 않고, 욕망이 집착이나 애착으로 변질되지 않는다. 이것이 바로 수행이 아니라면 무엇이 수행이겠는가.

그런 의미에서 승가 구성원들이 매일 독송하듯, 우리 증심사 신도님들도 매일 〈보왕삼매론〉을 읽으시길 권하려 한다. 너무 쉬운 이야기라고 가벼이 여기지 말고, 정성껏 한 자 한 자 옮겨 적은 후에 늘 옆에 두고 읽으시라 권하려 한다. 하루에 한 번, 소리를 내어 또박또박 읽으시라 권하려 한다. 귀에 못을 박듯이 〈보왕삼매론〉을 읽다 보면, 어느 순간 자비심을 기르는 봉사하는 삶과 욕망을 다스리는 도덕적인 삶을 살고 있는 자신을 발견하게 될 것이다.

법정 스님은 '종교 생활은 복습'이라 하셨다. 아는 것도 다시 하고 또 다시 하고, 할 때마다 처음 하는 것처럼 새로운 시작이라는 마음가짐으로 해야 한다. 수행이란 묵은 습習을 버리고 보살의 길을 가고자 하는 것이기 때문이다. 머리로 아는 것이 아니고 몸으로 깨달아야 한다. 매일 새로 공부한다고 생각하고 수행하는 것이 올바른 불자의 자세이다. 그러니 불교 수행에서 예습은 없다. 영원히 복습이다. ♥

_ 2019년 9월 1일 초사흘 법회

보왕삼매론

첫째, 몸에 병 없기를 바라지 말라.

몸에 병이 없으면 탐욕이 생기기 쉽다.

그래서 성인이 말씀하기를

'병고病苦로써 양약良藥을 삼으라' 하셨느니라.

둘째, 세상살이에 곤란 없기를 바라지 말라.

세상살이에 곤란이 없으면 제 잘난체하는 마음과

사치한 마음이 일어난다.

그래서 성인이 말씀하기를 '근심과 곤란으로써 세상을 살아가라.'

하셨느니라.

셋째, 공부하는 데에 마음에 장애 없기를 바라지 말라.

마음에 장애가 없으면 배우는 것이 넘치게 된다.

그래서 성인이 말씀하기를 '장애 속에서 해탈을 얻으라' 하셨느니라.

넷째, 수행하는 데에 마魔 없기를 바라지 말라.

수행하는 데에 마가 없으면 서원이 굳건해지지 못한다.

그래서 성인이 말씀하기를 '모든 마군으로써

수행을 도와주는 벗을 삼으라' 하셨느니라.

다섯째, 일을 계획하되 쉽게 되기를 바라지 말라.

일이 쉽게 풀리면 뜻이 경솔해지기 쉽다.

그래서 성인이 말씀하기를
'많은 세월을 두고 일을 성취하라' 하셨느니라.

여섯째, 친구를 사귀되 내가 이롭기를 바라지 말라.
내가 이롭고자 한다면 의리를 상하게 된다.
그래서 성인이 말씀하기를 '순교로써 사귐을 깊게 하라' 하셨느니라.

일곱째, 남이 내 뜻대로 순종해 주기를 바라지 말라.
남이 내 뜻대로 순종해주면 마음이 스스로 교만해진다.
그래서 성인이 말씀하기를
'내 뜻에 맞지 않는 사람들로 무리를 이루라' 하셨느니라.

여덟째, 공덕을 베풀 때에는 과보를 바라지 말라.
과보를 바라게 되면 불순한 생각이 움튼다.
그래서 성인이 말씀하기를
'덕 베푼 것을 헌 신처럼 버리라' 하셨느니라.

아홉째, 이익을 분에 넘치게 바라지 말라.
이익이 분에 넘치면 어리석은 마음이 생기기 쉽다.
그래서 성인이 말씀하기를 '적은 이익으로써 부자가 돼라' 하셨느니라.

열째, 억울함을 당할지라도 굳이 변명하려고 하지 말라.
억울함을 변명하다 보면 원망하는 마음을 돕게 된다.
그래서 성인이 말씀하기를 '억울함을 당하는 것으로
수행의 문을 삼으라' 하셨느니라.
_ 법정 스님의 법문에서

191

불교를 한다는 것

2

'내가 이 짓을 왜 하나?' 하는 생각이 들었다.
즐겁고 환희에 차서 했던 기억은 별로 없다.
하기 싫지만 해야 하니까 억지로 했던
때가 더 많았다.
그래도 하루도 빠지지 않고 예불을 했다.
강원을 졸업하고 나서야 알았다.
그때 나에게 엄청난 힘이 길러졌다는 것을.
누가 나에게 기회를 줬을까?
고생하던 시절의 내가 준 것이다.

하나를
죽여야 한다면
무엇을
죽여야 합니까

뿌리에는 독, 열매에는 꿀
사실, 견해, 프레임
처세술의 기본은 나를 관찰하는 것
번뇌의 불꽃을 꺼라
자신과 타인 모두를 치료하는 사람

부처님 당시에 바라드바자는 명망 높은 바라문 가문이다. 바라드바자 바라문의 부인인 다난자니가 부처님의 가르침을 듣고 지혜를 얻었다. 부인이 부처님을 신봉하자 바라드바자 바라문은 몹시 화나고 기분이 상하여 부처님의 가르침을 논파하겠다고 결심했다. 부처님을 찾아간 그는 부처님께 이런 질문을 했다.

무엇을 끊어야 깊이 잠들고
무엇을 끊어야 슬퍼하지 않습니까?
하나를 죽여야 한다면
고따마여, 당신은 무엇을 죽이겠습니까?

_《상윳따 니까야》, 〈다난자니경〉

질문은 공격적이고 무례했지만, 부처님은 친절하게 답하셨다.

미움을 끊어서 편안히 잠자고
미움을 끊어서 슬프지 않네
참으로 바라문이여
뿌리에는 독이 있지만
꼭지에 꿀이 있는 이 미움을 죽이는 것을
성자는 가상히 여기며
그것을 죽이면 슬프지 않기 때문이네

_《상윳따 니까야》, 〈다난자니경〉

부처님은 미움을 '뿌리에 독이 있지만 꼭지에 꿀이 있는 것'이라 하셨다. 참으로 감탄할 수밖에 없는 비유이다. 달콤한 맛에 취하다 보면 뿌리에 깊이 숨겨진 독에 중독되는 것이 미움이다. 성냄이고 분노이다.

서로 생각이 달라서 충돌하고 부딪히며 사는 게 일상다반사이다. 대부분의 사람들은 갈등이 생기면 '내가 잘났네 네가 잘못했네' 이렇게 싸우다가 법정까지 가기도 한다. 그런데 부처님은 바라문의 화를 화로 돌려주지 않으셨다. 화가 가득 차 있는 그를 관찰하고 그의 마음을 고요하게 가라앉혔다. 그러니 부처님을 향했던 그 화는 부처님이 아니라 화를 낸 바라문에게 다시 돌아간다. 물론 우리가 일상생활에서 부처님처럼 하기는 쉽지 않다.

2000년대에 들어서며 자기계발이나 처세술에 대한 강좌와 이론서들이 유행했었다. 거기에는 상대가 무슨 이야기를 해도 '그랬구나'라고 말하는 습관을 들이라는 조언이 자주 나온다. 그렇게 하면 서로 충돌하는 일이 줄고 소통을 잘하는 사람이 된다는 것이다. 상대방이 화를 내면 맞받아치는 대신에 화를 내는 모습을 관찰하고, 있는 그대로를 받아들이라는 이야기다. 상대방이 나에게 감정적인 발언을 할 때 그 안에는 사실도 있고 나와는 다른 자기만의 주장도 있다. 이러한 그의 견해, 입장, 관점을 정확하게 구별하는 게 '화를 내는 모습을 관찰'하는 것이다. 그러면 부처님처럼은 아니더라도 우리도 그런 상황에 적절하게 대처할 수 있게 된다.

송광사에서 지낼 때였다. 아주 가문 여름이었는데, 해우소 앞 연못에서 심한 악취가 났다. 너무 역한 냄새였다. 무심코 그 앞을 지나다, 순간 짜증이 폭발했다. 누구의 잘못이라고 특정할 수 없지만, '연못을 이 지경으로 방치해도 되나?' 하는 화가 치밀어 올랐다.

그때로 되돌아가서 제3자의 시선으로 화를 내는 나를 관찰해 보자. 연못에서 나는 역한 냄새를 맡고 불쾌한 마음이 들었다. 이건 본능이다. 그다음에는 연못을 깨끗하게 관리하지 않았다는 것에 짜증이 났다. 참배객들에게 부끄러운 마음이 들었기 때문이다. 이것은 화장실이 더럽고 악취를 풍기면 참배객들이나 관광객들이 얼마나 불쾌하겠느냐는 나의 생각이다. 내 생각이 당연히 옳다고 생각하니까 내 생각대로 청결을 유지하지 않은 이 상황에 화가 난 것이다. 화장실이 청결하지 않아 연못에서 악취가 난다는 사실과 화장실 주변에서 악취가 나면 참배객들이 불쾌할 거라는 견해가 뒤섞인 짜증이었고 화였다.

이렇게 사실과 견해는 분리된다. 견해에서 비롯된 짜증은 이미 내가 특정한 생각을 하고 있기 때문에 일어난다. 상대방과 논쟁을 하다가 화를 내는 경우는 그 사람 자체가 불쾌해서라기보다는 그가 내 생각과 다른 말을 하고 내 생각을 부정할 때 자주 발생한다. 견해와 견해가 충돌하기 때문에 화가 나는 것이다.

이처럼 우리가 많이 범하는 오류 중 하나가 바로 견해와 주장을 사실로 만드는 것이다. 내 견해이고 내 주장인데 마치 객관적 사실인 것처럼 포장한다. 내 관점을 통해서, 내 입장을 통해서 사실로 만들어 버린다. '내가 보는 시점'이 관점이고, '내가 서 있는 마당'이 입장이다. 휴대전화를 눈높이에서 보면 사각형이지만 각도를 달리해서 보면 마름모로 보인다. 증심사 법당에서 보는 취백루와 공양간에서 보는 취백루의 모습이 달리 보이는 것도 마찬가지다. 이렇게 어떤 사건이나 사안을 어느 각도에서 보느냐 어느 지점에서 보느냐에 따라, 즉 나의 시점과 입장에 따라 그 사건과 사안은 달라질 수 있다. 어쩌면 '다르게 해석한다'는 말이 더 정확한 표현일지도 모르겠다.

관점과 입장이 달라지면 프레임frame이 달라지고, 프레임이 달라지면 해석이 달라지고 사실이 달라진다. 이를 가장 잘 보여주는 아주 유명한 사진이 있다. 두 명의 병사가 총을 멘 채로 부상당한 병사를 부축하고 있다. 이 중 한 명이 부상병에게 물을 먹여준다. 생사를 오가는 전쟁터에서 진한 전우애가 느껴지지 않는가. 그런데 사진 전체가 아니라 프레임을 좁혀 보면, 전혀 다른 두 장면의 사진으로 보인다. 부상당한 병사에게 물을 주는 전우 사진, 그리고 부상당한 병사에게 총을 겨누는 병사의 사진. 프레임을 어떻게 짜느냐에 따라 이렇게 사실이 왜곡될 수 있는 것이다. 하나의 사진이라는 사실이 있고, 프레임에 따라 사실과는 정반대의 메시지를 보내는 사진이 만들어질 수도 있다. 이렇게 프레임이 달라지면 사실이 달라진다.

논쟁할 때 나의 프레임이란 내가 그 사안을 해석하는 방식이다. 서로의 견해와 주장이 달라서 부딪치는 경우에 우리는 객관적인 근거를 들어서 상대방을 비판한다. 그런데 그 객관적인 근거라고 하는 것은 엄밀하게 따지면 나의 주장, 나의 견해, 나의 입장, 나의 관점들을 사실화시킨 것에 불과하다. 내가 어떤 관점에서 자료들을 모았느냐에 따라서 같은 자료를 가지고도 다른 의미의 사실들을 만들어낸다. 그래서 논쟁을 해도 해결이 나지 않는다. 그러므로 논쟁을 할 때 상대방의 관점이 무엇이고 상대방이 어느 지점에 서 있기에 이런 프레임을 만들어냈는가를 파악하면 나의 주장으로 논쟁을 마무리할 수 있는 확률이 높아진다.

상대방의 화를 관찰한다는 것은 상대방의 주장을 관찰한다는 의미이고 동시에 그 주장에 대한 나의 반론을 확인하는 과정이다. '그랬구나'라고 수긍하는 것은 상대방의 이야기만을 수용하는 것이 아니라 나의 내면을 관찰하는 시간이기도 하다. 그러한 과정을 통해 서로의 입장이 다름을 확인할 수 있다.

무엇보다 중요한 것은 '내 마음속 번뇌의 불꽃을 어떻게 끌 것인가?'이지, '갈등의 상황을 어떻게 해소할 것인가?'가 아니다. 전자에 초점을 맞추어야 갈등이 해소될 가능성도 커진다. 타인과의 갈등이 조성한 상황에 매몰되면 될수록 갈등을 해소하기 힘들다. 서로의 입장을 확인하는 것만으로도 큰 진전이다. 오히려 '갈등은 해소되어야 한다'는 막연한 심리의 근원을 알지 못하면 갈등은 커지기 마련이다.

그러므로 부처님은 화를 내는 사람에게 화를 내는 것은 더욱 악한 자가 될 뿐이라 하셨다. 내 마음을 고요히 하는 것,

이것이야말로 나와 상대방 모두의 번뇌의 불꽃을 끄는 길이고
갈등을 완전히 없애는 길이다.

다른 사람이 분노하는 것을 알고
주의 깊게 마음을 고요히 하는 자는
자신만이 아니라 남을 위하고
그 둘 다를 위하는 것이다.
자기 자신과 다른 사람 모두를 치료하는 사람을
가르침을 모르는 자들은 어리석은 자라고 생각한다.

_《상윳따 니까야》, 〈아수린다까경〉 ♥

_ 2019년 9월 25일 수요 야간 법회

절에
가는 것보다
더 중요한 것

코로나19의 기세가 드세다. 조계종단은 모든 현장 법회와 행사를 취소하고 비대면 법회를 하도록 방침을 정했다. 증심사 역시 너무나 오랫동안 신도분들을 만나지 못하고 있다. 그래서 녹화한 영상을 유튜브로 올리던 것에서 한 걸음 더 나아가 얼마 전부터 온라인 라이브 법회를 하고 있다.

절이 텅 빈 절간 같다. 증심사가 텅 빈 것 같은 이 느낌이 무척 낯설다. 법회 때나 행사 때, 그리고 시간이 날 때마다 산중턱에 있는 증심사를 찾아오셨던 신도님들은 물론이고 그냥 발길 닿아 산문에 들어와 마당을 어슬렁어슬렁 걷던 등산객들까지도 그립다. 이분들은 모두 편안하게 잘 지내시려나, 궁금하기도 했다. 나도 모르게 SNS에 '마음이 어떨 때 절에 오시나요?'라고 글을 올렸다. 텅 빈 절간에 혼자 앉아 싱숭생숭한 마음에 젖어 있는 나에게 던진 질문이기도 하다.

질문을 받았으니 답을 해야 한다. 몇 번이고 생각해 보아도 잘 모르겠다. 도대체 절이란 무엇이란 말인가. 너무 막연하다. 인터넷에서 위키백과를 찾아봤다. '사찰이란 승려가 불상을 모셔놓고 불도를 닦고 불법을 펴며 불교 신도들이 예배를 위해 모이는 장소이다. 절이라고도 한다.'라고 하였다. 이 정의를 보면, 사찰에는 두 가지 기능이 있다. 하나는 스님이 불법을 닦고 불법을 펴는 곳, 다른 하나는 신도들이 예배하는 곳이다. 핵심어만 꼽으면 '수행'과 '참배'이다.

문득 작년에 방문했던 미얀마 사원이 떠올랐다. 불교의 모습이 원형 그대로 보존된 미얀마는 부처님을 참배하는 사원과 스님들이 수행하는 승원이 완전히 분리되어 있다. 부처님 당시의 기원정사나 죽림정사도 부처님과 제자들이 모여 수행했던 장소라는 점에서 승원에 가까웠을 것이다. 반면에 우리나라를 비롯한 극동아시아는 승원과 사원이 혼재한 형태이다.

우리 증심사는 오랜 세월 동안 수행과 참배의 장소였다. 그런데 지금은 신도님들이 한 분도 오시지 못해 텅 비어 있다. 사찰만 텅 빈 게 아니다. 극장도 그렇고 공연장도 그렇다. 전에는 영화를 보려면 극장에 가야 하고, 연극이나 콘서트를 보려면 공연장에 가야 했다. 그런데 요즘은 여러 매체를 통해 영화를 볼 수 있고, 원하는 곳에서 원하는 시간에 인터넷이나 모바일을 통해 공연을 볼 수 있다. 물론 극장만큼 스크린이 크지도 음향시설이 좋지도 않지만, 원하는 콘텐츠를 즐길 수 있다는 점은 지금 우리 사회의 커다란 변화라 하겠다. 언제 어디서나 원하는 콘텐츠를 즐긴다, 이것이 우리의 새로운 일상이다.

마찬가지로 지금까지 우리는 부처님께 참배를 하고 수행을 하려면 절에 가야 했다. 하지만 최근에는 절에 가지 않아도 혼자 수행하고 참배할 수 있다. 굳이 절이 아니더라도 몇몇 사람들이 한 장소에 모여서 수행하기도 한다. 극장에 가지 않아도 영화를 보는 다양한 방법들이 생겨나듯이, 절에 갈 수 없을 때 부처님께 참배하고 수행하는 다양한 방법들 또한 생겨나고 있는 것이다. 앞으로는 그 방법들이 더욱 다양해질 것이다. 어쩌면 지금 우리는 '불자라면 절에 가야 한다'는 고정관념이 깨지고 있는 역사적 순간을 목격하는 중인지도 모르겠다. 그러니

더욱 '절이란 무엇인가'를 고민하지 않을 수 없다. 이 문제는 출가수행자뿐 아니라 재가신도들에게도 중요한 물음이다.

위키백과의 정의처럼 절의 핵심 기능이 '수행과 참배'라는 기준으로 생각해 보자. 우선 사찰의 본질이 '수행하는 곳'이라면 수행에 충실해야 사찰(절)이라 할 수 있다. 식빵만을 전문으로 하는 빵집이 있듯이, 사찰의 본질인 수행에만 충실하겠다면서 무슨 선원, 무슨 참선센터라 이름을 붙여 운영할 수 있는 것이다. 하지만 이런 사찰만 있다면 1,500년 넘는 세월 동안 우리나라에서 생겨난 불교 문화와 불교 예술들은 앞으로 완전히 배제될 것이다. 본질은 아니더라도 사찰을 구성하고 사찰에서 자라난 가지와 잎을 놓치는 오류를 범해서는 안 된다.

이번에는 참배 기능을 중심에 두고 신도의 입장에서 사찰의 본질을 생각해 보자. 우리는 절이 잘 되려면 신도들이 많이 와야 한다고 생각한다. 상식적인 말이긴 하지만 이 말은 사찰뿐 아니라 어디에든 적용할 수 있는 말이기도 하다. 방송국 피디 중 대다수는 얼마나 많은 사람들이 보느냐가 좋은 프로그램의 기준이라 말한다. 그래서 프로그램의 내용보다 시청률에 목맨다고 한다. 정치인들은 정책보다는 지지율에 가장 민감하게 반응한다. 기업은 영업실적이 최우선이다. 얼마나 많은 이익을 냈느냐가 회사의 성패를 좌우한다. 그러니 '우리 절에 신도가 줄어서 걱정이다.'라는 말은 시청률, 지지율, 영업실적에 목을 매는 그들과 같은 논리이다. 그러므로 사찰의 신도 수라는 양적인 면만 고려한다면 위험한 결과를 초래할 수 있다.

수행과 참배를 기준으로 생각의 폭을 넓혀 보니 두 가지 오류를 발견하게 되었다. 첫 번째는 뿌리만 중시해서 줄기와 가지를 쳐 버리는 오류이고, 두 번째는 양적으로만 분석하여 본질을 놓치는 오류이다. 두 가지 모두 오류라는 결론에 도달했으니, 다시 원점이다. 올바른 답을 찾으려면, 분석의 틀을 재조정할 필요가 있다.

극장의 예로 돌아가 보자. 요즘 사람들은 극장에 가지 않고도 다양한 방식으로 영화를 본다. 지금까지 우리는 극장의 영사기사가 필름을 돌려 큰 스크린에 영상을 비춰주어야 영화를 볼 수 있다고 생각해 왔다. 하지만 그건 형식일 뿐이고, 영화의 본질은 '이야기'이다. 이야기는 수천 년 동안 인류 역사와 함께해 왔고, 영화라는 예술 장르는 이야기를 풀어내는 방식 중 하나에 불과하다. 그러므로 이야기를 보고 듣고 즐기는 방법은 영화 말고도 무궁무진하다. 기술이 발전할수록 그 방법은 훨씬 더 다양해질 것이다.

같은 맥락에서 사찰의 본질이 수행하고 참배하는 곳이라면, 왜 수행하고 참배하는지를 고찰해야 한다. 수행을 하는 이유는 마음을 건강하게 유지하기 위해서이다. 마음이 병든 상태, 부정적인 감정에 휩싸인 상태에서 벗어나고, 사람이 느끼는 마음작용 중 대표적인 일곱 가지인 희喜·로怒·애哀·락樂·애愛·오惡·욕欲처럼 거친 번뇌에서 벗어나고자 수행한다. 달리 표현하면, 마음을 영원히 행복한 상태로 유지하려고 수행하는 것이다.

그러면 왜 부처님께 참배하는가. 나 자신을 바로잡기 위해서, 그리고 나 자신을 다그치기 위해서이다. 내가 가장 존경하는 부처님을 통해 나 자신을 제대로 세우기 위해서 부처님께 참배하고 예불을 드리고 기도를 한다. 수행을 제대로 하고 싶어서, 부처님처럼 살고 싶어서 예불을 드리는 것이다.

수행과 참배에 대한 생각이 여기까지 미쳤을 때, 다른 분들의 생각은 어떤지 확인해보고 싶어졌다. 내가 SNS에 "마음이 어떨 때 절에 오시나요?"라는 질문을 올리자 많은 분들이 다음과 비슷한 내용으로 댓글을 남겨 주셨다.

"힘들고 지칠 때 절에 가서 부처님을 뵈면 힘이 나고 마음의 위로를 얻습니다."

충분히 공감이 가는 이야기다. 실제 본인들의 경험담이어서인지, 이 짧은 댓글에도 진정성이 담겨 있다. 맞다. 힘들고 지칠 때, 그러니까 마음이 건강하지 못할 때 절에 가게 되고 부처님을 뵙고 나면 마음의 건강을 되찾게 된다. 그러니 마음이 병들었을 때 절을 찾는 것은 너무나 당연하다. 하지만 근심 걱정이 없을 때라도 부지런히 절에 와서 마음의 건강을 유지하는 게 불자의 자세가 아닐까. 생각해 보니, 내가 질문을 잘못 올렸다. 이렇게 질문했어야 했다.

"여러분은 항상 마음을 건강하게 유지하고 계시나요?"

"여러분은 마음의 건강을 챙기기 위해 무엇을 하시나요?"

그리고 내가 먼저 이렇게 답을 올렸어야 했다.

"우리 증심사 스님들은 여러분들이 항상 마음의 건강을

챙길 수 있도록 정진하겠습니다."

빈말이 아니라, 진심에서 우러나온 대답이다. 신도가 오지 않아 절이 텅 비는 것은 중요한 일이 아니다. 우리 증심사 신도님들이 마음의 건강을 챙기기 위해 최선을 다해 노력하는 그곳이 절이고, 그 시간이 수행하는 시간이다. 그렇다고 절이, 증심사가 필요 없다는 말은 결코 아니다. 혼자서는 힘들기 때문에 함께 모여 서로 격려하며 수행하는 공간이 바로 사찰이다. 아무리 마음으로 부처님께 귀의한다고 하지만, 장엄한 불상 앞에서 정성스럽게 예불하는 의식이 필요한 것이 우리 중생들의 마음이다. 그래서 법당이, 불상이 있는 공간이 필요한 것이다.

이런 시기에 승복 입은 내가 할 일은 우리 신도님들이 계시는 장소에서 언제나 마음의 건강을 챙길 수 있도록 여건을 만들어 드리고 최선을 다해 돕는 일이다. 이렇게 생각한다면 지금처럼 절이 텅 비었다고 불안할 필요도 없다. 우리 출가수행자들과 신도님들이 평소에 마음을 건강하게 하려고 노력한다면, 다시 절은 수행하는 불자들로 가득할 것이다. "빨리 절에 가고 싶어요." 신도님들의 메시지를 받을 때면 나 역시 같은 마음이지만, 이제는 이렇게 답변하려 한다.

"절에 오는 것보다 더 중요한 것은 지금 이 순간 내 마음은 건강한가라고 스스로에게 묻는 것입니다. 지금 당신의 마음은 건강합니까?" ♥

_ 2020년 3월 26일 초사흘 법회

'나'는 없지만
'행위'는 있다

#개미 같은 베짱이, 베짱이 같은 개미
#욜로족과 파이어족
#과거심 불가득 현재심 불가득 미래심 불가득
점심, 마음에 점을 찍다
#스피노자와 사과나무
#죽음과 무상
#과거 현재 미래가 모두 공적하다

누군가에게는 비가 오면 생각나는 사람이 있는 반면에, 나는 겨울이 되면 생각나는 베짱이가 있다. 어렸을 때 〈개미와 베짱이〉 동화를 읽은 뒤부터, 이상하게도 나는 베짱이의 겨울이 가끔씩 궁금하다. 그 베짱이는 겨울에 굶어 죽었는지, 아니면 극적으로 살아남아 개미처럼 식량을 모으기 시작했는지, 아니면 개미가 마음을 고쳐먹고 베짱이에게 음식을 나누어 주었는지 말이다. 그런 게 뭐 궁금하냐고 핀잔하는 사람이 있을 수 있지만, 나는 개미일 때도 있었고 베짱이일 때도 있었다. 그러니 〈개미와 베짱이〉는 나의 이야기이기도 하다. 당연히 결말이 궁금할 수밖에.

늦가을 어느 화창한 날, 개미들이 따뜻한 햇볕 아래서 여름에 모아두었던 곡식을 말리고 있었다. 바이올린을 멘 베짱이가 개미에게 말했다.
"먹을 게 많구나."
"이건 우리가 여름내 열심히 일해서 모은 곡식이야."
"나한테도 나눠줄래? 겨울에 먹을 게 없거든."
"너는 왜 여름에 열심히 곡식을 모으지 않았니?"
"노래 부르고 노느라 바빴어."
"정말 어이없다. 우린 일하느라 바빠. 그만 가 줄래?"

위에 요약한 내용은 원전에 가까운 버전이다. 베짱이를 한심하게 생각한 개미들은 단호하게 말했다. "여름 내내 노래하고 노느라 바빴으니, 이젠 춤만 추면 되겠다. 놀기만 한 너한테 나눠 줄 곡식은 없다." 개미 관점에서 바라본 이 동화의 교훈은 이렇다. 개미처럼 열심히 일해서 겨울에 먹을 식량을 미리 준비해야 한다. 베짱이처럼 놀고먹으면 미래에 힘들어진다. 어떤 참고서에는 '놀 때는 놀고 일할 때는 일해야 한다'라고도 되어 있다. 좀 더 현대적인 해설이라 하겠다. 하지만 시각을 달리하여 생각하면, 이 동화의 교훈은 지금 우리 사회의 정서와는 괴리가 있다.

요즘은 개미 같은 베짱이도 많고, 자기가 베짱이인 줄 알고 사는 개미도 많다. 영화산업에 종사하는 노동자들을 생각해보자. 이들은 예술 하는 사람들이니까 베짱이에 속하는데, 일은 개미보다 훨씬 더 열심히 한다. 베짱이는 베짱이인데 일도 열심히 게다가 많이 하는 베짱이이다. 스스로를 베짱이라고 생각하는 개미도 있다. 언론에서는 '아프니까 청춘이다', '피할 수 없다면 즐겨라' 등의 구호를 외치며 '너는 개미가 아니라 베짱이야.'라고 주입하기도 한다. 사실은 개미인데 말이다.

요즘 유행하는 신용어인 욜로족과 파이어족도 있다. 욜로족은 'You Only Live Once(인생은 한 번뿐)'의 앞글자를 따서 만든 신조어인데, 지금 인생을 즐기자고 생각하는 사람들이다. 이들은 돈이 조금 생기면 여행을 가고, 명품을 사고, 새 차를 뽑는다. 한심하게 생각할 수도 있지만, 무조건 이들의 정신상태가 잘못됐다고 탓할 수는 없다. 젊은 사람들이 그러는 데에는 이유가 있다. 미래가 없기 때문이다. 미래가 없으니까 돈을 모을 필요가 없다. 열심히 모았다 싶으면 집값이 확 뛰어버리니 평생 내 집 하나 장만하기 어렵다. 그러니 '돈 모아 뭐 하냐.' 이런 생각이 들고, 차라리 인생을 즐기자는 쪽으로 생각을 바꾼 것이다. 베짱이에 가까운 유형이다.

파이어족은 정반대의 생활방식으로 산다. 'Financial Independence Retire Early(재정은 독립하고 은퇴는 빨리 하자)'의 앞 글자를 따서 만든 파이어족은 젊어서 열심히 벌고 빨리 은퇴해서 노년에 인생을 즐기면서 살자고 주장한다. 이들은 개미에 가까운 것 같다.

어떤 기준으로 해석하느냐에 따라 개미도 되고 베짱이도 되는 말도 있다. 스피노자는 "내일 지구가 멸망하더라도 나는 오늘 한 그루의 사과나무를 심겠다."라고 말했다. 내일은 내일이고 어제는 어제이니, 중요한 것은 지금 현재라는 것이다. '내일 네가 어떻게 될지라도 지금 현재를 열심히 살아라.'로 해석할 수도 있고, '내일 어떻게 될지 모르니까 현재를 즐겨라.'로 해석할 수도 있다. 이와 비슷한 의미로 '현재에 충실하라'는 조언이 자기계발서에 자주 등장한다.

그렇다면 불교적으로 〈개미와 베짱이〉는 어떻게 해석해야 할까? 지금 힘들더라도 앞날을 위해 고통을 감수하면서 개미처럼 살아야 할까, 아니면 미래는 중요하지 않으니 베짱이처럼 현재를 사는 게 나을까. 다시 말해 '현재가 중요한가? 미래가 중요한가?', 이 질문에 대해 부처님께서는 어떤 가르침을 주셨을까?

증심사 입구에 카페가 하나 있다. 거기서 누구를 만나기로 했는데 약속시간에 늦어서 헐레벌떡 뛰어갔다. 내가 뛴 이유는 과거에 한 약속 때문이다. 지금 나의 행동을 과거의 약속이 지배하고 있는 것이다. 다른 면에서 보면, 내가 지금 그 사람을 만나려는 이유는 그가 나의 미래에 어떤 도움이 되기 때문이다. 이미 미래가 나의 현재 속에 들어와 있는 것이다. 상식적으로 생각했을 때, 과거는 이미 지나가서 지금 여기에는 없는 일이고 미래는 아직 오지 않았으므로 과거와 미래는 각각 따로 있다. 그런데 지금 내 상황은 과거와 현재와 미래가 같이 있다. 현재 속에 과거와 미래가 상호교차하면서 연결돼 있는 것이다. 과거와 미래 모두가 지금의 내 행동을 지배하며 지금의 행동에 영향을 미치고 있다는 말이다.

만약 과거라는 게 따로 존재하고, 현재는 지금 이 순간이고, 다가오지 않은 미래가 존재한다고 한다면, 과연 현재 안에 과거와 미래가 들어올 수 있을까? 그럴 수는 없다. 이렇게 생각하다 보면 '과거나 미래가 실제로 존재하는 것인가?' 하는 의문이 생긴다. 사실《금강경》에 이미 답이 있다. 부처님께서 수보리에게 말씀하셨다.

과거의 마음도 얻을 수 없고,
미래의 마음도 얻을 수 없고,
현재의 마음도 얻을 수 없다.

過去心不可得

未來心不可得

現在心不可得

_《금강경》

부처님은 분명히 과거, 현재, 미래 모두 내가 얻을 수 없다고 하셨다. 이 말씀과 관련해서 아주 유명한 일화가 있다. 중국 당나라 때 수십 년 동안 열심히 《금강경》을 공부하여 '주금강周金剛'이라 불렸던 덕산 스님이 있었다. 그런데 남쪽 지역에 '직지인심直旨人心 견성성불見性成佛'이라며 불립문자不立文字를 내세운 선이 시대를 풍미하자, 경전을 읽지 않고 깨달음을 얻을 수 없다는 것을 알려주기 위해 자기가 쓴 《금강경소초》를 봇짐에 넣고 남쪽으로 길을 떠났다. 도중에 점심때가 되자 배가 고파서 떡을 파는 곳으로 갔다. 그때 노파가 물었다.

"스님, 그 봇짐에는 무엇이 들어 있나요?"

"《금강경》이라는 경전이 들어 있습니다."

"《금강경》에는 '과거심 불가득 미래심 불가득 현재심 불가득'이라는 말이 있지요?"

"그렇다오."

"그럼 스님은 어느 마음에 점을 찍으시겠습니까?"

"……"

_《무문관》, 제28칙 〈구향용담久嚮龍潭〉

누구보다 《금강경》을 잘 안다고 자부했던 덕산 스님이었다. 그런데 떡 파는 노파가 던진 질문에 말문이 막혀 버렸다. 점심點心, 마음에 점을 찍다. 노파의 이 한마디에 덕산 스님은 말문이 막혀 떡도 못 얻고 점심을 굶었을 것이다. 선가의 말을 빌자면, 덕산 스님이 노파에게 크게 한 방 얻어맞았다.

《반야경》에도 비슷한 말씀이 있다. "과거의 법에 대하여 '법은 지나갔다'는 생각도 집착이다. 미래의 법에 대하여 '법은 오지 않았다'는 생각도 집착이다. 현재의 법에 대하여 '법이 있다'는 생각도 집착이다." 과거, 현재, 미래가 없는데도 집착하여 '이것이 과거다, 현재다, 미래다'라고 착각한다는 말씀이다. 물론 여기에서의 '법'은 진리를 가리키는 말이 아니라 일체의 존재를 뜻한다.

노파의 질문을 다시 되새겨 보자. 과거의 마음이든, 미래의 마음이든, 현재의 마음이든, 어느 마음에 점을 찍을 수 있겠는가? 현재를 손으로 가리킬 수 있는가? '현재란 바로 지금이다.'라고 말하는 순간, 여기에서의 '지금'은 현재인가 과거인가? 말하는 순간 이미 지나간 과거이다. 지금 '이 순간'을 아무리 꼭 집어내려 해도 집어낼 수가 없다. 현재가 없다는 말은 '이미 지나간 현재'인 과거도 없다는 말과 같다. 현재가 없다면 '아직 오지 않은 현재'인 미래도 없다. 그러니까 실제 세계에서 과거, 현재, 미래는 존재하지 않는 것이다.

엄밀하게 말해서 우리가 과거라고 생각하는 것은 내 머릿속에 있는 기억이다. 어떤 순간에 대한 기억이 과거이고, 마음

216

속으로 생각하는 상상이나 희망 같은 것들이 미래이다. 현재라는 것 역시 규정할 수 없으니 없는 것이다. 과거나 현재나 미래는 우리 마음속에 존재하는 것일 뿐, 실제로 알 수 없으나 '뭔가가 있다'는 나의 생각이다. 우리가 과거, 미래, 현재가 있다고 생각하는 이유는 무엇일까? 현재를 규정하고 싶어 하고 집착하기 때문이다. 내가 있다는 착각에서 비롯된 것이고, 무명에서 비롯된 것이다. 그러므로 시간이 있다는 착각도 무명에서 비롯된 것임을 명심할 필요가 있다.

그래서 《화엄경》에서는 과거와 미래에 취착하지 말고 현재에도 머물지 않으면 삼세(과거, 미래, 현재)가 텅 비어 있음을 알게 된다고 하였다.

마음으로 과거의 일을 취하지 않고,
미래의 일에 집착하지 않으며,
현재의 일에도 머물지 않으면,
과거 현재 미래가 모두 공적함을 깨달으리라.

心不忘取過去法
亦不貪着未來事
不於現在有所住
了達三世悉空寂

_《화엄경》,〈십회향품十廻向品〉

삐딱하게 생각하는 사람들은 분명히 이렇게 되받아칠 것이다. "과거도 없고 미래도 없고 현재도 없으면, 막 살아도 상관없겠네요?" 군이 존재하지도 않는 미래를 위해 현재의 고통을 감내할 필요가 있느냐는 것이다. 이런 사람을 위해서도 불교는 친절하게 설명해 놓았다. "지금 현재는 없지만 지금 현재라고 말하는 그 순간에 뭔가를 하는 행위는 있다." 내가 누군가를 만나는 행위, 법문을 듣는 행위, 밥을 먹는 행위…. 단지 이런 행위들을 고정시키고 규정할 수 없지만, 중요한 것은 무언가를 하는 것 다시 말해 행위이다.

'내일 지구가 멸망하더라도 나는 한 그루의 사과나무를 심겠다.'는 말도 마찬가지이다. 과거, 현재, 미래는 내가 마음으로 만들어낸 하나의 개념이라는 것을 스피노자가 문학적으로 표현한 것이다. 중요한 것은 '내가 무엇을 하고 있는가'이다. 지나간 과거에 어떤 생각을 했기 때문이라거나, 앞으로 다가올 미래를 위해서라거나 하는 것은 중요한 것이 아니라는 말이다.

불교는 '항상 나와 함께 있는 이것'을 염두에 두고 살라고 한다. 바로 '죽음'이다. 지금 여기에서 법문을 잘 듣고 있다가도 내일은 어떻게 될지 모르는 것이 사람의 일이다. 내일 당장 죽을지 모르니까 지금 이 순간에 하고 싶은 것을 맘대로 하라는 말이 아니다. 죽음을 염두에 두라는 말은 '나라는 것이 영원한 존재가 아님'을 알라는 말이다. 영원할 거라 생각하지만 나는 언젠가 죽게 마련이니, 나라는 것에 연연하지 말고 지금 이 순간 내가 하고 있는 일을 성실하게 하라는 의미이다. 그것이 '내일'이라거나 '내가 하고 싶은 일'이기 때문이 아니라, 그 일을 하는 그 자체가 중요하다는 말씀이다.

크고 무거운 바위를 높은 산 정상까지 굴려 올리는 사람이 있다. 그가 산 정상에 오르면 바위는 다시 산 아래로 굴러떨어지고, 그는 다시 크고 무거운 그 바위를 힘겹게 굴려 산 정상으로 올라간다. 정상에 도달하면 바위는 또 아래로 굴러떨어지고, 다시 바위를 정상으로 굴려 올리는 일을 영원히 반복해야 하는 그는 죽음의 신을 속인 죄로 형벌을 받은 시시포스이다. 알베르 카뮈는 그의 책《시시포스의 신화》에서 말했다. "이것은 형벌이 아니다. 우리에게 삶의 이유는 없다. 마치 바위를 굴리는 시시포스처럼 지금 이 순간 열심히 사는 것이 인간이 존재하는 이유이다."

어쩌면 인생은 마치 산을 오르는 것과 같은 것인지 모른다. 한 발 한 발 열심히 걷다 보면 어느 순간 내가 원하는 곳에 가 있을 확률이 높다. 시시포스의 이야기에 대한 카뮈의 해석을 불교에 적용하면 이렇다. 과거, 현재, 미래가 없다는 말은 '내가 없다'는 말과 같다. 나는 없지만 행위는 있다. 하는 행위가 중요한 것이지 누가 하는지가 중요한 것은 아니다. 즉, "작자는 없지만 행위는 있다." 명심하자. 행위를 하는 사람(作者)은 없지만 행위(業)는 존재한다.

새해가 되면 '올해는 더 열심히 살아야지.' 하며 각오를 다지는 사람이 있고, '새해라고 뭐 특별한가? 그날이 그날이지.' 하며 무덤덤한 사람도 있다. 미래에 집착하는 사람과 현재에 머물고 있는 사람의 차이일 것이다. 하지만 과거와 현재와 미래는 실제로 존재하는 것이 아니라는《금강경》의 말씀이나, 과거나 미래에 집착하지 말고 지금 현재에도 머물지 않으면 삼세가 없다는 것을 깨닫게 된다는《화엄경》의 말씀을 깊이 마음에 새기며 새해를 맞이하면 어떨까. ♥

__ 2020년 1월 1일 칠성재일 법회

자동차 운전과
수행은 같다

#배터리가 방전됐어요
#수행은 수행해야 수행할 수 있다
#수행할 수 없는 현실
#수행의 포인트 적립 방법

운전 초보자들에게 일종의 통과의례 같은 것이 있다. 바로 배터리 방전이다. 차가 잘 달리려면 몇 가지 조건이 필요하다. 첫째, 고장이 나지 않도록 평소에 정비를 잘해야 한다. 둘째, 운전하는 사람이 있어야 한다. 셋째, 기름이 있어야 한다. 넷째, 시동을 걸어야 한다. 너무 당연한 조건들이라 하나라도 부족하면 아무리 비싸고 좋은 차라도 달리지 못한다.

정비도 잘하고 운전자도 있고 기름도 넣었는데, 이 비싼 차가 시동이 안 걸리는 건 왜일까? 배터리가 방전되었기 때문이다. 처음 공장에서 출고될 때는 배터리가 충전되어 나오지만, 그 다음부터는 차를 계속 운행해야 배터리가 충전된다. 게다가 실내등이나 전조등을 켜놓은 상태로 시동을 꺼버리면, 밤새 배터리가 방전되어 다음날 아침에는 아무리 노력해도 시동이 걸리지 않는다. 한 번쯤 크게 당황한 후에야 배터리가 방전되지 않도록 살피고 또 살피는 습관이 생긴다.

수행도 마찬가지다. 아무리 불교에 대한 지식이 많고 수행할 수 있는 여건이 갖춰져 있어도 수행을 하지 않으면 아무 소용이 없다. 차고에만 넣어두고 운행하지 않는다면 차가 없는 사람과 무엇이 다른가. 요즘은 직장에서 퇴근한 뒤에 아르바이트하는 사람들도 많다지만, 적어도 일주일에 한 번은 절에 와서 법문을 들을 수 있는 분들이라면 이미 최소한의 수행 조건을 갖춘 분들이다. 그런데도 수행을 하지 않는다면 이 사람은 차고에 넣어둔 자동차와 같은 신세이다.

수행은 시작했지만 조금 하다 그만둔다면 배터리가 방전

된 자동차라 하겠다. 아무리 멋진 자동차라도 배터리가 방전되면 자동차의 기능을 하지 못한다. 자동차는 수시로 운행해야 배터리가 충전되고, 내가 원하는 곳으로 달릴 수 있다. 시작한지 얼마 되지도 않았는데 '별거 없네.' 하며 수행을 그만두는 사람들은 주차장을 나서기도 전에 배터리 방전으로 시동이 꺼져버린 자동차와 같다.

자동차는 달려야 달릴 수 있듯이, 수행도 수행해야 수행할 수 있다. 동어반복처럼 들리겠지만, 맞는 말이다. "우리 아들이 공무원 시험을 치르려고 하는데, 비법이 있을까요?" "있지요. 공부 잘하면 됩니다." 내 말이 틀렸는가? 아니다. 나는 분명히 시험에 합격하는 비법을 알려드렸다. 그런데 이 말을 듣고 "아, 그런 비법이 있었군요."라며 솔깃해하는 사람이 있을까? 아니다. 시험에 합격하려면 공부를 열심히 그리고 잘해야 한다는 건 누구나 안다. 수행을 잘하려면 수행을 열심히 해야 한다는 말도 누구나 할 수 있다. 여기에서 중요한 것은 열심히 공부할 수 없는 상황, 열심히 수행할 수 없는 현실이다.

열심히 수행하고 열심히 살고 싶은데 인생살이는 고달프기만 하다. 마음이 고통으로 가득 차 있다. 슬픔, 괴로움, 분노, 우울, 무기력, 권태, 짜증, 고통이라는 번뇌로 마음이 가득 차 있다면 수행을 할 수 있는 마음의 여유 공간이 없는 것이다. 인생을 내가 원하는 바대로 살아야 하는데 몸도 마음도 말을 안 듣는다. 그러니까 마음이 번뇌로 가득 찼다는 것은 인생의 배터리가 방전되었다는 말과 같다.

인생의 배터리가 방전됐으니 그냥 차고에 묵혀 둔 자동차처럼 아무것도 하지 않아도 될까? 그럴 수는 없다. 이럴 땐 원론적으로 접근해야 한다.

"밖에서 불어오는 거친 역경이
마음의 고통을 만드는 것이 아니라,
내 안의 무명이 번뇌를 만든다."

내 인생의 배터리가 나가게 만든 고통과 번뇌는 내 마음이 만들었다는 말이다. 고개 들어 하늘을 보자. 맑은 하늘에 흰 구름이 떠 있다. 그런데 조금 뒤에 그 하얗던 흰 구름이 먹구름으로 변해버렸다. 금방이라도 비가 쏟아질 것 같다. 내일 소풍 간다고 좋아하던 아이는 마음이 불안하고 초조하다. 그런데 옆집 농부는 환호한다. 몇 달 동안 가뭄이 들어 농사를 망쳐버릴 것 같아 낙심했는데 먹구름을 보니 비가 올 것 같다. 이제야 살 것 같다. 그러면 하늘에 떠 있는 먹구름 안에 슬픔과 기쁨이 들어 있어서 아이에겐 슬픔을, 농부에겐 기쁨을 준 것일까? 아니다.

그럼 이 상황은 어떤가. 누가 나에게 뭐라고 말하는데, 너무 듣기 싫고 짜증이 난다. 그의 말 속에 짜증이라는 감정이 들어있는 것이라면, 그의 말을 들은 누구나 짜증을 내야 한다. 그런데 오직 나만 짜증을 냈다면, 내가 들은 말 속에 짜증이 들어 있었던 게 아니다. '왜 나한테 이런 말을 하지? 나를 못난 놈이라 생각해서 그러나? 내가 그것도 못 할 거 같아서 그러나?' 하며 내 마음이 짜증이라는 감정을 만들어 내었다. 바깥 경계의 무언가가 나를 힘들게 하는 것이 아니라 내 마음의 무명이 나를 힘들게 하는 것이다.

번뇌가 외부에서 왔든 내부에서 왔든 어쨌거나 지금 내 마음이 고통으로 가득 차 있어서 수행할 여유가 없다면 어떻게 해야 할까?

아이는 천 번 이상을 넘어져야 겨우 첫걸음마를 뗀다고 한다. 하지만 세상의 모든 아이가 '나는 백 번 천 번 넘어져도 기필코 걷고 말 거야.'라고 의지를 불태웠을까? 그렇다면 우리는 모두 아이였을 때부터 불굴의 의지로 무장된 사람들이다. 누구에게나 두 발로 걷고 싶은 본능적인 의지가 있을 테지만, 아이 처지에서 보면 주위에서 두 발로 걸어 다니니까 '나도 두 발로 걸어야 하나 보다.'라고 자연스럽게 생각했을 것이다. 만약 네발짐승들 사이에 있었다면 굳이 두 발로 걸으려 수천 번 넘어지지는 않았을 것이다.

그리고 또 하나의 동인이 있다. 기어다니던 아이가 일어서다 넘어지고 엉덩방아를 찧고 다시 엉거주춤 서자마자 또 넘어진다. 그러면 옆에 있던 부모가 안아주고 격려하고 손을 잡아준다. 아이는 넘어져도 괜찮다고 느끼고는 또 일어나려 한다. 그러다가 어느 순간 혼자 두 발로 서게 되고, 드디어 한 발을 앞으로 내딛는다. 아이에게는 기대고 의지할 수 있는 어른이 있기에 수천 번 넘어져도 또 일어나 자기 힘으로 걸음마에 성공하는 것이다.

225

아이에게 부모가 있다면, 우리 불자들에게는 부처님이 계시다. 인생의 배터리가 방전되어 만사가 귀찮고 마음속에 슬픔만이 꽉 차 있을 때 우리가 기댈 수 있는 분은 부처님이다. 물론 부처님이 눈에 보이는 실체로 존재하여 우리가 넘어지면 붙잡아주는 것은 아니다. 부처님에게 기댄다는 것은 나도 부처님처럼 살겠다는 열망, 부처님에 대한 무한한 존경심, 부처님에게 귀의하는 마음을 갖는 것이다. 이런 마음을 가지고 있으면 앞서 말한 인생의 힘든 시절을 이겨낼 수 있다.

그러면 어떻게 해야 부처님께 귀의하는 마음, 기대는 마음이 생길까? 결코, 저절로 생기지 않는다. 평소에 꾸준하게 예불하고 기도하는 것 말고는 다른 방법이 없다. 하기 싫어도 하고 귀찮아도 하고 바빠도 하고 습관적으로 해야 생기는 마음이다. 이 마음이 나중에 가서는 스스로를 붙잡아주고 일으켜준다.

그러므로 내 인생의 배터리가 방전되었을 때 나를 일으켜줄 수 있는 것은 꾸준한 수행이다. 수행을 꾸준히 하려면 수행의 배터리가 충전되어 있어야 한다. 수행의 배터리를 충전하려면 부처님에 대한 존경, 부처님을 닮아가고자 하는 마음, 열망이 내 안에 있어야 한다. 이유가 없어도 당장 끌림이나 성취가 없어도 기도하고 예불해야 수행의 배터리가 충전된다.

강원의 학인이라면 누구나 꼬박 4년 동안 1년 365일 매일 새벽예불을 하고 《금강경》을 독경하고 108배를 한다. 나 역시 예외는 아니었다. 비가 오나 눈이 오나 설이나 추석이나 방학이나 상관하지 않았다. 한여름에는 모기가 장삼을 뚫고 한겨울에는 법당 안으로 칼바람이 들어와도 그저 예불을 했다. 어느 때는 '내가 이 짓을 왜 하나?' 하는 생각이 들었다. 즐겁고 환희에 차서 했던 기억은 별로 없다. 하기 싫지만 해야 하니까 억지로 했던 때가 더 많았다. 그래도 하루도 빠지지 않고 예불을 했다.

강원을 졸업하고 나서야 알았다. 그때 나에게 엄청난 힘이 길러졌다는 것을. 예불이 습관이 되었다는 것을. 비록 시골의 조그만 말사이긴 하나 절을 책임지고 운영해야 하는 주지 소임을 처음 맡았을 때, 내가 할 수 있는 것이 기도 말고는 거의 없었다. 신도가 한 명이어도 두 명이어도 개의치 않고 백일기도를 했다. 그때 문득 강원 시절 생각이 났다.

'내가 그때 그렇게 고생한 덕에 지금은 이렇게 아무도 없는 절에서, 누가 시키지 않아도, 함께 하는 사람이 없어도, 아무 생각 없이 예불하고 기도할 수 있구나. 나에게 예불하고 기도할 기회를 준 것이 얼마나 감사한 일인가?'

누가 나에게 기회를 줬을까? 고생하던 시절의 내가 주었다. 그때 고생하지 않았다면 백일기도를 할 생각도 못 했을 것이다. 거들어 주는 사람도 없고, 혼자 이리저리 동동거리다 힘에 부치기도 했다. '말사 주지, 나 안 할란다.' 이러면서 다 팽개치고도 싶었다. 그런데 강원 시절에 붙은 습관이 엄청난 힘으로 나를 지탱해 주었다. 그때의 고생이 예불해야 하면 예불하고, 기도해야 하면 기도하고, 절해야 하면 절하는 지금의 나를 만들어 주었다.

예불과 기도는 하기 좋으면 하고 하기 싫으면 하지 않아도 되는 게 아니다. 바쁘면 거르고 기분 좋으면 두세 번 몰아서 하는 것도 아니다. 그저 꾸준히 하는 것, 습관이다. 그래야 내 수행의 배터리가 충전된다. 배터리가 충전되어 있어야 내가 진짜 힘들 때, 인생에 역경이 닥쳐왔을 때, 내 마음의 번뇌를 살펴볼 수 있는 마음의 여유가 생긴다. 수행은 다른 것 없다. 내 마음의 번뇌를 스스로 살피고 '아, 내가 지금 힘들어하는구나!' 알아차리고 번뇌를 녹이는 것이다.

인생의 배터리가 방전되면 포기하지 말고 불보살님에게 SOS를 청하면 된다. 다만, 부처님이 아무에게나 응답하실 거라는 생각은 오만이다. 불보살님의 응답을 받으려면 평소에 포인트를 적립해 놓아야 한다. 포인트 적립이란 하기 싫어도 예불하고 바빠도 기도하는 것이다. 잊지 말고 평소 열심히 기도하고 예불하자.

부처님 사랑합니다.
부처님 존경합니다.
부처님처럼 살겠습니다.
부처님 감사합니다. ♥

_ 2019년 9월 16일 지장재일 법회

복은 비는 것인가
짓는 것인가

#불법승 삼보에 귀의한다는 의미
#안수정등의 교훈
#사홍서원의 생활 실천
#미얀마 사원의 뚱뚱한 부처님
#공덕을 쌓는 것이 수행이다

미얀마 성지순례에 다녀온 후, 자꾸 생활 속 불교의 모습에 대해 생각하게 된다. '신앙으로서의 불교도 중요하지만, 그 신앙이 생활과 동떨어져 있다면 우리 삶에 무슨 의미가 되겠는가.', '하루하루 살면서 종교의 가르침을 실천하는 것이야말로 진짜 신앙인이 아닐까.' 하는 생각 말이다.

미얀마에는 길거리에, 사원 마당에, 카페에, 다니는 곳곳에 주인 없는 개들이 아주 많았다. 개들이 자유롭게 걸어 다니고 눕기도 하는데 사람들은 전혀 아랑곳하지 않는다. 채근하지도 길들이려 하지도 않았다. 사람과 개가 한 공간에 공존하는 모습이었다. 아니, 사람들이 개를 배려하고 존중한다는 느낌마저 들었다. 미얀마 사람들은 개나 고양이를 이번 생이 끝나면 다음 생에 반드시 인간으로 태어날 동물로 여겨서 사람과 똑같이 대접한다고 한다. 반려동물이 어리고 예쁠 때는 온갖 정성을 쏟다가도 싫증이 나면 그냥 버리는 사람들과는 사고방식 자체가 다른 듯했다.

미얀마 사원 역시 우리나라 사찰과 같은 듯 다른 모습이었다. 불상을 보면 차이가 확실히 느껴진다. 미얀마 불자들에게는 불상에 금박공양을 올리는 풍습이 있다. 우리나라 사찰에서도 불상에 입힌 금이 시간이 지나면서 낡아 떨어지면 개금불사改金佛事를 한다. 반면에 미얀마의 불상은 신도들이 금박조각을 가져와 손이 닿는 곳마다 붙인다. 우리나라 불상이 이삼십 년에 한 번씩 개금불사를 하여 새 옷을 갈아입는다면, 미얀마 불상은 불자들이 매일 붙이는 조그만 황금조각으로 알아서

230

스스로 성장한다고나 할까.

미얀마에는 3대 불교성지가 있다. 양곤의 쉐다곤 파고다 Shwedagon Pagoda, 만달레이의 마하무니 사원Mahamuni Paya, 인레 호수의 파웅도우 사원Phaung Daw Oo Pagoda이다. 쉐다곤 파고다는 미얀마를 대표하는 황금사원이다. 쉐다곤은 '황금의 언덕'이라는 뜻으로 언덕과 탑의 높이를 합하면 거의 100미터에 이르고, 탑에 붙인 황금이 54톤이나 된다고 한다.

마하무니 사원의 부처님은, 좀 불경스러운 표현인 것 같지만, 씨름선수 강호동과 체격이 비슷하다. 동남아시아 국가의 불상은 대체로 여성스럽지만, 참배하는 사람들이 하도 금박을 붙여 날마다 덩치가 커졌기 때문이다. 파웅도우 사원에는 다섯 분의 불상이 있는데, 오뚜기를 닮았다. 처음 모셨을 때는 5센티미터 정도로 작은 불상이었지만, 수백 년 동안 사람들이 금박을 붙이다 보니 지금은 30센티미터나 되었다고 한다. 수많은 사람들이 붙인 금박 때문에 부처님의 상호를 알아볼 수 없을 정도가 되어 두리뭉실한 오뚜기처럼 보인다.

금박공양은 우리나라 불자들에게는 볼 수 없는 낯선 문화이다. 처음에는 미얀마 사람들이 복을 빌기 위해 금박을 붙인다고 생각했다. 그런데 가만히 지켜보니 꼭 그렇지만은 않았다. 기복이라면 종무소에 가서 기도접수를 하고 법당에서는 간단하게 참배만 하고 말 텐데, 미얀마 사람들은 달랐다. 불상 앞에서 절을 하다가 가끔 부처님과 눈도 마주치고 나름대로 소원을 읊조렸다. 기복신앙이라고 하기에는 너무도 무덤덤해 보였다. 믿음을 표현하는 방식이 우리와 다르다는 생각이 들었다.

믿음이란 무엇인가. 따져보면 믿음에도 여러 종류가 있다. 첫 번째는 사회적 약속이다. 식당에서 짬뽕을 주문하면 짬뽕이 나올 것이라는 믿음, 송정역에서 용산행 기차를 타면 서울에 도착한다는 믿음 말이다. 두 번째는 사람 사이의 믿음이다. 아이가 자라 학교에 가고 졸업을 하고 취직하고 결혼할 것이라는 일반적인 믿음이 여기에 속한다. 세 번째는 종교적 믿음이다. 예를 들어 기독교에서 하느님은 믿어야 존재한다. 기독교의 믿음은 하느님이 우리의 죄를 사하여 준다는 믿음이며, 믿으면 천국에 간다는 믿음이다.

종교적 믿음에도 차이가 있다. 불교의 믿음은 기독교와는 내용이 다르다. 무조건 믿는 것이 아니라 귀의하는 것이다. 귀의한다는 것은 불법승 삼보로 돌아가서 의지한다는 의미이다. 생사의 괴로움이라는 거대한 홍수로부터 우리가 피난처로 삼을 곳은 불법승이다. 부처님은 절벽 끝에 서 있는 나무와 우물의 등나무 덩굴을 비유로 들어 쉽게 설명해 주셨다.

한 사람이 사나운 코끼리를 피해 도망가다 절벽에 서 있는 나무뿌리를 잡았다. 아래에 우물이 있어 등나무 줄기를 잡고 내려가 보니, 우물 안에 독사 네 마리가 혀를 날름거리고 있어 더 내려가면 물려 죽는다. 코끼리는 계속 자신을 쫓아오고 독사는 호시탐탐 자신을 노리고 있는데, 검은 쥐와 흰 쥐가 나타나 등나무

를 갉아 먹으니 덩굴마저 곧 끊어질 것 같다. 덩굴에
있는 벌집에서는 다섯 마리의 벌이 나를 괴롭힌다.
그런데도 이 사람은 벌집에서 간간이 떨어지는 꿀을
받아 마시며 달콤함에 취해 있었다.

불자뿐 아니라 일반인에게도 잘 알려진 안수정등岸樹井藤의 비
유이다. 코끼리는 무상한 세월이고, 독사 네 마리는 지수화풍地
水火風을 비유한 말로써 세월이 흘러 내 수명이 다하면 지수화
풍의 사대에 먹힌다는 뜻이다. 검은 쥐와 흰 쥐는 밤과 낮, 다섯
마리의 벌은 오욕락을 의미하는데 각각 재욕, 성욕, 식욕, 명예
욕, 수면욕이다. 그 절체절명의 와중에도 이 사람은 어쩌다 한
번씩 똑똑 떨어지는 달콤한 꿀을 탐한다.
　　단언컨대 그는 피난처를 잘못 선택했다. 생사의 괴로움에
서 벗어나려면 불법승 삼보를 피난처로 삼아야 한다. 귀의불,
귀의법, 귀의승. 가장 먼저 부처님께 귀의하여 부처님을 좇아
그 옷자락에 숨으면 된다. 하지만 석가모니 부처님은 2500년
전에 입멸하셨다. 그러니 부처님의 가르침대로 살겠다는 각오
로 법에 귀의하여 스스로 생각하고 행동해야 한다. 또 비구, 비
구니, 우바새, 우바이 등 사부대중의 무리인 상가에 의지하면
된다. 나 혼자 수행하는 것이 힘이 들면 대중 속에서 대중과 함
께 수행하면 되고, 대중과 함께 살려면 화합해야 한다. 그러므
로 상가에 의지한다는 말은 수행자의 무리 속에서 화합하며 살
겠다는 뜻이다. 결국 불법승 삼보에 귀의한다는 말은 생사의

괴로움에서 벗어나기 위해 수행을 한다는 말과 같다.

그러면 복이란 무엇일까. 복은 비는 것일까 짓는 것일까? 예를 들어보자. 한 아이가 부모와 마트에 갔다가 장난감을 사 달라고 울고불고 떼를 쓴다. 이는 복을 비는 것이다. 그런가 하면 마트에서 본 무선청소기를 갖고 싶은 사람이 있다. 그는 사 달라고 떼를 쓸 부모님이 없다. 그래서 그때부터 조금씩 저금을 하여 결국 무선청소기를 장만하였다. 이것은 복을 짓는 것이다. 차이는 명확하다. 복을 비는 것은 내가 하는 것이 아니다. 신이든 초자연적인 절대자이든 누군가가 나에게 주는 것이다. 반면에 복을 짓는 것은 내가 무언가를 할 수 있는 능력을, 가능성을, 힘을 내 안에 쌓는 것이다.

불교에는 복을 짓는다는 말과 비슷한 표현으로 '공덕을 짓는다'는 말이 있다. 둘은 같은 의미로 쓰일 때가 많지만, 따지고 보면 어디에서 쓰느냐에 따라 의미가 달라진다. 공덕은 의도적으로 노력해서 내 안에 뭔가를 할 수 있는 힘과 가능성을 쌓는 것이다. 내가 뭔가를 한 결과가 가능성이 되고 힘이 되는 것이다. 이렇게 쌓은 것을 밖으로 드러내면 덕행德行이라고 한다. 덕행을 하기 위해서는 먼저 내 안에 공덕이 쌓여 있어야 한다. 옛말에 '아무리 지혜로운 사람도 복 많은 사람을 이기지 못한다.'는 말이 있다. 복이 많은 사람은 이미 자기 안에 힘이 쌓여 있으니, 그저 그것을 겉으로 드러내면 된다.

공덕을 쌓는 것은 불법승으로 돌아가 귀의하는 것과 다르지 않다. 왜 그런가. 생사의 괴로움에서 벗어날 수 있는 피난처가 보이면 열심히 노력해서 가야 하는데, 저기에 빨리 도달하기 위해서는 내 안에 힘을 길러야 한다. 결국은 불법승에 귀의하는 것이 공덕을 쌓는 것이고, 그것이 바로 수행이다. 공덕을 쌓는 것과 수행은 별개라고 생각하는 사람이 있을 수 있다. 하지만 잘 생각해 보라. 수행은 어리석은 중생으로 살면서 탐진치로 지은 죄를 참회하는 과정이다. 생사의 바다에서 중생은 아무 생각 없이 탐진치에 이끌려 악업을 짓게 된다. 이런 행동을 반성하는 것이 참회이고 수행이다. '잘못을 반복하지 않으려면 불교 공부를 열심히 해야겠구나', '기도를 열심히 하고 봉사도 열심히 해야겠구나', 이런 선업의 행위들이 수행이 아니고 무엇이겠는가.

삼보에 귀의하고 공덕을 쌓고 참회하고 수행하는 것은 모두 같은 의미이다. 그런데 올바로 나아가려면 방향이 중요하다. 내 안에 공덕을 많이 쌓아서 어마어마한 가능성과 힘을 축적했더라도, 이를 어디에 어떻게 써야할 줄 모르면 아무 소용이 없게 된다. 티베트불교에 '덕행은 말과 같고 서원은 말고삐와 같다.'는 말이 있다. 말고삐는 말을 달리게도 하고 서게도 하고 어느 쪽으로 가라며 방향을 지시하기도 한다. 자동차로 치면 브레이크와 핸들이다. 말고삐가 말을 올바로 통제해야 목적지 방향으로 달려가듯이, 무한한 가능성과 공덕과 복덕이 제가치를 발휘하려면 말고삐처럼 올바른 방향을 제시하는 것이 필요하다. 이것이 서원을 세워야 하는 이유이다.

불교의 모든 의식은 사홍서원으로 마무리된다. 아무리 많은 중생들이 있어도 모두 다 제도할 것이며, 내 안에 아무리 많은 번뇌가 들끓어도 모두 끊어내고, 아무리 부처님 법문이 많아도 다 공부하겠으며, 아무리 부처님의 가르침이 높고 높아 닿을 수 없을 것처럼 느껴져도 반드시 이루고야 말겠다고 서원한다. 이처럼 서원을 세우는 것은 어디로 가겠다는 방향을 정하는 것이다. 이것이 없으면 아무리 복을 짓고 수행을 하고 공덕을 쌓고 참회를 해도 올바른 방향, 즉 열반이라는 목적지에 도착하지 못한다.

미얀마 사원에서 금박을 붙여 뚱뚱해진 부처님을 보면서, 무덤덤하게 참배하는 미얀마 불자들을 보면서 그들의 마음속에는 이러한 서원이 일상화되어 있음을 느꼈다. 미얀마 불자들이 금박공양을 올리는 것은 공덕을 쌓기 위해서인데, 그 공덕은 나 자신이나 내 가족만을 위한 발원이 아니라 모든 중생이 다 성불하기를 바라는 서원을 향해 있었다. 종교가 도덕이고 윤리이고 문화이고 일상생활인 미얀마. 그렇기에 오히려 그곳의 불자들은 이방인이 보기에 무심하고 무던하게 보였다. 우리처럼 내 욕심에 애가 닳아서 안달복달 기도하는 모습과는 너무나 달랐다.

지금 우리에게는 간절한 신앙도 좋지만, 부처님의 가르침 특히 오계를 일상에서 지키려고 노력하는 일이 더 중요하다. 우리 증심사 신도님들께 미얀마 성지순례의 경험담을 말씀드리고 싶은 건 좋은 여행했다고 자랑하려는 게 아니다. 미얀마 불자들과 나는 어떤 점이 통하고 어떤 점이 다른가를 한 번 곰

곰이 생각해 보며 각자의 신행생활의 방향을 점검하시게 되길
간절히 기원한다. ♥

자비심은 뜨거운 사랑이 아니라
차가운 배려이다. 정확하게 말하자면
자비심은 배려를 포함한다.
부처님은 안온하고 평온한 열반을 향해
흔들리지 말고 무소처럼 바람처럼
살라고 하셨다.
옆 사람을 밀치고 뒷사람을 방해하며
앞만 보고 달려가라는 말씀이 아니었다.
내 길을 갈 때는 배려를 가득 담은
봇짐을 빠뜨리지 말아야 한다.

요리가 맛이
없다고
재료를 탓하랴

며칠 전 일이다. 증심사 경내에서 마주친 한 스님이 다짜고짜 나에게 화를 냈다. 법당에서 기도하고 있는데 재가자들이 와서 못하게 막았다는 것이다. 자초지종을 몰랐던 나는 너무나 당황스러웠다. 객승이라 하더라도 법당에서 기도하는 스님을 증심사 종무원들이 아무 이유 없이 막아서지는 않았을 텐데, 그 스님이 너무나 당당하게 화를 내는 바람에 순간 어떻게 반응해야 하는지 판단이 서지 않았다. 내가 머뭇거리는 사이에 그 스님은 같은 얘기를 반복하며 점점 더 강하게 항의했다.

"세상천지에 스님이 법당에서 기도하는 걸 막는다는 게 말이 됩니까?"

"죄송합니다. 잘못했습니다."

죄송하다는 말을 서너 번 반복하다 보니 슬슬 마음속에서 짜증이 일어났다. 한마디 쏘아줄까, 생각도 들었지만 괜히 시비 붙어봐야 더 피곤해질 것 같았다. 내가 잘못한 것도 아니고, 그렇다고 무조건 그 스님의 말을 믿고 종무원을 질책할 수도 없는 노릇이었다. 한 번 더 죄송하다고 사과하고 나서야 그 자리를 피할 수 있었다.

종무원들은 그들대로 고충이 있었다. 두 명의 신도와 함께 증심사에 참배 온 스님이 사시예불에 참석한 후, 예불이 끝난 뒤부터 법당에서 목탁을 치며 기도를 했다는 것이다. 그래서 "사중에 말도 없이 이러시면 안 됩니다."라고 정중하게 말씀드렸다고 한다.

절에서 목탁을 치거나 대종을 울리는 일은 정해진 시간이 있다. 큰 절에서는 목탁이나 사물의식을 연습할 때면 절 밖 산속에 가서 한다. 정해진 규칙대로 생활하는 대중스님들의 일과를 혹여나 방해할까 조심하는 것이다. 그러니까 엄밀히 말하면 그 스님은 대중생활을 잘 모르는 스님이었고, 종무원 입장에서는 사중 생활을 방해하는 스님을 당연히 제지해야 했다.

잠시나마 증심사 경내를 들었다 놓았던 이 소란은 스님 일행이 떠나고 나서야 끝이 났다. 그렇지만 내 마음속을 헤집었던 회오리가 남긴 어수선한 흔적들은 쉽사리 사라지지 않았다. 방에 앉아 마음을 가라앉히고 경전을 들었다. 이런 때는 아무 경전이나 손이 가는 대로 펼쳐서 읽는 것이 특효약이다. 이번에도 톡톡히 효과를 봤다. 부처님 당시에도 비슷한 사건이 있었으니, 내 마음도 자연스럽게 위안을 받았다.

부처님의 사촌인 비구가 있었다. 왕족으로서 호화로운 생활을 누리다 느지막한 나이에 출가했다. 하지만 왕족의 습을 버리지 못하고, 고급스러운 승복을 입고 거만하게 행동했다. 사람들은 그를 '뚱보 비구'라 불렀다.

뚱보 비구가 갓 출가하였을 때의 일이다. 한 무리의 비구들이 법당에 들어왔다. 부처님을 친견하려고 멀리에서 온 고참 비구들이었다. 그들은 법당 한가운데에 앉아 있는 한 비구에게 절을 올리고 발을 닦아드리는 등 예의를 갖추었다. 값진 승복을 입고 폼을 잡고 앉아 있는 나이 많은 비구이니 분명 큰스님이라 생각했던 것이다. 나중에야 그가 한 번도 안거를 지내지 않은 비구라는 것을 알게 되었다. 우리로 치면 갓 행자를 지낸

신참 비구, 바로 뚱보 비구였던 것이다.

"예를 갖춰 사과하시오."

벌써 수십 안거를 지낸 고참 비구들이 화를 내는 것은 당연했다. 하지만 뚱보 비구는 사과는커녕 부처님께 달려가 울면서 고자질했다.

"저 비구들이 법당에 들어와 나를 모욕했습니다."

부처님이 뚱보 비구에게 물으셨다.

"너는 고참 비구들이 왔을 때 발을 닦아 주었느냐?"

"아닙니다."

"너는 고참 비구들이 왔을 때 옆으로 비켜서 자리를 만들어 주었느냐?"

"아닙니다."

"그렇다면 네가 잘못한 것이다."

이쯤에서 참회할 만도 한데, 뚱보 비구는 더 억지를 부렸다. 외지에서 온 비구들이 왕족인 나의 자존심을 건드렸다는 것이다. 고참 비구들은 연속해서 벌어지는 황당한 상황을 지켜볼 수밖에 없었다.

그들의 감정에 점점 동화되던 나는 이 순간 피식 웃음이 났다. 화를 낸들 상황은 달라지지 않을 것이고, 상대방이 억지를 그만두지도 않을 것이다. 오히려 더 큰 분쟁이 벌어질 수도 있다.

'그가 내게 욕을 하고 나를 때리고

나를 패배시키고 내 물건을 훔쳤다.'
이렇게 앙심을 품는다면
그 원한은 고요해지지 않으리라.

'그가 내게 욕을 하고 나를 때리고
나를 패배시키고 내 물건을 훔쳤다.'
이런 생각을 품지 않으면
그 원한은 고요해지리라.

_《법구경》3, 4게송

부처님의 게송은 늘 체한 속을 풀어주는 바늘처럼 정곡을 찌른다. 그렇다. 상대방이 막무가내로 고집 피울 때 그의 생각과 행동을 바꿀 수는 없지만, 내 생각은 바꿀 수 있다. "너 때문에 내가 괴롭다. 나는 네가 밉다."는 생각을 없애면 된다. 돌멩이를 던졌으니 마음이 출렁였던 것이지, 애당초 내 마음은 고요했으므로 돌멩이 자체를 마음에서 삭제하면 되는 이치다. 아마도 고참 비구들 역시 나와 같은 고요를 얻지 않았을까.

그런데 문제가 하나 남는다. 내 마음을 내 마음대로 할 수 없다는 점이다. 미운 사람은 뭘 해도 밉다. 그가 가만히 있어도, 말을 해도, 눈만 끔뻑여도 "저 인간, 보기도 싫다."는 증오의 마음이 일어난다. 어쩔 수 없는 중생심이다. 이것이 원망怨望이고, 원망이 강해지면 원한怨恨이 맺히고, 원한이 사무치면 저주咀呪를 품게 된다.

한자를 파자破字해 보자. '원怨'은 세 개의 글자로 나눌 수 있다. '저녁 석夕'자와 '사람 인人'을 합쳐 '누워 뒹굴다'는 뜻의 원夗이 되고, 그 아래에 '마음 심心'자를 써서 '원망, 원한'의 뜻을 가진 '怨'이 되었다. 정리하자면, 저녁에 누워서 이리 뒹굴 저리 뒹굴 할 때의 마음이 원망하는 마음, 원한을 품은 마음이라는 것이다. 왜 그럴까. 오늘 할 일도 다 마쳤고 저녁도 되었으니 방 안에 누워 편안히 잠을 청하지만, 잠이 안 오는 상황을 상상해보자. 이리저리 뒤척이다 갑자기 화가 머리끝까지 치밀어 올라 벌떡 일어난다. 낮에 나한테 못되게 굴었던 사람이 생각난 것이다. "그 인간 땜에 잠을 잘 수가 없네!" 이때의 마음을 표현한 한자가 바로 '원怨'이다.

'원怨'이 미움과 증오를 품은 글자라면, '한恨'은 미움과 증오가 한층 더 응어리진 마음을 나타낸 글자이다. '마음 심(忄=心)'과 '어긋날 간艮'을 합쳐 만든 '恨'의 속뜻은 어긋나서 괴로운 마음이다. 그럼 무엇이 어긋난 것인가? 내 생각과 저 인간의 행동이 저만치 어긋났다. 그러니 원망이 두 배 세 배가 되어 원한으로 증폭한다.

원망이 응어리져 원한이 되면, 그다음은 더 적극적으로 대응할 수밖에 없다. "저 인간, 잘되는 꼴은 못 보겠다. 저놈, 하는 일마다 실패했으면 좋겠다." 이렇게 잘못되기를 바라는 기도는 저주咀呪이다. 여기까지 생각이 미치자 오싹한 기분이 든다.

다시 뚱보 비구가 생각난다. 그는 전생에도 수행자였지만

245

역시 막무가내였다고 한다. 유행을 하다가 우연히 자신과 같은 장소에 묵게 된 '나라다'라는 수행자와 한밤중에 다투게 되었다. 자고 있는데 나라다가 머리를 밟은 것이다. 그것도 두 번이나. 화가 난 그는 나라다에게 저주를 퍼부었다. "내일 동틀 때, 당신의 머리가 일곱 조각으로 갈라질 것이다."

저주를 받은 나라다는 억울하고 화가 났다. 일부러 밟은 것도 아니고, 화장실에 가려다가 실수로 밟은 건데 너무 심한 저주였다. 잠들기 전에 확인했을 때는 분명히 방 안쪽에 누워 있더니 어느샌가 문 앞에서 잠을 잔 건 그였다. 게다가 화장실에서 돌아올 때는 같은 실수를 반복하지 않으려고 다른 방향으로 들어왔는데, 하필이면 그가 다시 방향을 바꿔 누웠기 때문에 어쩔 수 없이 또 밟게 된 것이었다. 미안하다고 몇 번이고 진심으로 사과를 했는데도 소용이 없었다. 결국 나라다도 저주를 내렸다. "내일 동틀 때, 죄 있는 사람의 머리가 일곱 조각으로 갈라질 것이다."

하지만 나라다는 그의 머리가 부서질 것을 미리 알았다. 곧바로 측은한 마음이 생겨, 다음 날 해가 떠오르지 않도록 신통력을 부렸다. 그러자 온 나라의 사람들이 겁에 질려 왕궁으로 몰려왔다. 왕은 이 재앙의 원인을 알아내곤 두 수행자를 불러 서로 저주를 풀도록 했다. 사람들을 위해서는 해가 다시 떠올라야 하고, 그렇게 되면 그의 머리가 부서져 죽게 되는데도 그는 절대로 사과하지 않겠다고 버텼다. 미움과 증오에 휩싸이면 어리석은 고집을 부리게 되는 건 어쩔 수 없는가 보다. 아무

튼 뚱보 비구의 전생 이야기는 해피엔딩이다. 나라다 수행자가 다시 해를 떠오르게 하면서, 그의 머리 대신 진흙 덩어리가 일곱 조각이 나도록 묘안을 냈기 때문이다.

부처님은 뚱보 비구의 전생 이야기를 들려주시고는, 고참 비구들에게 "조금이라도 원망하는 마음을 갖지 말라."고 당부하셨다. 뚱보 비구가 부처님의 사촌이어서 또는 왕족이어서가 아니다. 잘못한 사람에게 오히려 애정을 갖고 용서해 주면, 그에게 품었던 원망과 원한이 사라지기 때문이었다.

그렇다면 우리 중생들은 어떨까. 현실에서도 이 말씀을 실천할 수 있을까.

낭만적인 연애를 하다 결혼한 부부가 있다. 연애할 때는 그녀를 위해 멋진 이벤트도 열고, 깜짝 선물도 주던 '그'였다. 그런데 '남편'이 된 '그'는 그녀가 알던 '그'가 아니었다. '남편'은 노름에 투기에 돈을 펑펑 써대는 걸 아무렇지 않게 일삼았다. 아내의 잔소리가 없었다면 일찌감치 집안 살림은 거덜이 났을 것이다. 그렇게 30년을 살다 보니, 속에서 쓴 물이 올라오고 '남편'은 꼴도 보기 싫은 '웬수'가 되었다. 책임감 없이 제멋대로 사는 남편에게 원망이 쌓였다. 내 머릿속에서 지어낸 얘기이지만, 아내 입장에서는 아찔한 현실이다. 아내는 이 현실을 어떻게 벗어날 수 있을까. 내가 내린 처방전은 이렇다.

"네 맘대로 살아도 좋다. 대신, 생활비 통장은 건드리지 마라. 만약 건드린다면, 그날로 남남이다. 잘 가시라."

화내고 소리치고 얼굴 붉힐 필요가 없다. 쿨 하게 도로 남으로 돌아가면 된다. 아내가 남편에게 화가 나는 이유는 남편이 내가 원하는 대로 행동하지 않기 때문이었다. 남편을 남이라 생각하는 순간, 남편의 인생에 관여할 이유도 권한도 없어진다. 나도 나를 맘대로 못하는데, 남에게 내 생각대로 행동하라고 간섭할 수 있겠는가.

그런데 '남'이라고 해서 모두 '남'이 아니다. '남'에도 두 종류가 있다. 하나는 진짜 남이다. 말 그대로 남이기 때문에 관여하려야 관여할 수 없고, 간섭할 마음도 생기지 않는다. 다른 하나는 남이긴 한데 남이 아니라고 생각하는 남이다. 가족, 친한 친구, 가족 같은 직장동료 등으로 불리는 사람들 말이다. 이들에게는 '이래라저래라' 오지랖을 떨고, '이렇다 저렇다'며 간섭한다. 그러다 보면 서로 짜증 나고 화가 나고 마음에 미움이 쌓이는 것이다. 그러면서 '애정'이라고 착각한다.

세상에서 제일 힘든 일이 있다. 바로 남의 인생에다 대고 이래라저래라하는 것이다. 이건 부처님도 못 하는 일이다. 부처님은 그 누구에게도 "너는 이 길로 가라." 지시하지 않으셨다. 다만 길을 제시하실 뿐이다. 그러니까 부처님 흉내를 내 보자면 이렇게 하면 된다.

"네 앞에는 여러 갈래의 길이 있다. 그런데 내가 살아보니까 이 길이 가장 행복한 길이다. 하지만 네가 이 길로 가든 안 가든, 그것은 너의 선택이다."

당연히 '나'는 아니지만 그렇다고 '나'와 아무런 상관없는 '남'도 아닌 그런 관계, "우리가 남이가!"라는 모호한 표현으로 드러나는 관계. 우리 주변에서 일상을 함께하는 사람들과의 관계는 대개 여기에 속하고, 우리가 경험하는 대부분의 번뇌는 마음속 감정과 마음 밖의 일을 구분하지 못하는 데서 생긴다. 앞서 인용한 부처님의 게송이 시사하는 바 역시 이것이다. 원망하고 원한을 품고 심지어 저주까지 퍼붓는 마음도 결국은 나의 감정임을 알아야 한다. 비록 '남'이 내게 원인을 제공했을지라도 그것들을 재료 삼아 어떤 감정을 빚어내는가는 전적으로 나의 몫이다. 같은 재료라도 누가 요리하는가에 따라 전혀 다른 맛이 나고, 같은 사람이 하더라도 레시피가 어떤가에 따라 전혀 다른 음식이 되기도 한다. '남'을 원망하고 '남'에게 원한을 품는 것은 마치 요리가 맛이 없다고 재료만 탓하는 것과 같다.

며칠 전 경내에서의 당황스러운 사건은 처음에는 나를 화나게 했고, 뚱보 비구의 막무가내 행동에서 오히려 마음의 고요를 얻는 특효약을 얻었으며, 원망과 원한과 저주의 섬뜩한 증폭 과정도 사유할 기회가 되었다. 중생이라면 누구나 '나'란 멋에 취해 산다. '나'에 취하지 않아야 비로소 '나'도 '남'도 제대로 보이는 법이다. ♥

_ 2019년 9월 29일 초하루 법회

나의 욕망
사용설명서

용한 점쟁이가 말했다. "올여름에 물에 빠져 죽을 상이니 절대 물가에 가지 마시오." 정초부터 재수 없다 생각했지만 점점 여름이 다가오면서 슬슬 걱정이 된다. 바다, 강, 계곡은 물론이고 집 밖으로 나가지 않았다. 그런데 이 사람, 놀랍게도 그해 여름에 물에 빠져 죽었다. 방 안에서 세숫대야에 코를 빠뜨린 것이다. 한 번쯤은 들어봤음 직한 우스갯소리 중 하나다. 이 이야기처럼 우리 운명은 정해져 있는가? 노력해도 바꿀 수 없는 것인가? 운명이 정해져 있는데 열심히 살 필요가 있는가? 생각이 꼬리를 물고 이어진다.

운명이 있다면 어떨까. 미래가 이미 결정돼 있다면 나는 미래를 알려고 점쟁이를 찾아가지 않아도 된다. 내가 알든 모르든 이미 정해진 운명이라면 굳이 알 필요가 없다. 만약 운명을 바꿀 수 있다면 그건 결정된 미래가 아니다. 그러므로 운명이 운명이 아니게 된다. 결정된 미래는 어떤 노력으로도 바꿀 수 없어야 한다.

운명이 없다면 어떨까. 결정된 미래가 없다면 시간의 선후 관계에 아무런 연관 관계가 없게 된다. 모든 일은 우연히 발생하게 되니, 미래를 알 수도 없다. 이런 경우에는 이 세상을 만들었다는 신도 미래를 알지 못한다. 안다면 운명이 결정되었다는 것이니까 전제 자체가 모순이 된다. 신은 모든 것을 다 알고 무엇이든 할 수 있어야 하는데 미래를 모른다면 전지전능하지 않은 신이다. 미래를 모르면 전지하지 않은 것이고, 자신이 만든 세상에 모순이 있다면 전능하지 않은 것이다. 그런 신을 누가 믿고 따르겠는가.

논리적으로 결론을 내리자면, 운명이 결정되어 있든 결정되지 않았든 우리는 미래를 알 수도 없고 알 필요가 없다. 그러면 불자들이 의문을 가질 것이다.

"원인이 있으면 반드시 결과가 있습니다. 인因과 연緣이 있고, 업業이 있으면 과보果報가 있습니다. 이것은 미래가 정해져 있는 운명론과 같은 것 아닌가요?"

착한 업을 지으면 좋은 과보를 받고 나쁜 업을 지으면 괴로운 과보를 받는 것은 과거나 현재의 업이 현재나 미래의 과보를 결정짓는다는 의미이다. 좋은 과보이든 괴로운 과보이든 지은 업에 따라 받는 과보가 결정돼 있으니 운명론 혹은 숙명론의 입장과 같다고 볼 수 있다.

하지만 부처님이 말씀하신 인연설은 중중무진법계重重無盡法界에서 발생하는 것이다. 인연의 고리가 그물망처럼 너무나 촘촘하다. 원인이 있으면 반드시 결과가 일어나지만, 우리는 그것이 몇 날 몇 시에 어떤 형태로 발생한다고 정확하게 알 수는 없다. 인연의 고리가 너무나 복잡하기 때문이다. 인과 연의 연관 관계가 너무나 촘촘하기 때문에 우리 능력으로는 그 상관관계를 바로 알아차리지 못한다. 이런 이유로 우연히 발생한 것처럼 보이는 수많은 과보들이 있는 것이다.

이로써 사람들은 운명에 대해 알 수도 없고 알 필요도 없다는 것이 논리적으로 논증되었다. 그럼에도 사람들은 운명이 정해져 있다고 믿으며 운명을 찾는다. 사람들이 알고 싶어 하는 운명은 '여름이 가면 가을이 올 것이다.'와 같은 것이 아니다. '내일 오후 3시에 스타벅스 종로점에서 홍길동이 카페라떼를 시킬 것이다.'라는 예측도 아니다. 이런 것들은 누구나 아는 사실이거나 나와 아무런 관련이 없는 미래이기 때문이다. 사람들은 내 삶에 영향을 주지 않는 이런 미래에는 관심을 두지 않는다.

그럼 이건 어떤가. '내일 저녁에 나는 사형스님들과 저녁을 먹을 것이다.' 이것 역시 내가 점쟁이를 찾아가면서까지 알고 싶은 미래가 아니다. 왜냐하면 이미 나는 사형스님들과 약속을 했고, 이 약속은 내가 통제할 수 있는 것이기 때문이다. 나와 관련이 있더라도 통제 가능한 가까운 미래의 일을 운명이라 하지 않는다.

사람들이 알고 싶어 하는 미래의 운명이란 이런 것이다. "나는 내일 내가 짝사랑하는 남자와 저녁 식사를 함께한다." 내일 저녁 식사를 하는 것은 같지만, 나와 이 여성의 상황은 완전히 다르다. 나는 잘 아는 사형들과 약속한 것이고, 이 여성은 말 한 번 나누지 못한 짝사랑하는 남자와 저녁 식사를 함께하고 싶다는 희망을 가진 것이다. 이 여성이 희망하는 미래는 자신의 통제 범위를 벗어나 있다. 그래서 점쟁이를 찾아가게 된다. "내일 그와 저녁 식사를 함께할 수 있을까요?" "그와 잘 될 수 있을까요?"

비슷한 예가 또 있다. "내 딸이 시험에 붙을까 떨어질까?" "군대 간 아들이 건강하게 제대할 수 있을까?" 모두가 나와 관련이 있지만 나의 통제를 벗어나 있는 사안들이다. 이런 미래를 궁금해 하는 것은 어떻게든 나의 통제 범위 안에 내가 원하는 미래가 들어오게 하려는 마음 때문이다. 한마디로 욕심이다. 운명을 찾을 필요도 없고 찾을 수도 없음에도 불구하고 사람들이 결정된 미래를 갈구하는 이유는 나의 욕망과 현실 사이에 큰 간격이 있어서이다. 다시 말하면 내가 할 수 있는 정도와 내가 원하는 미래의 차이가 크기 때문이다. 그 간극을 메우고 싶은 마음 때문에 내가 원하는 대로 결정된 미래를 갈구하게 된다.

만약 신뢰할 수 있는 사람이 내가 원하는 미래를 보장해 준다면, 내 능력 밖의 일이라도 미래에는 반드시 그렇게 될 것이라고 믿게 된다. 그래서 사람들은 가까운 미래에 대한 운명론적, 결정론적인 생각을 하는 것이다. 그것 자체를 나쁘다고 볼 수는 없다. 본질은 이러한 생각이 우리의 욕망, 욕심에서 비롯되었다는 점이다.

우리가 사는 이 세상은 욕계欲界이다. 욕심이 지배하는 세상이고 욕망이 없고 무기력에 빠진 사람은 생존할 수 없는 세상이다. 욕심이 우리 삶의 동력인 세상이다. 다만 '욕심' 그 자체와 욕심대로 했을 때의 '보상'은 구분되어야 한다. 성욕을 예로 들어보자. 인간은 성교하지 않으면 종족 유지를 하지 못해 멸종할 것이다. 그 성욕에 대한 보상이 성적 쾌락이다. 성욕이 종족 유지에 너무나 중요하므로 거기에 따르는 큰 보상을 만든 것이다. 그러나 성적 쾌락에만 매달리면 문제가 생긴다. 반대

254

로 성욕까지 금기시하고 배척하는 것 역시 문제가 있다.

어쨌든 욕망은 욕계 사람들이 살아가는 데 중요한 부분이다. 이를 부정해서는 안 된다. 우리가 운명에 대해 갈구하는 것도 우리 안에 있는 욕망이라는 삶의 동력 때문이다. 다만 욕망과 욕망에 따른 보상을 구분하는 지혜를 가져야 하듯이, 욕망과 미래에 대한 근거 없는 운명적 믿음을 구별하여야 한다. 그래서 근거 없는 믿음, 운명에 대한 믿음을 미래에 대한 비전과 전망으로 바꿔야 한다. 욕망을 의지로 바꾸는 것이 중요하다.

사업을 새로 시작한 사람이 있다. 어떻게든 사업을 성공시키고 자리를 잡고 싶은 것이 그의 욕심이다. 이런 마음이 없으면 장사든 사업이든 할 수 없다. 만약 사업이 술술 잘 풀릴 것이라는 점쟁이의 말만 믿으면서 매일 놀러 다니기만 한다면 사업은 어떻게 될까? 성공하려면 고민하고 연구하고 열심히 노력해야 한다. 사업 성공에 대한 내 안의 욕망이 의지가 될 때 욕망이 실현될 가능성이 커진다.

조직이나 사회 역시 마찬가지이다. 사회를 이끌어가는 집단에서 비전을 제시하여 내부 구성원들이 이를 공유하고 각자가 의지를 불태우면 그 조직은 비전대로 갈 가능성이 커진다. 올해 광복절 경축사에서 문재인 대통령이 평화경제라는 비전을 제시했다. 대한민국이라는 사회를 이끌어가는 사람으로서 이 사회가 어디로 가야 하는가에 대해 비전을 제시한 것이다. 평화경제라는 비전을 공유하고 각 개인이 평화경제를 실현하고자 하는 의지를 불태우면 문재인 대통령의 비전 제시는 성공이다. 집단을 놓고 보자면 비전을 제시하는 것이 운명을 믿는 것보다 더 현실적이라는 말이다.

가정에서도 비전을 제시하는 것은 매우 중요하다. 절에 오시는 많은 신도님들 중 절대 다수가 자식 걱정에서 헤어나질 못한다. 부모가 자식을 걱정하는 것이 문제라고 지적하려는 게 아니다. 다만 부모가 자식을 어떻게 대해야 하는가에 대해 다른 각도로 생각해 보자고 하고 싶다. 내가 생각하는 이상적인 부모는 자식에게 비전과 전망을 제시할 수 있어야 한다. 자식의 앞날을 위해 부모로서 같이 노력할 수는 있지만, 부모가 자식의 미래를 책임질 수는 없다. 그런데 이 사실을 너무 많은 분들이 외면하고 있다.

내가 자식의 미래를 만들 수 있다고 생각하고, 만들어야 한다고 생각하고, 책임져야 한다고 생각하니까 자식을 달달 볶는다. 자식이 무엇을 원하고 원하는 바를 실현하기 위해서는 어떻게 해야 하는지를 잘 알 수 있도록 옆에서 도와주는 것이 부모의 역할이고, 실제로 노력하는 것은 본인의 몫이다. 내 자식이니까 내 뜻대로 되어야 한다는 생각, 내 자식이니까 내가 책임져야 한다는 생각을 버려야 한다. 만약 아직도 이런 생각을 갖고 있는 부모라면, 그건 소유이고 집착일 뿐 부모의 사랑이 아니다. ♥

_ 2019년 8월 18일 일요 법회

의지가
있다면
부적은
희망이 된다

#증심사 정초 복돈 세트
#소원과 희망
#불공은 부처님께 공을 들이는 것
#꾸준히, 열심히, 제대로
#발심수행장
#희망은 힘을 준다

내가 처음 주지 소임을 맡은 절은 한적한 시골에 있었다. 약간의 설렘과 부담을 안고 절에 첫발을 들였을 때는 정초 입재를 얼마 앞둔 때였다. 첫 법회 날부터 나는 생각지도 못한 상황에 직면하고 적잖이 당황했다. 법회가 끝나고 나서 어르신들이 내게 부적을 써 달라고 한 것이다. '부적이라니. 스님과 무당을 구분하지 못하는 걸까?' 하지만 곧 마음을 고쳐먹었다. '어르신들의 요청을 거절해서는 안 되겠다.' 여기저기 수소문을 해서 부적을 준비해 놓고 부적을 요청하는 분들에게 한 장씩 나누어 드렸다. 그렇지만 마음이 불편한 건 어쩔 수 없었다. '부적은 미신인데, 부처님 도량에서 지금 내가 뭘 하는 거지?'

그 절에서 몇 년 동안의 주지 소임을 마치고 증심사에 왔더니, 또 낯선 상황을 만났다. 내게 부적을 달라는 신도님들이 한 분도 없었던 것이다. 당연한 일인데 왠지 허전했다. 증심사에서의 첫 새해를 맞이할 즈음, 나는 증심사에 오시는 분들에게 뭔가 의미 있는 새해 선물을 드리고 싶었다. 고민하다 복돈을 마련했다. 5천 원. 그리고 누가 봐도 부적인 듯 부적 아닌 부적 같은 작은 부적 프린트 한 장. 나름대로 정성껏 준비한 '정초 복돈 세트'는 신도님들에게 꽤 인기가 높았다. 정초의 세찬 추위도 무등산 중턱까지 복돈 세트를 받으러 오시는 신도님들을 막지 못했다. 복돈 세트를 받고 즐거워하시는 신도님들을 보며 이런 생각이 들었다. '새해에 스님에게 받는 복돈이라 신도님들에게 의미가 있는 거구나. 컴퓨터에서 프린트한 것이라도 정초에 받는 소원성취 부적은 희망이구나.'

새해가 되면 사람들은 소원을 빌고, 올 한 해를 잘살아 보겠다는 희망을 품는다. 그럼 소원과 희망의 차이는 뭘까? 나는 '희망은 소원의 곱빼기'라고 생각한다. 왜냐하면, 소원은 '바 소所'와 '원할 원願'이고, 희망은 '바랄 희希'와 '바랄 망望'이다. 희망은 '바라고 또 바라는' 것이니, 바란다는 말이 하나인 소원보다 두 배로 강렬한 것이 당연하지 않은가.

소원은 내가 바라는 것, 즉 내가 무엇을 하고 싶다는 것이다. 예를 들어 '오늘 저녁에 탕수육을 먹고 싶다', 이런 게 소원이다. 그런데 희망은 바라고 또 바라기 때문에 그 안에 힘이 생긴다. "너는 우리 집안의 희망이야." 이 말 안에는 "너는 우리 집안의 유일한 버팀목이다. 그러니 출세해서 집안을 일으켜야 한다."는 의미가 담겨 있다. 바라는 바가 응축되어 힘이 생기는 것이 희망이므로, 희망은 우리에게 힘을 준다.

그러면 소원은 어떨까. 소원이라는 말은 '무언가를 원한다'는 내용을 전제한다. 인간은 근본적으로 '행복'을 원한다. 행복을 추구하는 것이 모든 소원의 근본이지만 깨닫지 않으면 완전한 행복을 얻을 수 없다.

우리 불자들은 소원성취를 바라는 기도를 한다. 바라는 것이 이루어지기를 비는 기도의 본래 의미는 '공을 들이는 것'이다. 이른 새벽에 맑은 우물물을 길어와 정성을 다해 기도하는 할머니를 떠올려 보라. 할머니는 공을 들여 열심히 비는 행위의 결과로 소원성취를 기대한다. 그러므로 기도는 아무 노력 없이 받을 수 있는 부적과는 근본적인 차이가 있다.

불공佛供도 비슷하다. 불공은 '부처님께 공을 들이는 것'이다. 그런데 불자는 정화수를 긷는 대신 법당에 와 기도한다. 불자들에게 기도는 소원성취를 바라며 정근하는 수행이다. 어쨌든 기도라는 수행도 '열심히, 정성껏'이 기본이다.

그러면, 바라는 것이 무엇이든 열심히 기도만 하면 소원을 성취할 수 있을까? 아니다. 제대로 해야 한다. 부지런히 기도했지만 헛수고, 헛고생일 경우도 있다. 목적지는 동쪽인데 서쪽으로 달려가고, 밥을 짓는다면서 모래를 삶는 기도를 한다면, 당연히 '헛'기도 아닌가. 원효 스님이 〈발심수행장〉에서 당부하신 말씀이다.

부지런히 수행하더라도 지혜가 없는 자는
동쪽 방향으로 가고자 하면서
서쪽을 향해 나가는 것과 같다.
지혜가 있는 사람의 수행은
쌀로 밥을 짓는 것과 같으며
지혜가 없는 사람의 수행은
모래로 밥을 짓는 것과 같다.

雖有勤行 無智慧者
欲往東方 而向西行
有智人所行 蒸米作飯
無智人所行 蒸沙作飯

좀 더 현실적인 소원을 생각해 보자. 서울대에 입학하고 싶은 고3 수험생, 공무원 시험을 앞둔 공시생, 또는 올림픽에 출전하는 운동선수. 이들이 열심히 법당에서 기도만 하면 소원을 성취할 수 있을까? 아니다. 어떤 사람은 이렇게 조언하겠지. "합격하고 싶으면 기도할 시간에 공부해. 금메달 따고 싶으면 1분 1초라도 더 연습해." 맞는 말이다. 러시아의 대문호인 막심 고리키는 "대지의 인간에게 필요한 것은 기도가 아니라 노동이다."라고 했다. 백날 기도해봤자 땅에서는 아무것도 나오지 않기 때문이다. 기도를 하는 것도 중요하지만, 실제로 소원성취에 필요한 생산적인 노동을 게을리 해서는 안 된다.

게다가 공정경쟁이 가능한 환경이 아니라면, 능력과 노력을 구족해도 소원성취에 실패할 가능성이 크다. 오죽하면 기울어진 운동장이라는 말이 나왔을까. 노력한 만큼 결과가 보장되지 않는 경우가 많아지면서, 100을 노력해 100을 얻으면 그나마 다행이고 50, 30, 10의 결과를 얻는 예도 있으니 말이다. 아이러니하게도 이런 상황이기 때문에 사람들이 부적을 찾는 게 아닐까. 100을 노력하면 항상 100의 결과를 얻는 세상이라면, 아무도 부적 같은 것을 찾지 않을 것이다. 사람들은 노력하면 원하는 결과를 얻을 수 있다는 확실한 무언가를 찾게 되고, 그중 하나가 부적이고 기도인 것이다.

부적이 열심히 노력하지 않고, 혹은 공을 들이지 않고 원하는 바를 얻으려는 이기적인 마음의 산물이기만 한 것은 아니다. 생각을 바꿔보자. 인간에게는 마음속에 있는 생각을 밖으로 형상화하는 능력이 있다. 힘들 때 지갑 안에 넣어둔 가족사진을 보면 힘이 생긴다. '그래, 우리 가족을 위해서 이깟 어려움쯤은 너끈히 이겨내야지.' 나의 소원은 가족의 행복이고 이 소원을 형상화한 것이 가족사진이므로, 가족사진을 보면 우리 가족을 내가 어떻게든 행복하게 해 주고 싶다는 마음이 생기기 때문에 다시 힘을 내는 것이다.

그럼 인간은 왜 소원이나 희망을 형상화할까? 마음은 잠시도 가만히 있지 않아서이다. 사람의 마음은 수시로 변한다. 희망도 마찬가지다. 크고 강렬했던 희망이 사그라들거나 내용이 바뀌기도 한다. 그래서 내 마음속 희망을 마음 밖에 형상화해 놓는 것이다. 내 마음속 희망이 이런저런 이유로 희미해지고 사라졌을 때 내 마음 밖에 만들어놓은 희망을 보고 다시 힘을 낼 수 있다. 희망은 힘을 준다. 그러므로 희망을 형상으로 표현한 '부적은 희망이다'.

소원이 강하면 희망이 되고, 희망이 강하면 힘이 생긴다. 힘이 생기면 그것을 이루어내겠다는 의지가 생긴다. 의지가 강해지면 누가 하지 말라고 말려도 아무리 어려운 상황에 부닥치더라도 반드시 해내려 노력한다. 다시 말하면, 소원을 이루려면 의지를 갖고 실행해야 한다. 감이 떨어질 때까지 감나무 아래에 입 벌리고 누워있어서는 감을 먹을 수 없다. 감을 따야 감을 먹을 수 있다. 그렇다고 무작정 나무에 올라가 감을 따려 한다면 낭패를 볼 수도 있다. 현명하게 도구를 이용하고 때로는 주변 사람들과 힘을 합쳐야 한다.

공들이는 마음으로 기도하는 것은 무작정 감나무에 올라가는 것과 같다. 기도는 무작정 하는 것이 아니다. 수행하는 마음으로 해야 한다. 소원 성취를 하고 싶은가? 희망을 품고 의지를 세워서 올바른 생각으로 실천하라. 이것이 진정한 소원 성취의 길이다. ♥

__ 2019년 2월 13일 정초 및 삼재기도 회향 법회

불교는 '항상 나와 함께 있는 이것'을
염두에 두고 살라고 한다.
바로 '죽음'이다.
지금 여기에서 법문을 잘 듣고 있다가도
내일은 어떻게 될지 모르는 것이
사람의 일이다.
내일 당장 죽을지도 모르니까
지금 이 순간에 하고 싶은 것을 맘대로
하라는 말이 아니다.
죽음을 염두에 두라는 말은 '나라는 것이
영원한 존재가 아님'을 알라는 말이다.

나의 직업이
누군가를
살리는
일이라면

#직업이란
#청춘과 노년에 대한 단상
#혼자 사는 게 아니야
#보이지 않는 연결망
#그만두는 것도 너의 자유

얼마 전, 이십 대 중반의 청년들이 찾아왔다. 한 명은 대학 졸업을 앞두고 있었고, 한 명은 고등학교 졸업 후 회계사 사무실에 다니는 직장인이었다. 그들에게 따뜻한 차를 권하며 이런저런 얘기를 나누었다.

"직장 생활은 어떻습니까?"

"그냥 그렇습니다. 일이 싫은 건 아니지만 딱히 재미가 있는 것도 아니고요."

특성화 고등학교, 그러니까 옛날 말로 상고를 졸업하고 안정된 직장에 취업했으니, 요즘처럼 취업난에 고통받는 청년들에 비해 어느 정도 만족스러운 삶을 누리고 있을 거라 생각했다. 그런데 그의 대답은 나의 안일한 생각에 강펀치를 날렸다.

"아직 20대잖아요. 뭔가 도전의식을 갖고 성취감을 느낄 수 있는 일을 하고 싶습니다."

월급으로 환산되는 나의 노동력과 경험치는 직장에서의 역할에 의해 좌우된다. 그런데 이 청년은 직장생활에서 도전의식, 성취감을 기대하고 있었다. 이것들이 그에게는 남들 눈에 번듯한 직장인이라는 위치보다 더 중요한 가치였다.

흔히 직업이라고 하면 돈과 직장을 연상한다. 돈을 벌기 위해 직장에 다니고, 먹고살기 위해 돈을 벌고 일을 한다. 틀린 말이 아니다. 그런데 가만히 생각해 보면 모두가 그렇지는 않다. 제과점을 예로 들어보자. 제과점 사장은 새벽부터 빵을 만들어서 돈을 받고 빵을 판다. 하지만 빵을 사는 사람은 제과점 사장을 통해 필요한 빵을 얻는다. 제과점 사장은 나 자신이 아닌 다른 사람을 위해서 열심히 빵을 만들어서 제공하는 것이다. 그뿐만 아니라 고객센터 상담원이라는 직종은 얼굴도 모르는 사람들의 불만 사항을 좋든 싫든 모두 들어주어야 한다. 이런 관점으로 보면 직업은 나를 위한 것이 아니라 남을 위해서 봉사하는 측면이 더 강하다. 모든 직업이 그렇다. 직업이란 동전의 양면과도 같아서, 나와 내 가족의 생계를 담당하는 측면과 남을 위한 봉사의 측면이 공존한다.

직업을 선택할 때 우리는 '내가 뭘 하고 싶은가'를 생각한다. '내가 무슨 일을 해야 남들이 나를 대단한 사람으로 여길까'도 역시 고려 대상 중 하나이지만, 직업이 봉사의 개념이라는 점을 간과해서는 안 된다. 가령 누군가가 온종일 마트 계산대에서 계산을 해 주지 않으면 우리는 물건을 가지고 마트 밖으로 한 발짝도 나갈 수 없다. 청소부가 새벽부터 거리를 청소하지 않으면 이 도시는 하루도 안 되어 쓰레기 천지가 되어버린다. 누군가는 그 지겹고 지저분한 일을 해야 하고, 이 일들은 직업의 일종이다.

물론 세상에서 가장 하고 싶은 일이 청소여서 꼭두새벽에 일어나 취객들이 토해낸 토사물을 치우고 싶어 하는 사람은 없다. 마트 계산대에서 근무하는 것을 평생에 꿈꿔오던 직장이라고 자부심을 느끼는 사람도 없을 것이다. 그러나 이 세상에는 본인이 원하고 원치 않고를 떠나 사회를 유지하려면 해야만 하는 일들이 아주 많다.

자신이 원하는 일이 직업이 된다면 좋겠지만, 이런 경우는 혼치 않다. 그러므로 우리가 직업을 생각할 때는 내가 원하는 것보다 무엇이 내 적성에 맞는지를 먼저 생각하는 것도 중요하다. 꼼꼼하게 정리 정돈하고 챙기는 것이 내 적성에 맞는지, 아니면 몸을 움직이는 것이 맞는지를 본인이 잘 알아야 한다.

두 청년들과의 대화가 진지해졌다. 직업이란 무엇인가에 대한 이야기에서 청춘과 노년에 관한 이야기로 이어졌다.

신이라는 존재는 퍽 공평해서 젊은 사람들한테는 넘치는 힘을 선물하는 대신 지혜를 주지 않았다. 반면 나이가 많아지면 몸의 기운은 빠져나가지만 젊은 사람에 비해서 더 풍부하고 깊은 지혜를 갖게 된다. 세월의 지혜가 있으면, 산의 높이는 얼마인지 최적의 코스는 어떻게 되는지를 찾아보고 나서 산에 오른다. 반면에 젊은 사람은 넘치는 게 힘이지만 그것을 어떻게 써야 할지 모르는 경우가 많다. 일단 젊음을 믿고 길을 나섰지만 이 봉우리 저 봉우리를 마구 헤매는 경우가 허다하다. 어찌어찌 산에 가기는 했더라도 어마어마한 에너지를 소비한 후이다. 넘치는 게 힘이고 그 힘을 주체할 수 없다 보니, 자기 안에 넘치는 열정과 에너지를 발산하고 싶어도 방법을 모르기 때문이다.

이러한 젊은이들의 특성을 직업과 연결해서 생각해 볼 수 있다. 이들은 자기 안의 열정과 뭔가 하고자 하는 의욕을 반드시 직업이나 일자리를 통해서 풀려는 듯하다. 어쭙잖은 충고 하나 하자면, 꼭 그럴 필요는 없다. 앞서 언급했듯 직업은 자아실현과 더불어 봉사의 측면이 있다. 넘치는 열정을 보다 다양한 각도에서의 활동에 쏟다 보면 인생의 후반기에 쓸 수 있는 소중한 자산을 만들 수도 있다.

　노년에까지 변함없이 젊었을 때의 직업에 종사하는 사람이 과연 몇이나 될까? 우리 사회의 여러 직종은 오십 대 후반이면 본인의 의지와는 무관하게 하던 일을 놓고 물러나야 한다. 지금 회계사 사무실에서 일한다는 이 젊은 친구는 언제까지 회계사 사무실에 출근할 수 있을까. 가깝게는 사십 대 중반, 멀리 잡아도 오십 대 초반 아닐까. 그 사이에 굳이 직장이나 돈 버는 일과는 관련이 없더라도 다른 방향에서 다양한 경험을 쌓다 보면 적성에 맞는 무언가를 찾을 수 있을 것이고, 그렇게 찾은 무언가로 인해 찾아올 노년에는 제2의 인생을 정비할 수 있을 것이다.

　제2의 인생은 50대 중반부터 따져도 대략 30년 이상이다. 그 길디긴 시간을 젊었을 때와는 전혀 다른 세계에서 전혀 다른 방식으로 살아야 할지 모른다. 30년이 넘도록 지속될 노후를 젊었을 때부터 준비해야 하는데, 그것은 직업이 아닌 다양한 방면의 사회 활동과 봉사로 이루어가는 것이 맞다고 본다. 어느 분야든 좋다. 넘치는 힘을 쏟아 다양한 경험을 쌓는 좋은 방법은 봉사이다.

　이십 대의 두 청년과 우연히 마주쳤다가 꽤 즐거운 대화를 나누었다. 이들이 돌아가고 나서도 대화에서 나왔던 얘기들이 머릿속에서 계속 이어졌다. 예전에 모임 자리에서 만났던 삼십 대 초반의 공무원이 생각났다. 몇 달 전 낙타가 바늘구멍 들어가는 것보다 힘든 경쟁을 거쳐서 공무원으로 취직했다는 소식을 들었는데, 불과 다섯 달 만에 직장을 그만둔다고 했다. 남들은 못 들어가서 안달인데 왜 그만두려는 것인지 묻자, 본인은 공무원 체질이 아니라고 대답한다. 다섯 달 해보니까 맞지 않는다고, 기계 부속품처럼 사는 건 싫다고 한다. 그래서 내가 말했다.

"인생은 이렇게 살아도 후회하고 저렇게 살아도 후회하더라. 그만두고 싶다면 그만두거라. 그만두는 것도 후회하는 것도 너의 자유 아니겠니."

그의 이야기를 듣고 느낀 게 한 가지 있었다. 요즘 사람들은 뭐든지 혼자서 다 한다. 혼자 밥도 먹고 혼자 영화 보고 혼자 쇼핑하고 혼자 지낸다. 그러다 보니 뭐든 자기 혼자 다 한다고 여기는 모양이다. 실상은 그게 아니라는 것이 문제다. 내가 입고 있는 옷이라도 절대 내가 혼자서 만들고 입은 게 아니다. 나를 위해서 나를 알지도 못하는 누군가가 만들어 준 것이다. 내가 가지고 있는 어느 것 하나 나 혼자서 직접 만든 것은 없다. 나 혼자 아무리 잘나도 아무 소용이 없다. 나도 모르는 무수한 사람들이 나를 위해서 일을 해주니까 내가 혼자서 밥도 먹을 수 있고 혼자서 영화도 보고 쇼핑도 하고 운전이며 여행도 할 수 있다. 이 사실을 간과해서는 안 된다. 조직의 부속품처럼 느껴진다고 했지만, 이 친구는 얼마나 많은 사람 덕분에 살고 있는지를 망각하고 있었던 것이다.

그것이 무엇이건 직업으로 삼는다고 함은 그 일을 하고 싶어서 하는 것만을 의미하지 않는다. 내가 전혀 알지 못하는 숱하게 많은 사람이 역시 누구인지도 모를 나를 위해 이런저런 일을 하듯, 나 역시 누구인지도 모르는 사람들을 위해 지금의 일을 하고 있음을 알아야 한다. 사회 속에는 무수히 많은 익명의 사람들이 보이지 않게 촘촘하게 연결되어 서로 도우며 살아간다. 다만 각자의 일상에서 그런 연결망이 보이지 않을 뿐이다. 마치 물고기에게 바다처럼 너무나 자연스러운 것이어서 민감하지 못한 우리가 그것을 깨닫지 못하는 것이다. 이 복잡한 사회 속에서 나 혼자서 살아간다는 생각은 명백한 착각의 산물이다.

이 세상을 나 혼자 살아간다고 생각하다 보면 남의 도움 없이 혼자서 살아가는 자신이 당연하게 여겨진다. 누구나 가질 수 있는 생각이지만, 이런 생각이 마음을 가리고 있으면 될 일도 안 되는 법이다. 그게 중생들의 일이고 인생이다. 실제로 적성에 맞지 않을 수도 있다. 그러나 조직 생활에 적응하지 못하는 것은 조직만의 문제가 아니다. '나 홀로'의 삶에 익숙하다 보면 함께 꾸려가는 세계에 쉽게 적응하지 못한다. 사회라는 드넓은 바다에서 나 홀로 살아간다는 생각이 들수록, 보이지 않지만 우리는 실제로 서로 긴밀하게 연결되어 있어서 도우며 살아가고 있다는 점을 떠올려야 한다. 내 문제는 나만 노력하면 고칠 수 있지만, 조직의 문제는 함께 노력해야 개선할 수 있다. 우선 내 문제를 고치려고 노력하고, 그래도 문제가 있다면 함께 노력해서 조직의 문제를 고쳐나가야 할 것이다. ♥

_ 2019년 2월 7일 정초기도 입재 법회

안다는 것은
달라지는
것이다

#자비신행회
#내 것이라는 생각
#안다는 것
#남들도 그렇게 산다
#생존에 대한 집착
#말라가는 연못의 물고기

지난주 토요일에 자비신행회가 주관한 가족요리경연대회가 열렸다. 주로 30대 젊은 부부들이 참가했기 때문인지 유치원생부터 초등학교 저학년 아이들이 부모님과 함께 왔다. 아이들과 부모가 대화를 나누며 재료를 다듬어 무치고 볶고 끓이고 튀기는 모습이 낯설고 좋았다. 우연히 참석한 행사였지만 깊은 여운을 남긴 시간이었다. 나름대로 아이디어와 정성을 다해 만든 요리를 심사하는 동안 참가자들을 기다리게만 할 수 없어 짧은 법문을 했다. 계획에도 없는 참석이었으므로 법문 내용을 준비한 것도 아니어서 순전히 즉흥적으로 생각난 이야기들을 할 수밖에 없었다. 하지만 어느 때보다 진심에서 우러난 법문이었던 것 같다.

"결과가 중요한 일이 있고 과정이 중요한 일이 있습니다. 대학 입시는 결과가 중요합니다. 아무리 열심히 공부했어도 시험에 떨어지면 꽝입니다. 하지만 오늘 요리대회는 참여하는 데 의미가 있습니다. 아이와 부모가 함께 음식을 만드는 과정이 중요하지 누가 무슨 상을 받는지는 중요하지 않습니다. 오늘 경연장에서 여러분들이 요리하는 모습을 보니 '화목하고 행복한 가족들이구나.' 하는 생각이 들어 제 마음도 뭉클했습니다. 저와 같은 출가수행자들은 자비심을 발현하기 위해 열심히 수행을 해야 합니다. 하지만 여러분들은 이미 가족 구성원들 사이에 사랑이 넘쳐나고 있

었습니다. 이 사랑을 잘 지키면 그 사랑이 바로 자비
심입니다. 그러니까 여러분들이 이미 가지고 있는 사
랑을 잘 지키시기 바랍니다."

상을 받은 가족도 받지 못한 가족도 대회를 마치고 돌아가는
뒷모습마저 아름다웠다. 행복의 아우라가 그들을 감싸고 있는
듯했다. 나 역시 증심사로 돌아오는 내내 그 행복의 기운에 젖
어 있었다. 사람을 규정할 때 '누가 무엇을 어떻게 하느냐의 존
재'라고 본다면, 결국 '누가'와 '어떻게'라는 두 가지가 사람의
행복을 좌우한다는 생각이 들었다. 인간은 사랑하는 사람과 무
엇인가를 함께 할 때 행복을 느낀다는 것을 이번 가족요리경연
대회에서 확실하게 알게 되었다.

　증심사에 도착하니 50대 부부가 나를 기다리고 있었다.
처음 뵙는 분들이었는데 상담을 하고 싶다고 하였다. 아내의
얼굴에는 수심이 가득했다. 남편은 사업을 하는 분이었고, 고
등학교에 다니는 아이들은 곧 수학능력시험을 치러야 한다. 조
금 전까지 밝고 행복한 가족들과 함께 있었기 때문이었는지 근
심에 싸인 이 두 분의 모습이 너무나 대비가 되었다. 상담을 마
치고 문득 이런 생각이 들었다. '조금 전 젊은 부부들도 세월이
흐르면 이분들처럼 근심 걱정이 끊이지 않겠구나.' 아이가 대
학에 떨어질 수도 있고, 남편 사업이 잘 풀리지 않을 때도 있으
니, 아내는 자식 걱정 남편 걱정에 전전긍긍하다 보면 행복은
먼 과거의 기억에만 남아 있을 것이다.

요리경연대회에 참여한 30대 부부들처럼, 이 50대 부부도 갓 결혼했을 때는 행복한 일이 더 많았을 것이다. 둘이 같이 저녁을 먹고 시장에 가고 이리저리 절약해 목돈도 마련하며 행복한 미래를 꿈꾸었을 테지. 아이가 태어나고 자라고 성적표를 받아오고 때론 방황도 하다 보면 부부의 근심은 하나둘 늘어나고, 다양한 사건과 상황들이 맞물리면서 가족들 사이에 그 흔적들이 하나둘 쌓이게 될 것이다. 어려운 상황을 함께 헤쳐나가고 즐겁고 행복한 일도 함께 나누면서 '내 가족'이라는 인식 말이다. '내 가족'이라는 의식에는 가족과 함께 한 행복한 기억들이 소중할수록 그 소중함과 행복함을 계속 지키고 싶은 마음이 있다.

다시 말해 가족이 함께 느낀 행복에 대한 애착이 생긴다. 애착이 굳어지면 소유욕이 된다. '이 아이는 내 자식이야. 저 남자는 내 남편이야. 누구라도 절대로 우리 가족을 해치도록 놔두지 않을 거야. 왜냐고? 우리 가족이니까. 내 가족이니까.' 행복한 젊은 가족이 20여 년의 세월을 함께 보내는 동안 결국 '우리 가족'이라는 소유욕이 생기고 점점 더 소유욕이 강해질 수밖에 없다. 이런 소유 심리가 생기면 불안해질 확률은 100%이다. 불안한 마음이란 결국 소유욕에서 나오고, 그 소유욕은 행복을 지키고 싶은 마음에서 생겨난다.

속세에 있을 때 나는 1997년 여름에 직장을 그만두었다. 당시 나는 집도 없고 애인도 없이, 가족과 떨어져 혼자 서울에 있었다. 재산이라곤 통장에 있는 150만 원 정도가 전부였다. 그리고 그해 11월에 IMF 외환위기가 터졌다. 처음엔 '외환위기가 뭔데 다들 난리지?' 싶었는데, 한 달 두 달 시간이 지날수록 멀쩡히 영업하던 가게들이 문을 닫고 대기업이 파산하고 대량 해고가 뉴스에 나오면서 점점 사람들의 아우성이 온 나라를 뒤덮었다. 그런데 이상하게도 나는 아무렇지 않았다. 그때 어렴풋하게 알게 되었다. "나는 가진 게 없으니 잃을 것도 없고 두려운 마음도 없구나. 지켜야 할 게 있는 사람들이 더 불안해 하는구나."

시어머니와 며느리 사이에 흔히 벌어지는 갈등 중 하나가 부엌살림이라 한다. 며느리가 자신의 방식대로 효율적으로 정리해 놓은 살림살이를 시어머니가 이러쿵저러쿵 잔소리하며 자기식대로 바꿔 놓는다. 식기 진열부터 빨래 너는 것까지, 게다가 냉장고 안에 넣어둔 음식들마저도 시어머니 맘대로 뒤집어 놓으면 며느리는 속에서 열불이 터져 나오는데 싫다는 말 한마디 못 하고 지켜볼 뿐이다. 물론 시어머니가 떠나면 다시 자기 식대로 바꿔 놓으며 애꿎은 남편에게 화를 풀기 마련이다.

요즘에는 안 그렇지만 10여 년 전까지만 해도 드라마에서 심심치 않게 볼 수 있었던 고부갈등의 한 장면이다. 그러면 며느리는 왜 열불이 터졌던 것일까? 내 것이기 때문이다. 이 부엌은 내 스타일대로 세팅이 되어 있는 '내 것'이다. 그런데 시어머니가 와서 "얘야, 부엌이 이게 뭐니?" 하며 이것저것 맘대로 손을 댄다. 우리 가족, 우리 집이라고 말하지만 사실은 '내 것'이라고 생각하니까 시어머니의 행동에 반발심이 생기는 것이다. 어쩌면 시어머니는 '내 아들'의 집이니 '나의 집'이고, '나의 집' 살림살이니까 '내 식대로' 바꿔도 된다고 생각했을지 모른다. 시어머니든 며느리든 '나의 것'이라는 생각 때문에 잔소리도 하고 화도 내는 것이다.

그럼 '나의 것'이라는 생각이 성립되는지 곰곰이 따져보자. 나는 지금 손목에 시계를 차고 있다. 이것은 내 시계다. 그런데 정말 이 시계가 내 것일까? 이 시계에 '내 것'이라고 알 수 있는 뭔가가 있는가? 만지면 내 것이라는 촉감이 있는가? 이 시계가 '중현이 시계, 중현이 시계'라고 소리를 내는가? 아니다. 내가 그냥 내 것이라고 생각하고 있는 거다. "내가 열심히 일해서 번 돈으로 샀으니 내 것이지."

하지만 이런 경우는 어떤가. 내가 열심히 일해서 번 내 돈으로 차를 사서 애인에게 주었다. 그럼 이 차는 내 차인가 애인 차인가? 애인의 차이다. 내가 줬으니 이 차는 이미 내 것이 아니다. 준 것이 아니라 빌려줬다 하더라도 내 것이라 할 수 없다. 내 돈을 주고 샀으니까 내 것이라는 것은 말이 안 된다. 집이나 땅 역시 마찬가지다.

이렇게 반박하는 사람이 있을 수 있다. "내 돈 주고 산 내 땅이다. 등기부 등본에 내 이름이 있고, 나라에서 내 땅이라고 인정한 서류가 있으니 당연히 내 땅이다." 하지만 정말 그럴까? 내가 돈을 주고 산 이 땅은 '내 것'이라고 내가 생각한 것이고, 다른 사람들이 인정한 것이다. 서로의 약속이다. 하지만 땅에는 내 것이라는 표시가 전혀 없다. 국가에서 서류로 증명해 주었다고 해서, 땅 자체에 물리적인 증거가 있는 것은 아니다. 눈으로 보고 손으로 만지고 귀로 들을 수 있는 무엇이 있는 게 아니란 말이다. '내 것'이라는 건 생각일 뿐이다. 내 것이라고 내가 생각한 것이다. 좀 더 확대해 보면, 내 것이라는 내 생각을 사회가 인정해주고 법적으로 보장해 준 것일 뿐이다.

가족도 시계도 집도 땅도 내 것이 아니라면, 내가 가진 내 것은 무엇이 있을까? 지금 내 주위에 있는 것들을 하나하나 다시 생각해 보라. 지금까지 '당연히 내 것'이라고 생각했던 것들이 진짜로 내 것인지 확인해보라. 눈을 감고 차분하게 생각해 보면, 금방 알게 된다. 내 것이라는 것들은 결국 내 생각이었을 뿐이다. 그 이상도 이하도 아니다.

여기까지 내 생각에 동조한 분 중에는 이렇게 앞질러 생각할 수도 있다. "지금 스님은 소유나 애착을 버리라고 말씀하시는 거 아닌가요? 뻔한 가르침입니다. 무소유, 소욕지족, 누가 몰라서 안 하나요? 안되니까 못 하는 겁니다." 나 역시 신도님들에게 흔히 듣는 푸념이다. 하지만 냉정히 생각해 보자. 정말 알고 있는데 실천을 안 하는 것인지를. 엄밀하게 말하면 모르니까 안 되는 것이고, 안 하는 것이고, 못 하는 것이다. 수박은 먹어봐야 맛을 안다. 수박 겉껍질만 핥거나, 누가 이러쿵저러쿵 설명한 말을 듣기만 해서는 그 맛을 알 수 없는 것과 같다. 휴대전화에 아무리 많은 앱을 깔아 놓아도 그것을 사용하지 않으면 그건 그냥 전화기일 뿐 스마트폰이라 할 수 없다. 그러니 안다는 것은 내 생각일 뿐, 안 하면 모르는 것과 같다.

일본의 역사학자인 아베 긴야(阿部謹也)가 이렇게 말했다. "안다는 것은 그것에 의해서 자신이 달라지는 것이다." 내가 달라지지 않으면 그것은 아는 것이 아니라는 말이다. 불교식으로 말하면 아는 것보다 발심하는 것이 중요하고, 한 번 발심하고 마는 것보다 미미하더라도 직접 해보는 것이 중요하다. 안다고 해서 모든 게 끝나는 게 아니다. 직접 실천해야 한다. '내 안에 소유욕이 있구나. 내 가족에 대한 애착이 있구나'라는 생각을 했다면 그 소유욕과 애착을 버려야 한다. '모르는 게 아니라 안 되니까 안 한다.'고 말하는 사람은 자신 안의 소유욕과 애착의 실체를 제대로 파악하지 못한 사람이다. 자신 안에 있는 불안함을 대면하지 못했기 때문에 그 심각함을 느끼지 못하는 것이다. '남들도 다 그렇게 산다.'라며 별일 아닌 것으로 여긴다면, 그는 자신이 착각하며 사는 줄 모르는 사람이다.

물론 이 중에 정말로 소유에 대한 애착을 버린 사람이 있을 수 있다. '내 차는 내 것이 아니라 내가 잠깐 타고 다니는 것이야.', '우리 가족을 내 맘대로 할 수는 없어. 각자 살고 싶은 대로 사는 게 순리야.', '나는 가진 게 아무것도 없어.' 과연 이 사람은 소유욕과 애착이 없으니 불안감도 없을까? 그러면 좋으련만 그럴 수 없다. 아무것도 소유하지 않았다고 하는 사람도 소유한 것이 있다. 바로 목숨이다. 아무리 가진 게 없는 사람이라도 목숨만은 죽는 날까지 그와 함께 있다. 살아있다는 말은 목숨을 가지고 있다는 말이다. 아무리 소유를 버리고 애착을 버리고, 주위의 모든 것을 버리고 또 버려도 결국 끝까지 남는 것은 이 목숨에 대한 애착이다. 달리 말하면, 죽음에 대한 두려움이다.

인간은 태어나는 순간부터 불안을 달고 산다. 죽음에 대한 불안이다. 말도 못 하는 갓난아이들도 배가 고프면 운다. 먹지 않으면 죽는다는 것을 본능적으로 아니까 운다. 이처럼 인간은 태어나는 순간부터 불안한 존재이다. 그렇기에 부처님은 집착과 애착을 버리라고 누누이 강조하셨던 것이다.

생존에 대한 집착에 붙잡혀서
두려움에 떨고 있는 사람들을 나는 보았네.
집착에서 벗어나지 못하고
죽음의 문 앞에서 슬피 울고 있구나.

물이 말라 가는 연못의 고기와 같이
집착에 사로잡혀 떨고 있구나.
'내 것'이라는 이 소유의 생각을 지워버려라.
생존에 대한 이 모든 애착을 털어 버려라.

_《숫타니파타》776, 777 게송

부처님은 생존에 집착하는 사람들을 물이 말라가는 연못의 물고기에 비유하셨다. 정말 탁월한 이유이다. 물이 하루하루 바싹바싹 말라가는 것을 보며 물고기들이 두려움에 떤다. 자기 자신에 대한 집착을 버리지 못하는 한, 우리의 삶은 물이 말라가는 연못의 물고기와 같다. 부처님께서 비유로 말씀하신 '말라가는 물'은 그냥 물이 아니다. 물고기에게 연못의 물은 내 것이라는 집착이자 애착이다. 그래서 나이가 들수록 육체의 힘이 약해질수록 불안하고 두려워하며 산다. 이것이 지금 나의 모습이라는 것을 확실하게 기억하자. ♥

__ 2019년 10월 28일 초하루 법회

자각하는 순간
욕망은 관리된다

#고양이도 희망이 있을까
#욕망을 의지로 바꾼다면
#개인의 욕망과 사회의 비전
#세상이 내 뜻대로 안 되는 이유

내가 어릴 때만 해도 마을에 한두 집 정도만 TV가 있었다. 그래서 우리나라 선수가 외국 선수와 권투시합을 할 때면 어김없이 동네 사람들이 모여 다 같이 중계를 보곤 했다. 잔뜩 기대를 하고 TV 앞에 모였다가 우리나라 선수가 코너에 몰리고 마구 얻어맞고 비틀거리다 쓰러지기라도 하면, "에이, 졌네, 졌어!" 하며 부푼 기대감에 굳이 찬물을 끼얹어 버리는 어른이 꼭 한두 사람 있곤 했다. 비록 어른들의 기세에 눌려 입 밖으로 말은 못 했지만, 속으로 '이겨야 하는데, 이겨야 하는데…'하며 어린 마음에 무척이나 초조해하던 기억이 난다.

그러다 궁금증이 생겼다. 어린 나는 왜 그 선수가 이기길 간절히 바랐는지, 이길 거라는 희망을 가졌는지, 이기게 해 달라고 소원을 빌었던 것인지 이유가 생각나지 않았다. 나랑 아무 상관도 없는 선수인데 왜 그랬을까? 기억을 더듬다 보니 엉뚱한 방향으로 생각이 튀었다. 고양이도 희망이 있을까? 멧돼지는? 꽃은? 나비에게도 희망이 있을까? 생각이 꼬리를 더 넓게 펼치려는 순간, 나를 부르는 소리에 퍼뜩 생각의 꼬리가 잡혔다. 우리 절의 보살님이었다. 까마득히 잊고 지냈던 50여 년 전 기억이 난데없이 튀어나온 건, 딸이 시집을 안 간다고 하여 큰 절망에 빠진 보살님의 하소연 때문이었다.

"제 딸을 어찌하면 좋을까요? 외모도 그만하면 괜찮고, 직장도 꽤 안정적이고, 그런데 왜 시집을 안 가겠다고 하는 걸까요? 어떻게 해야 딸이 마음을 바꿀까요? 아무리 절에 와서 기도해도 소용없습니다. 너무 답답합니다."

난감하다. 가족도 집도 자식도 애인도 없고 변변한 친구도 돈도 없는 나 같은 사람이 볼 때는 전혀 고민거리가 아닌데, 보살님은 너무나 간절하게 고민 해결 방책을 내놓으라 한다.

"보살님, 왜 그런 걸 걱정하세요? 따님이 그런 결정을 내린 이유가 있을 테니, 따님을 믿어 보세요."

간신히 보살님을 안심시키고 돌려보낸 뒤, 다시 곰곰이 생각해 보았다. 내가 알기로 저 보살님은 가정도 화목하고 경제적으로도 여유가 있는 분이다. 그런데 단 한 가지, 시집을 안 가겠다는 딸이 유일한 걱정거리였다. 그 걱정은 딸이 결혼하든 안 하든 딸을 믿으면 간단하게 해결될 문제다. 그런데 이걸 붙들고 안달이 나 세상 모든 고민을 짊어진 것처럼 스스로를 괴롭히고 있는 것이다. 왜 그럴까? 어쩌면 걱정할 거리가 없으면 사는 의미를 잃어버리기 때문일지 모르겠다. 그래서 어떻게든 걱정할 거리를 찾아 걱정하는 것이 아닐까. 긍정적으로 해석하자면, 희망할 게 없으면 어떻게든 바라는 걸 찾아내 안달을 하는구나.

그렇다. 인간은 희망하는 존재인 것이다. 희망을 품어야 사람이다. 희망은 삶의 필수요소이니까. 그렇다면 삶에 꼭 필요한 희망이라는 것은 과연 어디에서 시작되고 어떻게 전개되는 걸까?

인간의 불행 중 하나는 내가 뭘 원하고 뭘 싫어하는지 모르는 것이다. 이런 사람은 자신도 괴롭지만 같이 사는 주변 사람들도 불행하게 만든다. 반면에 "내 맘대로 되는 게 하나도 없네."라는 푸념을 입에 달고 다니는 사람이 있다. 하는 일이 제대로 안 풀리면 세상을 탓한다. 그의 말 속에는 다른 사람들이 내 생각에 공감하고 나를 도와줄 거라는 믿음이 들어있다. 내 욕망대로 세상이 펼쳐질 거라고 하는 너무나 근거 없는 믿음이다. 하지만 현실은 그렇지 않다. 나의 욕망을 주변 사람들에게 드러내면 충돌하고 부딪치고 변형되고 희석되고 왜곡된다. 나의 욕망을 구체화하고 현실화시키고 언어화시키는 과정에서 나의 욕망은 깨지고 상처를 받게 되는 게 당연지사다.

그래서 그는 세상에 대고 항의한다. "내 뜻대로 되는 게 왜 하나도 없냐고!" 그렇지만 그는 이렇게 외치기 전에 가슴에 손을 얹고 냉정하게 생각했어야 한다. "내 뜻이 뭐였지?" 대부분은 '내 뜻대로 되는 게 하나도 없다'고 말을 하는 순간에야 비로소 '내 뜻'이 뭔지 알아차린다. 욕망이 현실화하는 과정에서 뒤늦게 알게 되는 것이다. 시작은 그저 막연하고 두리뭉실한 뭔가를 하고 싶은 정도였을 뿐이었다. 그런데 그 욕망이 현실에서 실현되는 과정에서 다른 사람들의 욕망과 부딪히고 깨지는 과정을 겪으면서 비로소 자신이 원했던 것이 점점 분명해진다.

그러니까 내 뜻대로 안 된 이유는 내가 내 뜻을 또렷하게 몰랐기 때문이었다. 냉정하게 판단하면, 내 뜻대로 되지 않은 것이 아니라 내가 내 뜻대로 하지 못한 것이다. 지금의 결과는 내가 내 뜻을 잘 몰라서 뭘 어떻게 해야 하는지 정확하게 알지 못해서 이리저리 부딪히며 상처받은 것일 뿐이었다. 그런데도 제대로 알지 못한 자신은 보지 못하고 충돌하는 주변 환경과 다른 사람들을 탓하고 있으니 나도 불행하고 남도 불행할 수밖에.

이렇게 인생을 사는 건 불행한 일이다. 그런데 우리는 대부분 그렇게 살고 있다. 희망, 소망, 바람 모두 욕망의 다른 표현이다. 하고자 할 욕慾, 바랄 망望, 바랄 희希, 원할 원願. 이 표현들에 쓰인 한자에는 공통적인 의미가 들어있다. 욕망은 바라는 것을 이루고자 하는 것이니, 바라고 바란다는 희망과 같은 말이다. 소망과 희망의 차이가 있다면 소망은 내가 아닌 남이 이뤄주기를 바라는 것이고 희망은 내가 노력해서 이루고 싶은 것이다. 같은 바람이고 욕망이라면, 그래서 내게 소망이 있다면 소망을 희망으로 바꿔야 할 것이다. 남이 내가 하고 싶은 대로 해 준다는 보장이 없으니까 말이다.

그런데 한 가지 짚어 보자. 바라기만 한다고 저절로 이루어질까? 아니다. 바라는 것을 이루려고 어떤 행위를 한다면 먼저 믿음이 있어야 한다. 희망에 대한 믿음이 있어야 희망이 현실화한다는 말이다. 소망을 희망으로 바꾸고 희망에 대한 믿음을 가지는 과정은 내가 스스로를 자각하는 과정이다. 이렇게 자각된 희망은 완전히 질적으로 변화하게 되는데, 우리는 이 자각된 희망을 의지意志라고 부른다.

기필코 서울대학교에 들어가겠다고 하는 사람이 있다. 그 출발은 서울대에 가서 '폼 잡고' 싶다는 욕망이었다. 이 욕망을 되새기고 관찰하고 스스로 이루겠다고 결심하자 희망이 되었고, '하고 싶다'가 아니라 '하겠다'로 바꾸자 의지가 되었다. 이것을 좀 더 논리적으로 체계화시키면 비전이 된다. 개인의 자각된 희망인 의지가 사회적으로 확대되어 우리 사회를 이끄는 전망, 비전, 실천전략으로 작동한다. 개인의 건강한 욕망이 비전으로 체계화되면서 사회의 역동적인 발전 동력이 되었다. 욕망의 문제에서도 개인과 사회는 이렇게 유기적으로 연결되어 있다.

인간을 다른 생명체와 구별 짓는 과학적 증거 중 하나가 DNA인데, 침팬지, 고릴라, 원숭이 등은 인간과 아주 많은 부분이 일치한다고 한다. 인간이 사회를 이루며 사는 것처럼, 원숭이는 무리를 지어 살면서 나무 사이를 오가며 과일도 따 먹고 곤충도 잡아먹으며 산다. 원숭이처럼 살고 싶다면, 굳이 소망을 희망으로 바꾸고 희망을 의지로 바꾸고 의지를 더 확대해서 비전으로 바꿀 필요가 없다. 욕망대로 살아도 아무 문제가 없다.

하지만 인간은 아주 복잡하고 다양한 이해관계가 얽혀 있는 사회에 살고 있다. 얽히고설키고 온갖 인연들이 횡으로 종으로 뒤섞인 이 사회에서 욕망이라는 필수 불가결한 요소를 중심에 세우고 인생을 살아가기 위해서는 내 욕망이 무엇인지를 먼저 자각해야 한다. 그래야 타인에게 나의 욕망을 제대로 전달할 수 있고, 나의 욕망을 실현하기 위해 타인과 협력하거나 아니면 최소한 타인이 장애가 되지 않는 여건을 만들 수 있다. 자기 자신의 욕망을 자각하는 것이 희망을 잃지 않는 길이다. ♥

___ 2019년 7월 31일 수요 야간 법회

'무소의 뿔처럼
혼자서 가라'의
의미

#공동체 정신과 개인주의
#등산동호회
#무소의 뿔처럼
#두 개의 황금 팔찌
#배려심이라는 봇짐

아무리 짧은 법문이라도 상황과 대상에 맞춰 주제를 정하고 꼼꼼하게 자료도 찾고 생각도 정리하려면 시간과 노력이 많이 든다. 어떤 법문은 내가 생각해도 흡족할 정도로 좋지만, 가끔은 애프터 서비스가 필요할 경우도 생긴다. 지난주에 등산동호회의 요청으로 함께 산행하고 나서 그분들에게 했던 법문이 그렇다. 법문의 내용이 잘못되었거나 반응이 신통치 않아서가 아니다. 나 스스로 법문의 내용을 되짚어보다가 의문이 들어서이다.

산행도 함께 한 사람들도 좋았던 시간이었다. 청양 칠갑산 정상에 올라 전망대 한쪽에 자리를 펴고 점심 도시락을 나눠 먹었다. 마치 학창시절에 반 친구들과 삼삼오오 모여 앉아 도시락을 먹을 때처럼 왁자지껄 즐거운 분위기였다. 돌아오는 버스 안에서 간단하게 법문을 했다.

"요즘 우리 사회가 힘들게 느껴지는 건 모두 개인화되었기 때문이 아닐까요? 이전부터 이어져 오던 공동체 정신이 훼손되고, 공동체 단위에서 자연스럽게 실현되었던 것들이 정부 정책이나 제도, 법령, 나아가 민간서비스가 대체하고 있으니까요. 돈이 모든 걸 해결해주는 사회가 되어버렸지요. 하지만 오늘 여러분들과 함께 점심을 먹으면서 희미해지는 공동체 정신을 확인하게 되어 참으로 의미 있는 시간이었습니다."

그런데 곰곰이 곱씹어 보니 '공동체 정신을 느낄 수 있어 좋았다.'라고 눙칠 수 있는 자리였는지 의문이 들었다. 그날 산행에는 처음 참여한 사람들이 많았다. 전부터 계속 산행을 같이 했던 회원들은 일부러 반찬도 신경을 써서 준비해 와 아는 회원들과 나누어 먹으며 서로 끈끈한 정을 확인했다. 그야말로 아름다운 공동체의 모습이었다. 하지만 SNS 등을 통해 개인적으로 접수한 신규 회원들은 기존 회원들만의 공동체에서 자연스럽게 배제되었다. 새로 온 이들을 챙기는 이가 딱히 없었기 때문이다.

사실 아무나 들어오고 나가는 불특정 다수의 느슨한 모임을 공동체라 하지 않는다. 대개 혈연이든 지연이든 학연이든 맨투맨man-to-man의 관계로 시작이 되어 정서적인 동일성을 가진 사람들이 결속하면서 공동체가 만들어진다. 그러니까 개방된 모임은 공동체가 아니다. 그런데 이번 산행은 동호회에서 홍보한 행사 안내문을 보고 처음 참여한 이들도 있었다. 물론 칠갑산 정상까지 오르는 것이 목적이긴 해도, 등산동호회의 행사에 참여한 개인들은 함께 산을 오르며 다른 사람들과 유대감을 느끼고 싶었을 것이다. 하지만 막상 가서 보니 기대와는 달리 전혀 친밀감과 공감대를 느끼지 못한 채 산에 오르고 밥을 먹고 산에서 내려온 사람들이 꽤 있었던 것 같다.

외부인에게 동호회의 행사를 공개하는 경우, 그 단체가 표방하는 목적 또는 나의 개인적 목적이 충족된다면 정서적 공감대를 이루지 않더라도 누구나 참여할 수 있다. 어떤 경우에는 결속력이 강한 공동체라 하더라도 외연을 확장하기 위해 다양한 방식으로 외부인의 자발적인 동참을 유도하기도 한다. 하지만 개방성을 내세웠다 해도 이미 조성된 기존 구성원들끼리의 암묵적 폐쇄성은 그대로 남아있다. 이들은 자연스럽게 친밀감과 유대감을 공유하지만, 개인적인 목적에서 새로 들어온 사람들은 그렇지 못하다. 그러니 언밸런스unbalance할 수밖에.

그러면 공동체주의가 우선인가 개인주의가 우선인가. 아니, 거창하게 사회 전반을 언급하지 말고 불교는 어떤가 생각해 보자. '무소의 뿔처럼 혼자서 가라' 했으니, 불교는 개인주의를 우선으로 한다고 생각이 들 것이다.

소리에 놀라지 않는 사자와 같이
그물에 걸리지 않는 바람과 같이
물에 젖지 않는 연꽃과 같이
무소의 뿔처럼 혼자서 가라

_ 《숫타니파타》 71게송

소리에 놀라지 않는 사자는 자기중심이 확고하고 사상도 분명하다. 주변에서 뭐라고 하든지 말든지 휘둘리지 않고 제 갈 길을 간다. 그물에 걸리지 않는 바람은 사회적인 편견, 습관, 터부taboo, 도덕, 윤리 등에 제약받지 않고 자유롭고 주체적으로 내할 바를 한다는 의미다. 이렇게 부처님은 어떤 것에 얽매이지 말고 스스로의 길을 가라고 하셨다. 그런데 세상은 나 혼자 사는 게 아니니 마냥 사자처럼 바람처럼 살 수가 없다. 다른 사람과 같이 있으면 반드시 잡음이 생기고 충돌이 일어난다. 마치 두 개의 팔찌를 같은 손목에 끼면 서로 부딪쳐 소리를 내는 것처럼 말이다. 그래서 부처님은 《숫타니파타》 48번째 게송에서 또다시 당부하셨다. 그 소리를 듣더라도 "무소의 뿔처럼 혼자서 가라"고.

'혼자서 가라.' 이 말씀을 표현 그대로만 받아들이면, 불교는 개인주의를 권장하는 것처럼 들린다. 조직, 공동체, 사회의 질서보다는 개인의 판단을 중시하고 개인을 주체로 삼아 살라고 하는 말 같다. 그러면 과연 개인을 우선시하면 안 되는가? 이 질문에 제대로 답하려면 먼저 개인주의와 이기주의를 혼동하는 오류에서 벗어나야 한다.

이기주의는 자신을 이롭게 하는 걸 우선으로 하는 주의이다. 이기주의자는 모든 선택의 기준에 '나의 이익'이 있다고 말해도 틀리지 않을 것이다. 반면에 개인주의는 집단, 전체, 조직, 공동체가 아니라 개인을 우선시한다. '그게 그거지. 나는 개인이니까 나를 우선시하는 게 맞잖아.' 또 틀렸다. 다른 그림 찾기를 하듯 둘의 차이가 뭘까 집중해 살펴보면 오류의 근원이 보인다.

이기주의에는 없지만 개인주의에는 꼭 필요한 것, 그래서 개인주의라는 그림에는 바탕색처럼 깔린 것, 바로 배려이다. 개인주의는 개인의 주체성과 자율성을 우선시한다. 이 때문에 '나'라는 개인이 중요한 만큼 타인 역시 한 사람의 주체적인 개인으로 인정해야 비로소 개인주의가 성립된다. 배려가 없다면 개인주의도 없다.

어떤 불교학자는 자비심의 현대적 해석을 배려라고 설명한다. 우리가 생각하는 자비심은 사랑이 마음속에 넘쳐흐르는 뜨거운 사랑이다. 엄마가 어린 자식을 볼 때 가지는 조건 없는 사랑. 만약 이것이 자비심이라면 1년 365일 계속해서 이 뜨거운 사랑을 유지해야 한다. 이것은 불가능하다. 자식이 말 안 듣고 엇나갈 때 순간 욱하며 '원수가 따로 없다'는 생각이 들지 않는가. 이렇게 어느 순간 식어버리는 감정을 자비심이라고 부를 수 있을까? 절대로 아니다.

나는 이렇게 생각한다. 자비심은 뜨거운 사랑이 아니라 차가운 배려이다. 개인주의는 배려를 바탕으로 성립하고, 배려는 불교 용어 중에서 자비심에 해당한다. 정확하게 말하자면 자비심은 배려를 포함한다. 그러므로 불교는 개인주의를 지향하는 종교일 수 있다.

칠갑산 산행을 하며 우리 사회에 깊이 뿌리 내린 '우리'라는 폐쇄성을 확인했다. 그리고 그것에 의해 소외되는 '타인'이 있다는 것도 알게 됐다. 부처님은 안온하고 평온한 열반을 향해 흔들리지 말고 무소처럼 바람처럼 살라 하셨다. 옆 사람을 밀치고 뒷사람을 방해하며 앞만 보고 달려가라는 말씀이 아니었다. 내 길을 갈 때는 배려를 가득 담은 봇짐을 빠뜨리지 말아야 한다.

공동체라는 멋진 개념에는 공동체 울타리 밖의 타인이 있다는 것을 잊어서는 안 된다. '그래서 예스Yes야, 노No야?' 이런 선택을 강요하는 공동체는 오래 유지될 수 없다. 게다가 예스를 선택한 사람들이라도 어떤 예스인지 마음속에 품은 생각과 견해와 주장이 다르다. 나와 같은 공동체 구성원일지라도 나와 똑같은 사람은 한 명도 없다. 그러므로 배려는 나와 타인 모두에게 공정하게 적용되는 게임 규칙이다.

　우리 사회에 공동체가 이미 와해되었다고 하지만 조건이 갖춰지면 언제라도 '우리'라는 폐쇄성을 앞세워 다시 뭉칠 수 있는 여지가 남아있다. 건강한 공동체일수록 우리 불교에서 강조하는 자비심, 배려하는 마음, 그리고 주체적인 개인을 존중하고 자율적인 개인을 우선시하는 사고방식이 구성원들의 마음속에 깊이 배어 있다. 그리고 그것이 부처님 이후 지금에 이르도록 수천 년 동안 불자들이 지켜온 승가 공동체의 정신이 아닐까 싶다. ♥

_ 2019년 10월 9일 수요 야간 법회

가장 가난한
나라에서
가장 많은
기부를 하는
이유

#미얀마 성지순례
#불교라는 종교, 불교라는 문화
#도덕과 윤리
#공동체와 염치
#모기 한 마리쯤이야
#보시, 지계, 생천

4박 6일 동안의 미얀마 성지순례를 무사히 마치고 돌아왔다. 보고 듣고 느낀 점이 많았는지 증심사로 돌아와서도 미얀마 생각이 많이 났다. 곧 있을 초하루 법회 때 우리 신도님들과 성지순례 이야기를 나누고 싶다. 어쩌면 초사흘 법회 때까지 연속으로 말씀드려도 다 전하지 못할 것 같다.

인도차이나반도 서북부에 위치한 미얀마는 우리나라보다 국토가 여섯 배 정도 넓다. 미얀마의 첫인상은 조용하고 깨끗한 인도라는 느낌이었다. 아마 역사적으로 그리고 현재까지도 불심이 깊은 나라이기 때문일 것이다. 미얀마에 도착해 제일 먼저 눈에 들어온 것은 사원이었다. 신도들이 참배하는 사원과 스님들이 생활하는 공간이 완전히 분리되어 있었다. 우리 식으로 치면, 증심사가 참배하는 사원이라면 원효사쯤 되는 거리에 스님들이 공부하는 사원이 별도로 마련되어 있다.

사원에는 스님이든 재가자든 관광객이든, 심지어 개나 고양이도 마음대로 들어갈 수 있다. 누구든지 언제든지 참배하고 공양을 올릴 수 있다. 가장 인상적이었던 건 우리가 방문한 사원마다 부처님 앞에서 명상하고 독경하는 사람들이었다. 사원에 따라 사람들의 숫자가 많기도 적기도 하였지만, 참배객들과 사원이 절묘하게 조화를 이루었다. 그런가 하면 사원 밖 식당의 한쪽 벽에는 가족들의 기념사진이 걸려있는데, 삶의 순간마다 불교가 연관되어 있었다. 이런 모습을 보면서 미얀마 사람들의 일상생활 속에 불교가 얼마나 깊이 들어와 있는지를 느낄 수 있었다.

미얀마의 사원은 산속이 아니라 마을 안에 있고, 동네마다 부처님을 모신 법당이 있다. 불심이 깊은 미얀마 사람들도 우리나라 불자들처럼 기도처에 가서 철야기도를 하고 절 수행이나 경전 독송 수행을 할 것이라고 생각했는데, 직접 가서 보니 달랐다. 그들은 출퇴근길에 사원에 가서 참배하는 것이 생활화되어 있었다. 오래 머무르지는 않지만, 자연스럽게 사원에서 명상하고 독경하고 나서 하루 일과를 시작하는 것이다. 일상생활에서 자연스럽게 불심이 묻어나왔다. 어쩌면 미얀마에서 불교는 종교라기보다 문화에 가까운 것이 아닐까.

우리나라 사람들이 공통으로 누리고 있는 문화는 무엇일까? 명절이 되면 외지에 나가 있는 가족들이 모두 집으로 와서 차례를 지내고 성묘하는 것이 대표적인 한국문화로 꼽힌다. 얼마 전까지만 해도 이것은 당연히 하는 것이고 반드시 해야만 하는 것이었다. 왜 그런가? 이유는 없다. 우리나라 전통문화이니까, 할아버지도 아버지도 늘 해오던 일이니까 나도 따라서 하는 것이다. 미얀마의 불교가 이런 느낌이었다. 명절에 귀향하여 성묘하는 것이 우리 문화이듯이 미얀마 사람들이 아침저녁으로 사원에 들러 참배하고 부처님께 꽃을 올리고 스님들에게 보시하는 것이 일상적인 문화인 것이다. 반면에 우리가 절에 가고 기도하고 공양 올리고 보시하는 것은 문화라기보다 신행활동이고 종교활동이다.

미얀마는 헌법상 종교의 자유가 보장된 나라이다. 하지만 워낙 불자가 많다 보니 불교식으로 생각하고 불교식으로 행동하는 사람들이 많고, 비슷한 생각과 행동을 하게 되면서 문화가 된 것이다. 불교가 문화인 나라, 이것이 내가 미얀마에서 느낀 가장 큰 감회이다.

우리나라에서 조사하는 인구 총조사의 항목에 종교 문항이 있다. 최근의 결과를 보면 종교가 없다는 응답이 절반을 차지한다. 대도시는 60% 이상이 종교가 없다고 대답했다. 증심사가 있는 광주의 경우, 불교인이라고 답한 사람은 광주 인구의 10%에 불과했다. 등산객 10명이 증심사 앞을 지나간다고 가정하면, 그중 6명은 종교에 관심이 없고, 그중 2명은 교회에 다니고, 다른 1명은 성당에 다니고, 남은 1명이 불자라는 얘기다. 그런데 그 1명의 불자가 정기적으로 절에 다니는지는 알 수 없다. 말하자면 그 광주 인구의 10%인 불자 중에서 재적 사찰이 있는 사람은 반 정도밖에 안 된다. 이처럼 우리나라는 절에 가고 기도하는 것이 자연스러운 문화가 아니라 남들은 안 하는데 시간을 내어서 하는 종교활동인 것이다. 이것이 미얀마와 우리나라 불교의 첫 번째 차이이다.

그럼 종교란 무엇일까? 일반적으로 종교의 정의는 '믿음을 통하여 인간 생활의 고뇌를 해결하고 삶의 궁극적인 의미를 추구하는 문화체계'이다. 꾸미는 말을 모두 제외하면 '종교는 문화'로 요약할 수 있다. 어떤 문화냐 하면, 믿음을 매개로 하여 인간 생활에서 나타나는 고뇌를 해결하고 진리를 추구하는 문화이다. 그렇다면 문화는 무엇인가? 쉽게 설명하자면, 일정 집단이 같은 행동을 하는 것이다.

종교가 문화가 되기 위해서는 인간이 가지고 있는 본능적인 성향을 알아야 한다. 인간은 항상 안정을 추구한다. 뭔가 일정하게 유지되면 안정감이 생기지만, 뒤죽박죽 돌출 상황이 발생하면 불안해진다. 그래서 대부분의 사람들은 안정감을 추구하면서, 내가 굳이 판단하지 않고 남들이 생각하는 대로 남들 하는 대로 따르기 마련이다. 이런 것들이 도덕이고 윤리가 된다. 공통된 생각이 모여서 하나의 기준을 제시하는 것, 도덕과 윤리는 우리 삶의 가이드라인이다. 종교는 이런 공통된 기준을 만드는 데 바탕이 된다. 믿음이라든가 절대적인 것, 초자연적인 것을 바탕으로 사람들이 공통된 생각을 하도록 이끌어내는 것이 종교의 역할 중 하나이다.

이처럼 종교는 도덕과 윤리의 바탕이 된다. 모든 사회에서 그런 것은 아니지만, 서양의 역사에서는 100% 그랬다. 과거 서양은 모든 것을 기독교라는 틀 안에서 행하였고, 지금도 중동 국가에서는 이슬람교가 이러한 방식으로 작동되고 있다. 우리나라가 속한 동아시아에서는 종교가 아니라 충효사상을 바탕으로 한 유교가 사람들에게 공통된 행동을 이끌어내는 기준을 제시하였다.

현대에서 종교의 역할이 도덕과 윤리의 기준을 제시하고 우리 삶에 가이드라인을 제시하는 것이라면, 미얀마는 매우 종교적인 국가라 할 수 있다. 불교라는 종교가 바탕이 되어 도덕과 윤리가 세워지고, 그 기준에 따라서 사람들이 일상생활을 한다. 이는 하나의 문화이다. 미얀마는 종교라는 틀로 살아가는 종교적인 국가이며 일상에서는 종교가 문화로 실현되는 나라라 하겠다.

우리나라는 왜 불교가 생활문화로 자리 잡지 못한 것일까? 이를 이해하려면 역사의 곡절을 돌아보지 않을 수 없다. 공자님은 "의식이 족해야 예절을 안다."라고 하였다. 어느 정도 배가 불러야 어른도 보이고 공경하는 마음도 생기고 예절을 지킬 수 있다는 말씀이다. 그런데 우리나라는 한국전쟁을 비롯해 몇 번의 국가적 분란을 겪었다. 한국전쟁이 끝나자 당장 먹고 사는 것이 가장 중요한 화두였고, 1970년대까지 오로지 먹고 살기 위해서 돈을 벌기 위해서 살았다. 그렇게 수십 년 동안 살다 보니 우리 삶에 내재해 있던 도덕이나 윤리 같은 덕목이 사라져버리고, 그 상태에서 우리는 종교를 신앙으로써만 받아들이게 되었다. 그 결과 종교가 교회나 절에서 우리 자식 시험에 합격시켜달라는 기복신앙으로 나타나고, 혹은 어떤 영적 체험을 강조하다 보니 일반인들의 생활에 밀접하게 다가가지 못하게 되었다.

그러다 보니 종교가 담당했던 도덕과 윤리는 점차 힘을 잃어버렸다. 마을공동체가 무너진 후 도덕이나 윤리 대신에 돈과 능력과 법이 우리를 지탱하는 축이 되었다. 능력은 곧 돈이고, 자녀들에게 열심히 공부하라는 말은 돈 많이 벌라고 다그치는 말과 다르지 않다. 더 이상 우리는 자녀들에게 인간답게 살라, 또는 보시를 많이 하면서 살라고 교육하지 않는다. 우리 또래 역시 그런 말을 들으며 자라지 않았다. 이전 세대가 가지고 있던 충효 사상에 바탕을 둔 도덕과 윤리가 아니라, 남에게 해만 끼치지 않으면 된다는 생각으로 살아간다. 이 말은 곧 법의 테두리 안에서 남에서 피해만 주지 않으면 된다는 것이 요즘 우리들의 윤리라는 말이다.

우리 생활에 종교, 도덕, 윤리의 비중이 크지 않다면, 우리는 어떻게 살아야 할까? 염치가 있어야 한다. 염치는 부끄러워할 줄 아는 마음이다. 자기 자신에 대해서 부끄러워할 줄 알고 남에 대해서는 체면을 차릴 줄 아는 마음이다. 그러기 위해서는 내가 번듯해야 하며 정신적으로 나 자신을 단련시켜야 한다. 예전에는 능력이 부족하더라도 염치만 있으면 공동체 생활을 하는 데 큰 문제가 없었다. 그런데 우리는 지금 돈만 있으면 되는 세상에 살고 있다. 옛날처럼 같은 동네에 태어나 죽을 때까지 같은 동네에 살면서 그 동네 사람들을 미우나 고우나 보며 살아야 하는 세상이 아니다. 보기 싫으면 안 보면 되고 먹고 싶은 게 있으면 이웃을 거치지 않더라도 돈만 있다면 구할 수 있다. 그래서 염치가 없어도 사는 데 별문제가 없다. 그렇더라도 염치가 있으면 이 세상을 더 올바르게 살아갈 수 있다.

좀 더 범위를 좁혀서, 불자인 우리는 어떻게 살아야 할까? 인간으로 태어나 가장 근본적으로 고민해야 하는 문제는 바로 '어떻게 살 것인가.'이다. 이 문제에 대해서 부처님은 이미 답을 하셨다. 《금강경》은 수보리가 질문하고 부처님께서 답변하시는 구조이다.

"어떻게 살아야 하고, 어떻게 마음을 항복받아야 합니까?"

"내가 한 중생도 제도하지 않았다는 마음으로 살아라."

수보리의 질문을 한마디로 줄이면 '어떻게 살아야 합니까?'이고, 부처님의 답변은 '모든 중생을 다 제도하겠다는 마음, 즉 한 중생도 제도하지 않았다는 마음으로 살아라.'이다. 즉 '공성空性과 자비심으로 살라는 말씀이다. 이 두 가지 기준 외에도 구체적인 실천 지침을 설하셨는데, 바로 오계이다. 살생, 도둑질, 사음, 거짓말, 음주를 하지 않는 것이 자비심과 공성을 실천하는 지침이다. 오계가 내포한 심오한 뜻을 일일이 파헤치기보다는 액면 그대로 실천하는 것이 중요하다.

부처님 시대에 마하나마는 걱정이 많았다. 《잡아함경》의 930번째 경인 〈자공경自恐經〉은 걱정에 싸여 불안해하는 마하나마를 안심시키는 부처님의 가르침이 담겨 있다. 믿음이 있고, 계율을 지키며, 보시를 하는 사람은 좋은 과보를 받는다는 내용이다. 마하나마가 부처님께 여쭈었다. "미친 코끼리와 미친 사람, 미친 수레가 항상 우리를 따르고 있습니다. 저는 이 미친 것들과 함께 살고 함께 죽으면서 부처님의 법과 승가를 생각하기를 잊어버릴까 두렵습니다. 그리고 '제가 죽어서 어디에서 태어날까?' 하고 스스로 생각하게 됩니다."

마하나마는 이 세상이 부처님의 말씀대로 살지 않고 미쳐 돌아가는 것 같아서 걱정이었다. 지금 우리 사회와 비슷한 것 같기도 하다. 이런 상태에서 자기는 어떻게 해야 하느냐고 부처님께 여쭙는 것이다. 그런데 부처님의 답변은 늘 그렇듯 쉽고 명쾌하였다.

"큰 나무가 동쪽으로 기울었을 때 그 밑동을 베면 어느 쪽으로 넘어지겠는가?"

"동쪽으로 넘어집니다."

"너도 그와 같아서 목숨을 마친 뒤에 나쁜 곳에 가지 않을 것이다. 너는 오랫동안 부처와 법과 승가를 생각하기를 닦아 익혔고 오랫동안 믿음과 계율, 보시를 닦아 익혔기에 목숨이 다한 뒤에는 과보를 받을 것이다."

세상이 미쳐 돌아가더라도 부처님 가르침대로 살면 그 과보로 좋은 곳에 태어난다고 하시니, 마하나마는 안심할 수 있었다. 부처님께서는 또 다른 비유를 드셨다. 기름단지를 호수에 빠뜨리면, 단지는 바닥에 가라앉아 깨지더라도 기름은 물 위로 떠 오른다. 이 기름처럼 삼보를 믿고 계율과 지혜로써 산 사람은 목숨이 다한 뒤에는 비루하고 나쁜 곳으로 떨어지지 않는다.

부처님의 말씀을 듣고 믿음이 생긴 마하나마가 부처님께 또 여쭈었다.

"세존이시여, 재가의 신도가 되려면 어떻게 해야 합니까?"

"부처님께 귀의하고 가르침에 귀의하고 승가에 귀의하라."

"삼보에 귀의한 재가의 신도는 어떤 계행을 갖춰야

합니까?"

"살아있는 생명을 해치지 말고, 주지 않는 것을 빼앗지 말고, 사랑을 나눔에 잘못된 행동을 하지 않고, 어리석은 거짓말을 하지 않고, 곡주와 과일주 등 취기 있는 것을 취하지 말아야 한다."

"재가의 신도가 믿음을 갖춘다면 어떻게 해야 합니까?"

"재가 신도가 믿음이 있다면 마땅히 열 가지 믿음을 가져야 한다. 부처님은 공양을 받을 만한 분이다. 올바로 원만히 깨달은 분이다. 지혜와 덕행을 갖추신 분이다. 바른 길로 가신 분이다. 세상을 올바로 이해하는 분이다. 가장 높은 자리에 오르신 분이다. 사람들을 잘 길들이시는 분이다. 신들과 인간의 스승인 분이다. 깨달은 분이다. 세상에서 가장 존귀한 분이다."

"세존이시여, 계행을 지키고 믿음을 갖춘 재가 신도가 보시한다면 어떻게 해야 합니까?"

"재가 신도는 마음속에 인색함의 때를 제거하여 지혜를 베풀고, 손을 정화하여 보내버림을 기뻐하고 구걸에 응하여 보시하고 나누는 것을 좋아해야 한다."

_《잡아함경》, 930경 〈자공경〉

민음과 지계와 보시. 부처님께서 재가의 신도에게 말씀하신 이 세 가지는 오늘을 사는 우리 불자들에게도 최우선의 실천 항목이다. 우리에게 불교는 신앙이다. '나는 불자다'라는 말에는 삼보를 믿고 계를 지키고 보시를 하는 삶을 살겠다는 의지가 포함되어 있어야 한다.

그런데 지금 우리의 모습은 어떤가. 우리나라의 불자들은 기복신앙에 의지하거나, 교리 공부 혹은 명상 등 특정한 수행에 치우친 신행 생활을 하는 경우가 많다. 하지만 종교는 신앙의 대상으로서만이 아니라 그 사회를 지탱하는 문화여야 하고, 삶 속에 스며들어야 한다. 비록 10명 중 1명이 불자인 세상이지만, 우리 불자들은 스스로 '나는 불자다'라는 생각을 하며 살아야 한다. 절에 들어올 때는 불자였다가 절을 나가는 순간 '나는 불자다'라는 생각이 지워지면 그는 불자가 아니다. 현재 우리 사회의 문화가 불교적이지 않더라도, 아니 그렇지 못하기 때문에 더욱 노력해야 한다. 이것이 불교를 제대로 알고 실천하는 길이다.

그런데 미얀마 사람들은 우리와 다르다. 그들은 살생하지 않는 것이 문화이다. 작은 모기 한 마리도 죽이지 않는다고 한다. 미얀마는 고온다습한 열대 기후라서 모기나 벌레들이 많다. 그런데 이들은 모기가 달라붙으면 죽이지 않고 쫓아낸다. 경전이나 계율, 큰스님의 말씀을 들먹일 필요도 없다. 부처님께서 살생하지 말라고 하셨으니까 살생을 하지 않는 것이다. 종교가 일상에 깊숙이 들어와 그들의 생각과 행동에 영향을 미치고 있기 때문이다. 사실 많은 사람들은 '모기 한 마리쯤이야.' 하는 생각을 하기 마련이다. 살생이라는 죄의식이 전혀 없다.

이런 시대에 살생하지 말라, 도둑질하지 말라, 이런 오계가 일상에서 당연히 통용되는 도덕이고 윤리인 사람들이 있다는 사실에 감사한 마음이 솟구쳤다.

나 역시 그렇다. 내가 신심이 하늘을 찌르던 시절에, 그러니까 처음 머리 깎고 승려가 된 지 얼마 지나지 않았던 때였다. 송광사의 새벽예불은 장엄하기 그지없지만, 속내를 보면 모기와의 사투를 벌일 때가 많다. 엄청난 수의 모기가 어느샌가 날아와 물기 시작하면 정말 어찌할 수 없는 괴로움이 밀려온다. 출가 전이라면 손바닥으로 모기를 내려쳐 잡았을 텐데, 스님 누구도 모기에 반응하지 않았다. 어느 날 큰방에서 스님들이 모여 독경을 하고 있었다. 모기가 또 방을 휘젓고 다니며 방해를 하길래 나도 모르게 모기를 쫓으려고 손을 휘둘렀다. 그런데 그 모기가 그만 내 손바닥에 납작하게 짓눌려 죽어버렸다. '아! 내가 살생을 했구나.' 자책이 밀려왔고 괴로웠다. 20년도 더 지난 일이라 이제는 희미해졌지만, 당시의 나에게는 큰 회과悔過의 경험이었다.

모기 한 마리를 대하는 인식의 차이가 매우 크게 느껴졌던 것처럼, 오계를 생활 지침으로 여기고 지키는 미얀마 사람들에게 느낀 생소한 감정이 또 있다. 그들은 '감사합니다'라는 말을 잘 하지 않는다. 처음에는 이해가 가지 않았다. 오히려 더 '감사'를 표현할 것 같은데, 아니었다. 그들의 사고방식과 우리의 '보시'의 개념이 달랐기 때문이었다. 스님의 원어인 '비구'는 얻어먹는 사람들이란 의미이다. 비구는 복전福田이다. 복을 지을 수 있는 밭이라는 말이다. 재가자들이 비구에게 음식과 일용품을 보시하는 것은 복을 짓는 일이다. 그러니 비구들은 재가자들이 복을 지을 수 있도록 하는 분이다. '보시를 받는 우리가 당신의 복을 지어준다.' 미얀마에서는 일반인들도 비구들처럼 이런 생각을 한다. 불교적인 공양, 보시 문화가 사회 전반적인 문화로 자리 잡고 있다는 실증이다.

　　우리는 미얀마를 가난한 나라로 알고 있다. 실제로 가서 보니 우리보다 훨씬 가난했다. 그런데 미얀마가 세계 1위인 분야가 있다. 바로 기부이다. 미얀마는 7년 연속 자국 내 기부를 제일 많이 한 나라 1위이다. 불교적으로 말하면 세계에서 보시를 많이 하는 나라 1위라는 것이다. 1,000만 원을 벌어 10만 원을 보시하는 개념이 아니다. 자신의 능력이 닿는 대로 보시할 수 있는 만큼 일상적으로 보시하는 것이 그들의 생활습관이다. 이런 삶이 부처님의 가르침을 실천하는 길이라고 생각한 결과일 것이다.

　　그렇다. 우리는 불교를 신앙으로 받아들이고 있지만, 미얀마 사람들에게 불교는 그들의 삶이고 문화이다. 우리도 부처님의 가르침을 제대로 펴기 위해서는 불교가 삶이 되고 문화가 되어야 할 것이다. ♥

__ 2019년 11월 27일 초하루 법회

자전거가
멈춘 것은
혼이
빠져나가서일까

#의학적 죽음이란
#심폐사, 뇌사, 세포사
#생사중간기
#은사스님의 입적, 그리고 시신과 재
#이 송장을 끌고 다니는 것은 무엇인가
#죽음의 그림자

사람들은 '죽음'에서 무엇을 떠올릴까? '나도 죽는다는 걸 마음에 새기며 살자'라는 법문도 했었지만, '죽음'에 대해 각자가 느끼는 감정이나 이미지는 다를 것이다. 그런데도 이견을 달 수 없는 죽음은 의사의 사망 선고이다. 의학적 죽음 말이다. 유기체 즉 살아있던 사람의 생물학적 기능이 정지되면 의사는 이 사람이 사망했다고 선고하고, 유가족은 행정기관에 사망신고를 한다. 사망 선고와 사망신고 그리고 행정 처리까지의 과정을 마무리 지으면, 그는 의학적으로도 법적으로도 완전히 사망한 사람이다.

하지만 의학적 죽음의 기준은 하나가 아니다. 생물학적 기능이 일시에 정지하는 게 아니니까, 어떤 장기의 정지를 기준으로 하는가에 따라 죽음의 시점이 달라진다. 첫째는 심폐사이다. 심장, 뇌, 폐는 생명을 유지하는 데 절대적으로 필요한 장기인데, 이 세 장기가 모두 정지하면 심폐사라 하여 의사는 사망을 선고한다. 심장이 기능을 멈추면 신체에 혈액이 공급되지 않아 뇌도 정지하고, 뇌가 정지하면 호흡을 하지 못하므로 폐도 기능을 멈춘다. 서로 연관되어 있기 때문이다. 그래서 의학이나 법률에서는 이 세 가지 장기가 모두 정지한 상태를 죽음이라 한다.

둘째는 뇌사이다. 뇌에는 호흡을 관장하는 기능이 있어서 뇌가 기능을 멈추면 호흡을 할 수 없다. 뇌사는 뇌가 완전히 기능을 정지한 상태인데, 인공호흡기를 달아 호흡을 유지해 사망을 늦출 수 있다. 뇌사상태라 한다. 반면에 조금이라도 뇌의 기능이 남아있는 경우라면 식물인간 상태이다. 아무리 기계의 도움을 받은 것이라 할지라도, 숨 쉬고 있는 이 사람을 죽었다고 판정하지 않는다. 매우 희박한 확률이지만, 이 상태로 있다가 다시 살아난 사람들도 있으니 말이다.

셋째는 세포사이다. 신체의 모든 세포가 기능을 멈춘 상태이다. 생사 중간기라는 의학용어가 있다. 심장과 뇌와 폐의 기능이 정지한 상태에서 몸의 세포들이 아직 기능하는 기간을 말한다. 그러니까 심폐사와 세포사 사이에 생사 중간기라는 상태가 있다고 보면 될 듯하다.

다시 말하면, 우리가 별다른 의문 없이 일반용어로 받아들이는 '삶과 죽음'이란 칼로 두부를 자르듯이 경계를 구분할 수 없다. 우리가 신봉하는 과학으로도 사망 시점을 정하기 어려운 모호한 경우가 상당하다. 이렇게 사망에 대한 기준이 두루뭉술하다면 행정적으로 일 처리가 불명확하고 불편해지므로 민법상 심폐사를 죽음의 기준으로 두는 것이다.

엄밀하게 말하면 죽음이란 어느 한 시점을 말하는 게 아니다. 오늘 오후 1시 59분 59초까지는 살아있었지만 2시 정각부터는 사망한 사람이라고 판단하는 건 임의적 결정이다. 오랫동안 투병 생활을 하며 병원에 입원해 있던 사람이 숨을 멎었다고 하자. 의사가 사망 선고를 내렸다. 그 옆에 있던 가족들은 대성통곡을 하며 슬퍼한다. 그리고 여기저기 전화해 장례식 준비를 한다. 하지만 이 사람은 아직 죽은 게 아니다. 티베트에서는 고승이 돌아가시고 나서도 그 몸을 1년이고 2년이고 그대로 놔둔다. 숨은 멎었지만 손톱, 발톱, 머리카락이 계속 자라나기 때문이다. 책과 다큐멘터리 영상에서 여러 번 확인한 사실이다. 이렇듯 죽음은 일정한 시간을 모두 포괄하는 개념이다.

그런데도 우리에게 죽음이란 어떤 '순간'으로 정해진다. 내가 가장 최근에 경험한 죽음은 다섯 달 전이다. 2019년 2월 19일에 은사스님께서 입적하셨고, 그 후 염殮부터 다비茶毗까지 지켜보았다. 솔직해지자. 바로 옆에서 염하는 걸 보고 있자니, 이 시신이 살아생전의 은사스님이라고 생각이 들지 않았다. 머릿속으로는 은사스님이라고 외치지만, 마음이 받아주지 않는 형국이었다. 더 직관적으로 말하면, 사람처럼 보이지 않았다.

우리는 본능적으로 안다. 이 사람은 산 사람, 이 시신은 죽은 사람. 그리고 죽은 사람은 사람으로 느끼지 않는다. 죽기 직전의 사람은 얼굴에 죽음의 그림자가 짙게 드리운다. 그 모습에서 어른이나 아이 할 것 없이 본능적으로 안다. '아, 저 사람은 곧 죽겠는걸.' 가벼운 증상이 있어 병원에 진료받으러 갔다가 입원한 분의 병문안을 하러 갔을 때, 병실에 들어가는 순간 느꼈다. '산 사람 얼굴이 아니네.' 그리고 다음에 그분이 돌아가셨다는 연락을 받았다.

은사스님의 다비도 처음부터 끝까지 지켜보았다. 다비가 끝나면 재만 남는다. 살아계셨을 때 뵈었던 은사스님과 그 재는 전혀 연결되지 않았다. 분향소에 영정 사진을 걸고 나서야, '아, 은사스님께서 돌아가셨지.' 실감했다. 영정 사진은 은사스

312

님께서 살아계실 때의 모습이다. 염을 한 시신이나 다비 후 남겨진 재는 은사스님이 살아계실 때의 모습이 아니다. 그러니 분향소에서 영정 사진을 보고 나서야 '이제 은사스님은 더는 우리와 같은 공간에서 생활하시지 않는구나, 영영 사라지셨구나.' 하며 현실적으로 죽음을 느끼고 받아들인 것이다. 내가 은사스님의 입적에서 확인한 죽음의 모습이 이랬다. 이제 확실히 알겠다. '이 사람이 영영 우리 곁에서 없어졌다'라는 걸 실감하는 순간이 바로 그가 죽은 순간이다.

죽음을 목격한 순간에 솔직해지니, 머리는 맑아지는데 마음은 꺼림칙하다. 과연 죽은 사람과 살아있는 사람은 별개인가? 그러면 달리는 자전거는 살아있는 자전거, 멈춰 있는 자전거는 죽은 자전거라 말해야 하나? 그렇지 않다. 달리거나 멈춰 있거나 자전거는 자전거다. 차도 마찬가지다. 주차장에 있는 차를 '자동차 시체'라 하지 않는다. 그런데 왜 사람에 대해서만 살아 움직이면 사람, 유기체의 활동이 멈춰서 죽으면 시체라고 하는 걸까.

"이 송장을 끌고 다니는 이놈은 무엇인가?(拖尸者誰)"

우리 선가禪家에 내려온 화두 중 하나이다. 내게는 이 화두가 '우리는 모두 송장'이라고 들린다. 어떤 송장이냐 하면 웃고 울고 잠도 자고 밥도 먹고 말도 하고 성질도 내는 송장이다. 뻣뻣이 굳어 옴짝달싹 못 하는 송장이 아니라, 마구 돌아다니는 송장 말이다. 정말 궁금하다. 이 송장을 끌고 다니는 것이 도대체 무어냐 말이다.

또 있다. 육신이 있고 거기에 혼魂이 결합하면 살아있는 것이고, 혼이 육신과 분리되어 빠져 나가면 죽은 것이라는 생각은 과연 맞는 걸까? 이 혼이 들어오고 나가고, 혼이 자기 몸을 찾지 못하면 구천을 떠돌고, 혼이 원한을 가지면 원귀가 된다고 믿는다. 이에 대한 질문을 너무나 많이 들어 왔다. 나는 질문한 분들에게 먼저 곰곰이 생각해 보시라 말씀드린다. 그리고 역으로 질문한다. "그럼 달리는 자전거는 자전거의 혼이 쇳덩어리에 불과한 자전거의 몸체와 결합했다고 해야 할까요?" 스스로가 깊이 생각하고 요모조모 따져보고 이리저리 굴려서 답을 찾으시면 좋겠다.

마침 백중 기도에 들어가는 때이니, 이런 고민을 하는 날로도 적당하다. ♥

_ 2019년 7월 3일 백중 초재 법회

죽음은 늘
우리 곁에서
놀고 있다

#백중 천도재
#죽음은 현실이다
#죽음에 대한 두려움에서 생기는 노욕
#남에게 보여주려는 삶
#사회적 죽음, 격리
#나는 언젠가는 죽는다

백중 천도재 기간을 맞았다. 천도재는 망자를 위한 의식이지만, 어찌 보면 산 자가 위로받는 시간이기도 한 것 같다. 살아있는 사람들에게 죽음이란 과연 무엇일까? 삶은 늘 죽음과 함께이다. 죽음은 산 자의 미래가 아니라 현실이다. 앞으로 49일 동안 천도재를 지내며 우리 증심사 신도님들과 이 문제에 집중하고 싶다.

까마득한 옛날 일이다. 버스에 타고 있었다. 어디로 가던 길이었는지는 기억나지 않는다. 창밖 풍경을 보다가 갑자기 이런 생각이 들었다. '아, 나도 이제 꺾어진 오십이구나.' 아마 그때 나는 스물다섯 살이었거나, 그 나이를 앞두고 있었던 스물네 살 때였겠지. 그리고 밀려든 생각은 '그동안 뭐 하고 살았나. 나이만 먹어버렸네. 해 놓은 거 하나 없는데.'였다. 조급증이 생겼다.

십 년쯤 지나면 뭔가 이뤄놓은 게 있으려나. 그럴 리가 없지. 삼십 대 중반에도 나는 똑같은 생각을 했다. '지난 십 년 동안 뭐 하고 살았나. 해 놓은 게 하나도 없네.' 마치 백사장에서 손가락을 움켜쥘수록 빠져나가는 모래알처럼, 생각할수록 아무것도 없었다. '이렇게 살아도 되나? 이제 곧 마흔인데.' 불안함이 생겼다.

그리고 몇 년 전, 문득 잠에서 깼다. 새벽이었다. 예불 시간도 한참 남은 그 새벽 시간에, 문득 생각이 밀려왔다. '나도 언젠가는 죽겠지.' 그날 새벽에 유독 죽음이 가슴으로 확 다가왔다. 예순이 다 되어가는 나이에 내 마음 깊이 죽음이 또아리를 틀

316

었다. 이십 대, 삼십 대에 내 옆에서 어른거렸던 죽음과는 달랐다. 그때는 사는 게 고달프다 싶으면 '힘들어서 못 살겠네. 그냥 확 죽어버릴까?' 싶었던 '죽음'은 죽음이 아니라 푸념이었다. 살고 싶다는 간절한 표현이었을 뿐이다. 그런데 '나도 언젠가는 죽는다'는 생각은 죽음을 현실로 받아들인 것이다. 삶과 죽음이 불현듯 내 앞에서 하나로 합체된 순간이었다.

젊은 시절에는 '지금까지 살아왔듯이 앞으로도 계속 살아간다'라고 생각하기 때문에 내가 죽는다는 사실은 머릿속에 입력되어 있지 않다. 갖가지 크고 작은 병이 툭 하면 생기고 '몸이 예전 같지 않아'라며 위축되는 상황이 잦아지는 오십 대 이후에는 점점 죽음이 남의 일이라 여겨지지 않게 된다. 소화가 안 돼 병원에 갔더니 암이라며 한 달 혹은 일 년 후에 죽을 수 있다는 말을 듣는 사람도 있다. 눈이 침침해져서 안과에 갔다가 실명할 수 있다는 진단을 받은 나처럼 말이다. 황반변성, 녹내장, 백내장이 한꺼번에 왔으니 보는 기능을 하는 눈이 제 기능을 수행할 수 없는 게 당연하다. 하지만 막상 그 일이 내게 닥치니 절박했다.

의학기술이 발달한 현대에는 불치병의 개념도 많이 달라졌다. 몇십 년 전만 해도 걸리면 죽는다고 생각한 심각한 질병도 적절한 시기에 진단과 치료를 받으면 완치되는 사례가 많다. 완치율 99%라며 별거 아닌 병으로 치부되는 질환도 있다. 그럴더라도 당사자인 환자는 죽음이라는 영역에 발을 디딘 것 같고 나머지 1%에 내가 포함될 수 있다는 생각을 떨치기 어렵다. 죽음이란 나의 죽음일 때 비로소 죽음이 된다.

우리는 모두 죽는다. 오늘일 수도 있고 내일 혹은 한 달 뒤 또는 십 년 뒤일 수도 있다. 아니, 내가 천수를 누려 세계 최고령자로 기네스북에 오를지도 모른다. 그래도 나는 언젠가 반드시 죽는다. 죽는 날을 내가 선택할 수 없다. 살고 싶다고 죽음을 피할 수 있고, 죽고 싶다고 당장 죽는 게 아니다. 그래서 죽음이 더 두렵다.

"죽는 건 무섭지 않다. 아플까 봐 걱정이지. 아프지 않고 살다가 자는 듯 죽었으면 좋겠어."

"나 죽는 건 괜찮아. 하지만 우리 자식들 고생할까 봐 나는 죽고 싶어도 죽으면 안 돼."

부질없는 생각이다. 죽음은 내 의지와 무관하다. 어느 순간부터 죽음이 가랑비에 옷이 젖듯 삶에 스며들어온다. 이것을 어떻게 받아들이느냐는 사람마다 다르다. 주변을 둘러보면, 죽음을 받아들이는 듯하면서도 죽음에 과잉반응하는 사람들이 많다. 이런 반응은 대개 노욕老慾으로 나타난다.

노욕은 나이 든 사람들의 욕심이란 말인데, 법률에서 정한 몇 세 이상의 사람만 노인에 해당되는 게 아니다. 나이가 들면서 조금씩 치매 증상이 나타나고, 그러면 갑자기 식욕이 왕성해지고 욕심도 많아지게 된다. 본능적으로 죽을 날이 가까워졌다고 감지하게 되면, 또 다른 본능이 잘 먹어야 한다고 채근하는 게 아닐까. '대충 먹으면 체력 달려서 안 돼. 잘 먹어야 지금 상태라도 유지할 수 있어.' 이것은 죽음에 대한 두려움에서 시작된 본능이다. 아니 살고 싶다는 갈망이 극에 달해 분출된 것이라고 하는 게 더 맞는 말이다. 이런 게 노욕의 한 단면이다.

노욕은 젊은이들이 '나 너랑 연애하고 싶어' 하는 욕망과는 다르다. 연애하고 싶고 멋진 차를 사고 싶고 사업에 성공하여 명예와 재력을 소유하고 싶은 욕망은 어느 정도는 인생에서 필요하다. 그런데 노욕은 다르다. '너 없인 못 살아'를 외치며 결혼한 부부들도 몇십 년 같이 살다 보면 처음의 달달했던 감정은 흔적도 없이 사라져 버린다. 배우자에 대한 존경이나 우애가 남지 않은 부부도 많다. 한 집에서 남남처럼 아니 원수 보듯 하며 살면서도 이혼은 못 한다고 한다. 이들은 '나는 번듯한 가정을 이루고 사는 사람'이라는 이미지를 다른 사람들에게 보여주고 싶은 욕심에 끌려 사는 사람들이다. 자식 문제도 그렇다. 누가 봐도 문제가 많은 자식을 끝내 내치지 못하는 이유는 '남들에게' 나쁜 부모로 보이는 게 싫기 때문이다. 이런 마음의 본질도 노욕과 다르지 않다. 그러니 노욕의 '노老'는 육체적 나이의 많고 적음이 아니라고도 할 수 있다.

이 세상에서 그 누구도 영원히 살 수 없고, 그 누구도 영원한 관계를 유지할 수 없다. 하지만 우리는 그 '누구'에 나도 포함된다는 사실을 종종 잊고 산다. '나도 언젠가 죽는다'는 사실을 머리로 이해하는 것 이상으로 마음으로 느끼고 명심銘心해야 한다. 가슴에 새기라는 말이다. 죽음이 두렵더라도 죽음을 직시해야 한다. 죽음에 대한 두려움에 눈이 멀어버려서는 안 된다. 영원히 지지 않는 꽃은 조화造花이고, 영원한 사랑이란 종이에 잉크로 쓴 사랑이라는 '글자'밖에 없다.

좋다. 여기까지는 충분히 납득할 수 있고, '나도 죽는다'라는 사실을 가슴에 새겨 놓았다. 그럼 죽음에 대한 두려움이 사라질까? 아니다. 지금까지는 개인의 죽음에 관한 얘기였다. 개인이 모여 사는 사회는 죽음을 어떻게 받아들이는지도 중요하다. 몇 년 전의 메르스 사태에서 우리 사회 전체가 죽음에 대한 공포에 갇혀 살았다. 2015년 봄에 중동에서 귀국한 남성이 고열과 기침이 나서 병원에 갔다가 메르스(중동 호흡기증후군)라는 낯선 전염병에 걸린 사실이 알려졌다. 당시 사우디아라비아, 아랍에미리트, 요르단 등에서 환자들이 발생했다는 뉴스가 있었는데, 중동 지역이 아닌 국가 중에서 유독 우리나라에 많은 환자가 발생했었다. 세계 2위였다.

처음 우리나라에 환자가 나왔다는 뉴스를 들었을 때는 10여 년 전에 발생했던 사스(중증 급성 호흡기증후군)처럼 좀 유행하다 말겠지 하면서 남의 일이라 생각했다. 그런데 어느 순간 그런 차원을 넘어섰다. 사람이 죽어 나가는 데 누가 환자인지도 모르고, 감염되면 잠복 기간이 얼마나 되는지 어떻게 전염이 되는지 정부도 의사도 몰랐다. 확진자의 가족뿐 아니라 확진자와 같은 병실에 입원했던 환자와 그의 가족, 또 같은 병동에 입원했던 다른 환자와 그들의 가족, 직장 동료 등 점점 확진자가 늘어났다. 첫 번째 확진자가 입원했던 삼성서울병원이 부분 폐쇄되고, 또 다른 확진자가 다녀간 병원들도 폐쇄되었다. 온 사회가 메르스 공포로 뒤덮었다.

벌써 5년이 지난 일인데도 너무나 생생하게 그때의 상황이 기억난다. 우리나라에 긴급 파견된 WHO 국제보건기구 합동조사단은 사태 초기에 투명하게 정보를 공개하지 않아 확진자가 늘어났다고 했다. 또 지역사회에서 사람들이 산발적으로 감염되지 않도록 대비하라고 조언했다. 메르스는 치사율이 35%나 되는 무서운 전염병이었다. 감염되면 열 명 중 서너 명이 사망한다는 말이다. 이때부터는 남의 문제가 아니라 내 문제가 된다. 사람들은 모르는 사람과 접촉할까 두려워 밖에 나가지 않았다. 메르스 때문에 두 달 넘게 바짝 마음 졸이며 살았다.

만약 조선 시대나 고려 시대였다면 어땠을까. 어쩌면 몇 년에 한 번씩 찾아오는 일상적인 재해라 여기고 '이 또한 지나가리라' 생각하며 견디지 않았을까. 한평생 살면서 몇 번은 경험하게 되는, 이번에는 옆집 남자가 죽었지만 다음에는 우리 가족이 죽을 수 있다는 경험적 공포가 무의식에 축적되었을지도 모르겠다. 하지만 지금 우리에게는 그런 경험이 없다. 최소한 한국전쟁 이후에는 거의 사례를 찾아보기 어렵다. 평생 이런 전염병으로 인한 집단적 공포 상태를 경험하지 못하는 사람도 많다는 말이다. 사회라는 방어막 덕분이다.

현대에 와서 우리 사회는 죽음을 앞세운 자연과의 전투에서 승리해 왔다. 전염병이라든가 자연재해가 생겨도 100여 년 전처럼 떼죽음을 당하지 않는다. 과학이 발전하고 의료시스템 등의 사회적 방어막이 작동하였기 때문이다. 어느 순간부터는 사회가 개인을 죽음으로부터 지켜주고 있다는 사실을 전혀 느끼지 못하고 무방비 상태로 살아왔다. 그러다가 어느 날 갑자기 메르스라는 놈이 사회라는 방어막을 뚫고 들어온 것이다. 메르스는 사회적 차원의 죽음을 몰고 왔고, 많은 사람은 태어나 처음으로 죽음에 대한 사회적 공포를 일상에서 경험하게 된 일대 사건으로 각인되었다.

두려움에 당황한 우리가 한 첫 번째 대응은 격리였다. 확진자가 되거나, 확진자와 접촉해 잠복기에 있을 가능성이 있는 사람들은 철저하게 사회와 격리했다. 두려움의 대상이 메르스라는 무형의 질병에서 확진자와 접촉자로 옮겨갔다. 확진자는 그렇다 쳐도, 그와 접촉한 사람이 누구인지 알아야 그와의 접촉을 피할 수 있으니 그들의 신상을 공개하라고 여론이 들끓었다. 만인에 대한 만인의 폭력이 가해졌다. 어쩌다 신상이 노출된 사람은 극심한 시달림을 받게 되었다. 아무도 믿지 못하는 사회가 되었고, 길거리에서 사소한 부딪힘도 싸움의 빌미가 되었다. 공포심의 대상이 확대되고, 그 공포심의 크기는 더욱 극대화되고 날카로워졌다.

이 과정에서 깨달은 것이 있다. 우리 사회가 우리의 삶으로부터 죽음을 철저하게 격리해 왔다는 사실이다. 1970년대 초반에 돌아가신 할머니가 생각난다. 당시 어렸던 나는 부산에 살았었다. 우리나라 제2의 수도라 자부할 정도로 부산은 현대화된 도시로 바뀌고 있었던 때였다. 그런데도 집에서 할머니를 염하고 상喪을 치렀다. 하지만 언제부터인가, 누군가 돌아가시면 병원 영안실로 시신을 옮겼고, 거기에서 조문객을 맞이하는 것부터 발인에 이르기까지 모든 의식을 한다. 그러더니 최근에는 장례식장이라는 업종이 따로 생겨서 장례에 관한 모든 것을 관장한다. 음식 준비, 상복, 발인, 나중에는 화장하는 것까지 돈만 내면 이들이 다 알아서 해 준다. 기억으로는 1990년대까지만 해도 집에서 상을 치렀던 것 같은데, 지금은 면 단위 마을에도 장례식장이 들어서 있다.

　이런 장례문화가 오히려 더 편리하고 위생적이고 예의를 갖춘 것일 수 있다. 하지만 분명한 건, 이런 장례문화가 고착되면 우리에게 죽음은 일상과는 완전히 동떨어진 별개의 개념이 되어버린다. 살아있는 사람은 죽음과 그리고 죽어있는 사람과 전혀 접촉하지 않고 살아도 생활하는 데 아무런 문제가 없게 된다. 게다가 죽음에 가까워진 사람은 요양병원으로 옮긴다. 이삼십 년 전만 해도 그러지 않았다. 가족들이 걱정과 스트레스로 고통을 받을지언정 여전히 같은 집에서 가족으로 살았다. 질병으로 고통받다가 온몸에 죽음의 그림자가 드리우는 과정을, 마지막 숨을 넘기고 죽음의 경계로 넘어가는 순간을, 그 후에 남은 시신을 처리하는 과정까지도 온 가족이 지켜보고 함께 공유했다.

　그런데 지금 우리가 접하는 죽음은 기껏해야 영정 사진 정도이다. 나와 가장 가까운 가족도 그렇다. 이렇게 죽음과 동떨어져 살다 보면, 죽음과 나는 상관이 없는 것처럼 생각하게 된다. 지금까지 살아왔듯이 나는 앞으로도 계속 살 거라는 생각을 당연하다 여긴다. 하지만 확실하게 짚어야 할 것이 있다. 지금처럼 사회가 죽음과 우리의 삶을 격리하는 것은 우리 각자가 죽음을 두려워해서이다. 그 죽음에 대한 두려움은 나에 대한 집착이라는 것, 이것이 바로 자꾸만 일상에서 죽음을 격리시키는 현상의 기본 전제이다.

송광사에서 직접 목격한 죽음이 생각난다. 관음전에서 사분정근 기도를 할 때였다. 송광사 관음전 요사채는 굉장히 습하여 벌레가 많다. 어느 날 딱정벌레 한 마리가 방 안으로 들어왔다. 정근 기도를 마치고 돌아왔더니 아직도 방에 있었다. 그러려니 하고 딱정벌레에 향하는 내 마음을 거두었다. 그리고 다음 날, 나는 어제 그 자리에 죽어있는 딱정벌레를 발견했다. '절에서 딱정벌레를 죽일 사람은 없는데, 이상하다. 왜 죽었을까.'

가만히 생각해 보니, 요사채의 매끄러운 장판은 벌레에게는 벗어날 수 없을 만큼 넓고 미끄러웠을 것이다. 게다가 자신의 몸집보다 서너 배는 더 높은 문턱을 넘어야 방에서 나갈 수 있다. 방을 탈출하는 것 자체가 벌레에게는 그야말로 어마어마한 도전이다. 웬만해서는 방문까지 가기도 어렵고, 갔다 하더라도 문턱을 넘어 밖으로 나가는 것은 더더욱 불가능하다. 문이 항상 열려 있는 것도 아니지 않은가. 작고 약한 생명은 너무나 쉽게 죽는다. 허무하다는 말이 허무하게 느껴질 정도로 말이다.

인간은 작은 벌레보다는 낫다고 해야 할까. 이건 위안이 될 수 없다. 인간도 언젠가는 죽는다. '나도 언젠가는 죽는다'는 생각을 마음에 새겨두고 살아야 한다. 그러면 나에 대한 집착을 줄이고 덜어서 없앨 수 있고, 죽음에 대한 두려움에서도 벗어날 수 있다. 일상에서 죽음을 격리하는 사회는 오히려 죽음을 더욱 두려워하게 만드는 결과를 가져온다. 삶과 죽음은 늘 함께라는 걸 명심하자. ♥

_ 2019년 7월 3일 초하루 법회

내가 어떤 감정을 이 사람에게 덧칠하고
있는가를 구별하는 때부터 비로소 대화가
시작되고 인생이 지혜로워진다.
내 안의 것은 나의 감정이며, 내 밖의 것은
삼라만상이다. 밖의 것이 원인을 제공했다고
해서 거기에 내 감정을 덧칠하고는 마치
밖의 것이 나에게 그 감정을 던졌다고
착각해서는 안 된다.
안과 밖의 것을 혼동하지 않고
구별하는 것이 지혜의 시작이다.

귀신은
붕어빵 틀 속에 있다

#기제사에 대한 질문들
#서방극락정토는 어디에 있나
#내 마음이 정토라는 유심정토 사상
#귀신이 있다는 증거, 없다는 증거
#신은 존재하는가
#일체유심조

백중 기간에는 특히 신도님들의 질문을 많이 받는다. 불교 공부도 열심히 수행도 열심히 봉사도 열심히 하시는 분들이라 평소에도 이런저런 질문을 하시지만, 백중 기도를 하는 동안에는 질문하는 표정에서부터 그 궁금함이 아주 선명하게 드러난다. 질문 내용도 거의 비슷하다.

"새언니가 독실한 기독교 신자라서 부모님 제사를 모시려 하지 않아요. 오빠도 제사에 관심이 없어요. 부모님 제사를 딸인 제가 모셔도 되나요?"

"어려서 병에 걸려 일찍 돌아가신 먼 친척이 있는데, 기일이 언제인지도 모릅니다. 가족 기제사를 지낼 때 그 분도 같이 모셔도 됩니까?"

첫 번째 질문에 대한 대답은 예스이다. 제사는 장남이 지낸다는 전통이 내려오지만, 반드시 그래야 하는 건 아니다. 장남이 제사를 모시지 않는다면 딸이 모시면 된다. 그러면 딸이 제주가 된다. 제사를 지내는 사람이 중요한 것이지, 장남이라는 이유로 이름을 제일 위에 올려줄 필요는 없다. 누가 제사를 지내는가, 이에 따라 제주가 정해진다.

두 번째 질문의 대답 역시 예스이다. 하지만 한 단계 더 깊이 알아야 하는 게 있다. 엄밀하게 따지자면, 기제사는 말 그대로 기일에 지내는 제사이다. 그런데 다른 분과 제사를 '합치겠다'라고 한 순간부터 그 관습을 깨뜨린 것이 된다. 예전에는 기제사마다 지내야 한다고 생각했지만, 현대인의 생활방식으로는 현실적으로 실행 불가능하다. 그러니까 제사를 합쳐서 한꺼번에 지내는 집안이 계속 늘고 있는 것이다.

집안의 기제사를 합치는 순간, '기제사는 기일에 지낸다'라는 보이지 않는 관례가 깨졌다고 보아야 한다. 그러니 기왕 제사를 지내는 김에 다른 영가님들도 함께 제사를 지내줄 수 있다. 혼령이 되어서도 제사 지내주는 사람 없이 떠도는 무주고혼의 영가들을 모셔와 밥 한 끼 대접해 드리면 더 좋은 일이 아닐까. 더구나 요즘은 기제사와 천도재의 경계가 갈수록 애매해지는 추세다. 불교를 안 믿는 집에서도 제사를 합쳐 일 년에 한 번 지낸다고 하니, 천도재와 다름없는 의식처럼 보인다. 중요한 것은 제사를 모신다는 그 자체이다.

비슷한 질문으로 "시댁 조상님들 기제사를 지낼 때 친정집 제사를 같이 지내도 되나요?"가 있다. 나는 이게 궁금하다. "이런 질문을 왜 할까?" 우리나라에 '제사에 관한 특별법' 같은 게 있으면 정해진 법대로 하면 된다. 하지만 그런 건 없다. '기제사는 위로는 몇 대 아래로는 몇 대까지 합칠 수 있다' 혹은 '기제사는 기일에서 며칠 안팎으로 날짜를 조절하는 것은 허용한다' 혹은 '기제사에 외가를 같이 모시는 것을 허용한다' 등을 규정한 법이 없으니 각자의 상황에 맞춰 정성을 다하면 된다. 그런데 왜 이런 질문을 하는 걸까?

뭔지 모르지만 마음에 걸리는 게 있기 때문이다. 딸은 출가외인인데 제사를 모셔도 되나, 괜히 시댁과 친정 제사를 합쳤다가 두 집안에 싸움이 나면 어쩌나, 이런 것들이 가슴에서 싹을 틔웠기 때문이다. 하지만 이는 가족들과 상의할 문제이지,

국가가 또는 어떤 종교가 해라 마라 간섭할 수 없는 문제이다.

1970년대만 해도 기제사는 무조건 따로 지내야 했고, 여자는 제사를 지내는 방에 들어오지도 못하게 했다. 그 당시만 해도 우리 사회에는 우리의 행동 양식을 지배하는 유교적인 윤리와 도덕이 확실하게 있었다. 그런데 시간이 지나면서 유교 관념은 희미해지고 여권이 신장하였다. 이런저런 이유로 옛날에는 너무나 당연하던 원칙들은 희미해졌다. 그렇다고 퇴색한 과거의 원칙을 대신할 새로운 규범이 자리 잡은 것도 아니다. 그러니 이제는 제사를 지낼 때 딱 한 가지 기준만 지키면 된다. 가족들의 합의 말이다. 먼저 가신 분들을 위한답시고 산 사람들끼리 싸움 나면 안 되니까 미리 충분히 상의하고 결정을 내리면 된다.

대부분 짧은 시간 안에 질문과 대답이 명쾌하게 마침표를 찍는다. 그런데 오늘 받은 질문은 즉석에서 답하기에 만만치 않았다.

"49재가 끝나면 영가님과 증심사는 어떤 관계입니까?"

처음 듣는 질문 유형이었다. 영가님과 증심사가 어떤 관계냐니, 질문의 본의가 무엇인지 먼저 파악해야 한다.

"49재를 지내는 동안 영가님이 증심사 대웅전 법당에 계셨지요? 그럼 49재가 끝나면 어디로 가시나요?"

이 질문이 아닐까? 그렇다면 답변도 간단히 드릴 수 있다.

"100일째 되는 날과 1년째 되는 날, 3년째 되는 날 제사를 지냅니다. 우리나라 전통적인 민간신앙에 따르면 그렇게 3년

이 지나면, 영가님이 완전히 다른 몸을 받은 것으로 간주합니다."

내 대답을 들으면서 고개를 갸우뚱하는 질문자의 표정은 답답해 보였다. '내가 동문서답을 했나?' 싶을 정도였다. 더 질문해야 하나 말아야 하나 망설이는 눈치였다. 나는 그의 표정을 살피며 더 궁금한 게 있는지 물었다.

"영가가 다른 몸을 받으면 어디로 가나요?"

이제야 그분이 궁금했던 게 무엇인지 알게 되었다. 불자들은 사람이 죽으면 다른 몸을 받는다고 생각하고 윤회를 떠올린다. 하지만 윤회를 모르는 사람들은 '다른 몸을 받는다'라는 개념 자체가 없기 때문에 영가가 가는 장소가 어디인지, 구체적으로 말하자면 '극락을 가느냐 지옥을 가느냐?'가 궁금한 것이다.

이런 분들에게는 극락세계에 간다고 설명하는 게 맞춤형 답변이다. 정확하게 말하면 서방정토에 왕생한다고 하면 된다. 서방정토는 서쪽으로 기천만 유순, 그러니까 여기에서 까마득히 먼 서쪽에 있다. 그리고 그곳에는 48가지 큰 원을 세우신 아미타부처님이 서방정토의 중생들을 위해 법을 설하고 계신다. 이것이 극락왕생을 발원하는 우리들의 서방정토에 대한 믿음이다. 그런데 아미타부처님이 계신 서방정토에 대한 설명이 이것만 있는 것이 아니다. 어떤 이는 서쪽 멀리 있다 하고, 어떤 이는 내 마음이 서방정토라 한다.

일본불교에서는 서방정토가 있다고 믿는다. 불교와 무관

하게 동서양, 어떤 민족, 어느 시대 할 것 없이 사후세계를 부정하는 인간은 없다. 왜 그런가? 지금까지 나와 같이 있던 누군가가 절대 없다고 하면, 상식적으로 '어디론가 갔다'고 생각하기 마련이다. 어디로 갔을까? 내가 갈 수 없는 곳으로 갔다. 이 세계와 완전히 다른 세계로 갔기 때문에 지금 여기에 있는 내가 더는 그를 볼 수 없다고 생각한다. 이런 사후세계는 인간의 기본적인 사고 속에 깊이 뿌리박혀 있다. 이런 믿음을 불교에서 구체적으로 체계화시킨 것이 정토사상이다. 열심히 나무아미타불 염불을 하면 서방정토 세계로 간다는 것이 정토사상이다.

이와는 달리, 서방정토는 어딘가에 있는 장소가 아니라는 주장이 있다. 내 마음이 부처이고 내 마음이 정토이고 내가 있는 이곳이 극락이라는 사상이다. 내가 열심히 수행해서 깨달으면 지금 여기가 극락이라는 것이다. 이를 유심정토唯心淨土라 한다. 한국불교의 수행 전통은 육조 혜능 스님의 맥을 이었는데, 혜능 스님은 《육조단경》에서 '지금 우리가 있는 이곳이 극락'이라 하셨다. 근대 한국불교의 대표적 선사인 성철 스님은 '극락? 그런 건 없다'고 한마디로 잘라 일갈하셨다.

엄밀히 말하면 유심정토사상이 맞다. 그런데 왜 불교에서는 굳이 서방정토 세계가 있다는 것을 부정하지 않을까? 대자대비하신 부처님께서 방편으로 사후세계를 인정해주셨기 때문이다. 사후세계에 대한 믿음이 강한 사람들에게 굳이 '사후세계는 없다'라고 말씀하시지 않은 것이다. 임종에 가까운 분들은 사후세계에 대한 믿음이 강해지기 마련이다. 그래서 아미타불 기도를 열심히 하다 보면 마음이 차분해지고 안정되고, 그렇게 수행력이 깊어지면 저절로 깨닫게 된다고 하셨다. 올바른 불자의 길로 가려는 방편으로 사후세계나 극락세계를 부정하지 않고 열심히 수행하기 위한 도구로 인정하신 것이다. 그러므로 이제부터는 질문을 바꿔서 해야 한다. '몸을 받아 극락으로 가는가?'가 아니라, '어떤 몸을 받는가?'가 더 절실한 질문이 되어야 한다.

근본적인 질문이 하나 남았다. 귀신은 실제로 있는가, 없는가? 대부분 사람들은 '귀신은 없다'라고 배웠고 현대적인 상식으로도 당연히 없다고 생각하는데, 절에서는 제사도 지내고 49재를 지내는 것이 꼭 귀신이 있는 것처럼 하니 이 질문을 하지 않을 수 없는 것이다. 귀신을 인정하자니 께름칙하고, 미신이며 귀신을 부정하기도 찜찜하다. 당연히 이 질문은 상당히 복잡하고 모호하고 예민한 문제이다. '귀신은 있다? 귀신은 없다?' 이 질문은 크게 두 가지 요소가 포함돼 있다. 하나는 '귀신'이고, 하나는 '있다, 없다'이다.

사실 '있다, 없다'라는 개념만 정확하게 이해한다면 불교의 모든 것을 이해하는 것이나 마찬가지이다. 붕어빵을 예로 들어보자. 붕어빵 틀에 밀가루 반죽을 넣고 팥을 넣고 뚜껑을 닫고 불에 익히면 붕어빵이 만들어진다. 붕어빵 틀만 있으면 이 방법으로 붕어빵을 계속 만들 수 있다. 그런데 붕어빵들을 비교해 보면 똑같은 게 하나도 없다. 우리는 붕어빵 틀에서 나온 각각을 모두 붕어빵이라고 부르지만, 사실 붕어빵이 아니라

밀가루 반죽 덩어리이다. 그런데도 전혀 의심하지 않고 붕어빵이라 부른다. 엄밀히 말한다면, 알게 된 것은 그것의 이름이다. 단지 이름을 아는 것만으로 궁금증이 한순간에 사라져버리는 경우가 허다하다.

다른 예도 있다. 요령은 불교의식에서 반드시 필요하다. 불교의식을 한 번도 못 본 사람이나 불교에 대해 사전지식이 전혀 없는 사람이 요령을 보면 뭐라고 생각할까? 현관문 위에 달아놓은 종 같기도 하고, 소의 목에 걸어준 워낭 같기도 할 것이다. 자기 머릿속에 있는 이미지 중에서 제일 비슷한 것을 찾는다. 결국 찾지 못하면 사람들에게 물어보거나 인터넷을 검색할 것이다. '아하, 이것은 요령이구나' 하고 알게 된 후에야 궁금증이 끝난다.

그러니까 우리 각자의 마음에는 붕어빵 틀이 있다. 붕어빵과 비슷한 걸 보게 되면 그 틀에 먼저 맞춰보고 이것은 붕어빵이라고 인식한다. 인터넷에서 사진과 설명을 보고 나서 머릿속에 요령이라는 틀이 생기게 되면, 나중에 요령을 또 보았을 때 아무 고민하지 않고 요령이 있다고 생각하게 된다. 이렇게 우리 마음속에는 이 밀가루 반죽 덩어리를 붕어빵이라 하고 이 소리가 나는 종을 요령이라고 인식하게 하는 틀이 있다.

한편으로는 '여기에 붕어빵이 있다'고 인식하고 말하지만, 이것을 요리조리 살펴보면 밀가죽 반죽, 삶은 팥으로 이뤄졌다는 걸 알게 되고, 더 나아가 각종 과학기계를 동원해 화학원소까지도 구분할 수 있다. 붕어빵이라 부르긴 하지만, 붕어빵이라는 하나의 실체가 있는 것이 아니란 말이다. 실제로 있는 것은 우리 머릿속에 있는 틀이다. 이것이 불교에서 '있다, 없다'를 말할 때 지칭하는 우리 마음속에 있는 틀이다. 불교 용어로 상像이라고도 하고, 일체—切라고도 한다. 일체는 직접 보고 듣고 만지는 세상이 아니라 내 마음속에 있는 틀이다. 당연히 일체는 유심조(一切唯心造)라, 오직 마음이 만든다.

그렇다면 우리가 보는 것은 뭐라고 설명해야 하나? 실상이다. 실상은 무시무종無始無終, 시작도 없고 끝도 없다. 무변無邊, 가장자리가 없으므로 어마어마하게 넓은 것이다. 우리가 보는 '이것' 자체에 대해서 말로 표현할 수 없다. 그러므로 부처님은 우리가 '있다'고 생각한 모든 것들은 우리 마음속에 있는 것일 뿐이라고 가르치셨다. 일체는 이 세상을 '무엇이다'라고 이름 붙이는 틀인 것이다.

이제 두 번째 키워드를 보자. '귀신'은 좀 애매하다. 종류가 워낙 많다. 그래서 백과사전도 귀신을 설명할 때 영혼을 귀신이라 하는 경우와 그렇지 않은 경우로 나눈다. 우리는 일반적으로 영혼을 귀신이라고 말한다. 영화에 나오는 무시무시한 악령이나 사람이 아닌 괴물의 형상을 가진 무언가, 또는 빗자루가 자기 혼자 날아다니는 기이한 현상 등을 이야기할 때 귀신을 떠올린다. 어떤 물건이나 나무, 바위, 이상한 형체가 사람을 공격한다고 생각하는 것이다. 이것은 누구나 가지고 있는 사후 세계에 대한 두려움이 반영된 것이다.

영혼으로서의 귀신이 존재하는가에 대해 더 집중해 보자.

우리는 대개 이런 상황에서 귀신을 봤다고 말한다. 아무것도 없는데 소리가 들리거나, 흐릿한 형태의 뭔가가 지나간다든가, 새벽에 대웅전에서 열심히 기도하는데 갑자기 머리칼이 곤두서면서 찬 기운이 느껴진다거나. 그런데 이런 현상은 보고 듣고 느낀 것이다. 느끼는 몸뚱이가 있어야 가능하다.

그렇다면 '귀신은 영혼만 존재하는 것'이라는 정의는 성립 가능한 것일까? 육체가 없이 영혼만 존재하는 형태를 내가 보고 듣고 손으로 만질 수 있는가? 불가능하다. 영혼만 존재한다면 우리는 그것을 인식할 수가 없다. 그러니 영혼만 존재한다는 것도 불가능하다. 다만 '귀신은 있는가?'라는 질문을 '귀신에 대한 마음속의 상은 무엇인가?'로 바꾼다면 귀신에 대한 판단을 더 진전시킬 수 있다.

그러면 '귀신은 없는가?'라는 질문은 어떻게 풀어나갈 수 있을까. 사람마다 나라마다 시대마다 귀신이라고 생각하는 내용이 다르므로 하나로 정의하기 어렵다는 말은 '귀신은 없다'는 말과 같은 말이다. 그렇지만 '없다'는 증거도 없기 때문에 '귀신은 없다'고 단정하지 못하는 것일 뿐이다. 게다가 '있다'는 증거도 없다. '귀신에 씌웠다'라는 경우에 대해 현대 심리학계에서는 '90%가 정신분열 증상'이라고 말하고 있지만, 나머지 10%의 사례를 과학적으로 규명하지 못하고 있다.

더 나아가 '신은 존재하는가?', 이 질문은 '귀신은 있는가?'와 유사한 패턴으로 설명할 수 있다. 신은 우리가 이미 머릿속에 만들어진 여러 가지 개념들을 바탕으로 상상 속에서 창조한 것이다. 나라마다 신에 대한 이미지 틀이 있고, 그 틀에 부합한 상상의 존재를 만들었기에 '신은 있다'고 말한다. 하지만 신은 우리 눈으로 볼 수 없다. 귀로 듣지 못하고 손으로 만질 수 없다. 신이란 머릿속에서 창조해낸 상상의 산물이므로, 머릿속에 이미지로 설정된 존재이므로, 실세계에 그와 같은 모습으로 '있다'고 착각해서는 안 되는 것이다.

영혼도 마찬가지이다. '영혼이 있는가?'라는 질문에 대해서 '있다'고 대답한다면 내가 만들어낸 하나의 틀, 이미지가 있다는 것을 의미한다. 실제로 내 눈앞에 무언가가 있다고 하는 것은 내 머릿속에서 하나의 틀이 만들어진 것일 뿐이다. '일체는 유심조'라는 맥락에서 보자면, 영혼이 내 마음속이 아니라 실제 세계에 있다는 의미는 '인간의 감각기관을 통해 영혼을 인식할 수 있는가?'로 대체하면 쉽게 파악할 수 있다. 물론 과학이 더욱 발전하게 되면 영혼을 볼 수 있을지 모른다. 불과 100년 전만 해도 인간은 달의 뒷면을 보지 못했다. 그러나 지금은 달의 뒷면을 보는 건 물론이고, 달 여행을 꿈꾸는 시대가 되었다.

귀신은 있는가, 없는가? 이 질문에 대한 나의 대답은 이렇다. 귀신이라 생각하고 보면 귀신으로 보이고, 귀신으로 생각하게 되고, 그래서 두려움과 공포심이 생기고, 이런 느낌이 '귀신은 있다'는 생각을 더욱더 확고하게 만든다. 그러므로 귀신이 있는가 없는가를 따지기 전에 내 마음속을 먼저 들여다보자. ♥

_ 2019년 8월 8일 백중 6재 법회

감정 분리,
안과 밖을
구별하는 지혜

#나홀로족
#습관적으로 화내기
#참아도 행복해지지 않는다

언제부터인가 우리나라도 나홀로족族이 대세이다. 몇 년 전부터는 '둘이 살아 괴롭느니 혼자 외로운 게 낫다.'는 말이 유행을 타기도 했다. 최근에는 방송 프로그램이나 유튜브에서도 이 주제를 다룬 동영상이나 뉴스를 쉽게 볼 수 있다. 통계청 자료를 보면 2000년 기준으로 우리나라 4인 가구는 400만 세대였는데 2017년에는 350만 가구로 줄었고, 1인 가구는 222만 가구에서 560만 가구로 2000년 기준 152.6%가 증가했다. 수치적으로 2015년부터 우리나라에서 가장 많은 가족 형태는 1인 가구이다. 마치 남해바다 위에 아무 맥락 없이 흩뿌려져 있는 섬들처럼 우리가 사는 모습도 각각 따로따로이다. 현실적으로는 1인 가구로 흩어져 사는 반면, 의식은 예전의 집단적 의식에 머물러 있다. 생각과 생활이 따로 움직이는 것이다.

1인 가구의 연령대는 다양하지만, 특히 55세부터 65세까지의 1인 가구 수가 어마어마하게 늘어났다. 35세 미만 1인 가구가 2000년 80만 가구에서 2017년 160만 가구로 두 배 늘어난 반면, 55세부터 65세까지의 1인 가구 수는 30만 가구에서 100만 가구로 3배 넘게 늘어났다. 그리고 이 연령대 1인 가구 구성의 이유는 황혼이혼이 전체의 35%를 차지한다. 우리 중심사 신도님들을 만나면서 나는 아무런 근거 없이 그분들의 가정이 다 행복할 것이라고 전제하며 법문을 하지만, 통계학적으로는 그렇지 않은 가정이 적지 않다는 것이다.

유튜브를 보면 비슷한 주제의 동영상이 알고리즘을 통해 자동으로 추천된다. '황혼이혼'에 대한 동영상을 하나 보고 나면, 그다음에는 '황혼이혼을 극복하는 슬기로운 방법 5가지', '중년 부부 무엇이 문제인가?' 따위의 동영상이 재생된다. 법문에 도움이 될 수 있겠다 싶어 동영상을 플레이해 본다. 현실을 이해하고 인정하고 수용하라, 남자는 '사랑해'를 여자는 '고마워'를 많이 하라, 전문가의 조언이 현실을 가늠하지 못했던 지난주의 내 법문과 유사하다. '누가 몰라서 못 하는가. 입에서 안 나오니까 못하는 거다.' 속으로 이렇게 중얼거리다 피식 웃었다.

〈캐스트 어웨이〉라는 영화가 있다. 톰 행크스가 주인공인데, 무인도에 표류하다가 4년 만에 구출된다는 내용이다. 혼자 무인도에 남게 된 주인공은 대화할 사람도 없이 심심한 하루하루를 보내다가, 배구공을 갖다 놓고 마치 사람인 것처럼 말을 걸고 화도 내고 또 화해하기도 한다. 그 장면을 보다가 문득 깨달은 것이 있다. 우리는 가까운 사람일수록 그에게 나의 감정을 덧칠한다. 사람뿐 아니라 물건도 마찬가지이다. 익숙한 것일수록 그것에 감정을 칠하고 또 칠한다. 오랫동안 같이 산 부부라면 30년 이상을 계속 덧칠하며 살아온 것이다. 그러니 세월이 흐를수록 덧칠한 부분이 어마어마하게 두꺼워졌을 것이다. 이때 내 감정으로 덧칠하기 전 원래 그의 모습은 어디로 갔을까? 원래 그의 모습이 과연 내 눈에 보일까?

잘 모르는 사람에게 속마음을 털어놓을 때가 있다. 친한 사이가 아닌데도 이런저런 집안일을 상의하기도 한다. 그런데 집에 들어가 아내의 얼굴을 보면 하고 싶은 말이 별로 없다. 왜일까? 내가 그에게 나의 감정을 덕지덕지 덧칠해 놓았기 때문이다. 어떤 감정을 덧칠했을까? 귀찮다, 짜증 난다, 말이 안 통한다, 얼굴도 쳐다보기 싫다…, 이런 감정은 분노이다. 분노는 내가 상대방을 통제할 수 없다고 본능적으로 느낄 때 일어나는 감정이다. 상대방을 제어해야 하는데 그가 나의 말을 듣지 않는다면 분노하게 된다. 반대로 상대방이 내 통제 밖에 있는 존재라면 두려움을 느낀다. 그리고 도망간다.

노년기에 접어든 부부라면, 이들은 서로에 대한 분노를 수십 년 동안 쌓아왔을 수 있다. 아내는 아내대로 남편은 남편대로 그래왔을 것이다. 상대방이 내 뜻대로 움직여주지 않는다. 오랫동안 함께 살아온 부부뿐 아니라 형제, 자매, 부모, 자식, 직장 동료에게도 그런 감정의 덧칠을 지금도 하고 있는 중일 것이다.

냉정하게 생각해 보자. 내 앞에 보이는 이 사람은 무엇인가? 내가 이 사람에게 칠한 나의 감정이다. 분노라는 감정, 두려움이라는 감정, 애착이라는 감정이다. 나는 내가 칠해놓은 감정을 보고 그 감정에 반응해서 행동한다. 물론 원인을 제공하는 사람이 없으면 나 또한 특정한 감정을 만들어내지 않았을 것이다. 하지만 그가 원인을 제공했더라도 내가 반드시 분노라는 감정을 만들어야 한다는 법은 없다. 내가 만드는 감정은 화가 될 수도 있고 애착이 될 수도 있고 자비심이 될 수도 있다. 그를 보면서 습관적으로 화라는 감정만 만든 것은 아닌지 스스로 되돌아볼 필요가 있다.

사람이 아닌 경우에도 이런 감정은 통용된다. 날씨가 너무

더우면 짜증이 난다. 하지만 날씨가 나에게 짜증이라는 감정을 준 것은 결코 아니다. 날씨가 더운 것이 원인이 되어 내가 내 안에서 짜증이라는 감정을 만들어 내었다. 이것을 구별할 줄 알아야 한다. 내 앞에 있는 것은 내가 만든 감정이고 내 밖에 있는 것은 내 마음대로 통제하기 힘든 조건이다. 내 안의 것과 내 밖의 것을 구별할 줄 아는 것이 지혜이다.

익숙한 사람일수록 대화가 적은 이유도 마찬가지다. 같은 말을 하면서도 다르게 알고 있기 때문이다. 의사소통이란 끊임없이 해도 통할까 말까인데 하물며 말을 안 하면 당연히 더욱 멀어지게 된다. 반대로 대화를 할수록 더 감정이 악화될 가능성도 있다. 내가 칠한 감정을 구별하지 않고 하는 대화는 억지이다. 그렇다고 '내가 참아야지, 참아야 우리 부부가 행복하지.' 하면서 속으로 감정을 억누르는 것은 해결법이 아니다. 참는다고 행복해지는 것은 아니다.

이도 저도 적절한 방법이 아니라면, 무엇을 해야 할까? 내가 덧씌운 감정을 분리해야 한다. 내가 어떤 감정을 이 사람에게 덧칠하고 있는가를 구별하는 때부터 비로소 대화가 시작되고 인생이 지혜로워진다. 내 안의 것은 나의 감정이며, 내 밖의 것은 삼라만상이다. 밖의 것이 원인을 제공했다고 해서 거기에 내 감정을 덧칠하고는 마치 밖의 것이 나에게 그 감정을 던졌다고 착각해서는 안 된다. 안과 밖의 것을 혼동하지 않고 구별하는 지혜를 갖추는 것이 시급하다. ♥

___ 2019년 8월 14일 수요 야간 법회

나를 내려놓으니
모든 순간과
모든 사람이
하나일세

#멍때리기
#생활불교
#구산스님
#생활불교의 길
#육바라밀
#칠바라밀

몇 년 전에 '멍때리기 대회'가 사람들의 관심을 받은 적이 있다. 아무것도 하지 않고 무심하게 오래 앉아 있는 대회이다. 2014년에 중국에서 처음 개최했다고 하는데, 바쁜 현대 도시인과 멍때리는 집단을 대비시킨 시각예술 작업이었다고 한다. 우리나라는 2014년 9월에 서울광장에서 1회 대회를 개최했고, 2016년 5월에 수원과 한강에서 개최하였다. 놀랍게도 우리나라의 제1회 멍때리기 대회 우승자는 아홉 살 초등학생이었다.

이 대회는 관객이 투표하는 예술점수를 가장 많이 받은 10명을 선정하고, 이들 중에서 가장 안정적인 심박 그래프를 유지한 사람이 우승자가 된다. 다만 중간에 휴대전화를 확인하거나, 졸거나 자거나, 웃거나 잡담하거나, 노래를 부르거나 춤을 추거나, 주최 측이 제공한 음료 외의 음식물을 섭취하거나, 이 외에 상식적인 멍때리기에 어긋나는 모든 행위를 할 경우 탈락이다. 우승 트로피는 로댕의 생각하는 사람을 본떠 만들었다. 2020년에는 온라인으로 대회를 개최했다고 한다.

궁극적으로 멍때리기의 목적은 무엇인가. 모든 판단을 멈추되, 오감 그대로를 느끼면서도 거기에 휩쓸리지 않는 것 아닌가. 애쓰지 않고 저절로 그리되는 것은 쉬운 일이 아니다. 끈질긴 마음공부와 부단한 자기 수행이 있어야 한다. 이 수행의 근간을 나는 행자 시절 어렴풋이 알게 되었다.

나는 송광사로 출가해서, 송광사에서 행자 생활을 했다. 처음 행자실에 들어갔더니, 일주일 동안 벽만 보고 앉아 있으라고 했다. 버티지 못하면 나가야 하고, 버티면 머리를 깎아주었다. 일주일간의 면벽 고행을 견뎌내고, 드디어 머리를 깎을 자격을 얻었다.

행자실은 군대로 치면 일종의 점호 같은 것을 하는 것으로 하루 일과를 마무리한다. 행자들은 새벽부터 매우 바쁘기 때문에 아침에 따로 미팅 같은 것을 할 수 없다. 그래서 자기 전에 미리 다음날 필요한 공지사항 등을 공유하는 일명 '공사' 시간을 가진다. 그리고 구산 스님의 〈생활불교의 길〉을 같이 낭송하는 것으로 '공사'를 마친다. 행자실에 입방한 첫날 밤, 태어나 처음으로 머리를 완전히 삭발한 채로 내 생애에서 첫 번째로 〈생활불교의 길〉을 들었다.

〈생활불교의 길〉이란 송광사 방장이셨던 구산 스님이 지으신 〈칠바라밀 게송〉에 나오는 내용이다. 송광사 대중들은 아침 공양을 마치고 나서 매일 그날에 해당하는 바라밀 게송을 함께 낭송한다. 예를 들어 월요일엔 보시바라밀, 화요일엔 지계바라밀을 낭송한다. 특별히 구산 스님은 일요일을 봉사의 날로 정하시고, 이를 만행바라밀이라 하셨다. 그러니 송광사의 대중은 보시, 지계, 인욕, 정진, 선정, 지혜의 육바라밀에 만행바라밀까지 더한 칠바라밀을 실천한다.

구산 스님은 게송의 앞과 뒤에 당부의 말씀으로 머리말과 끝말을 내려주셨다. 그런데 첫머리부터 나를 호되게 내리쳤던 거다. "사람마다 나름대로 나란 멋에 산다."라는 것은 내가 서른여섯에 출가하기 전까지 정말 너무나 많은 희생을 치르고, 내 나름대로는 값비싼 수업료를 치르고 얻은 교훈이었다. 그런데 절집에 들어와 보니 절집에서 제일 별 볼 일 없는 행자들이 이것을 매일 읽고 있었다. 그때 이런 생각이 들었다.

'절집은 보통 동네가 아니구나. 나는 이걸 깨닫기 위해서 너무나 많은 희생을 치렀는데, 여기는 사람대접도 못 받는 행자들이 매일 독송하고 있으니, 뭔가 있나 보다. 여기 한 번 있어 보자.'

이 생각이 지금의 나를 있게 한 것 같다. 그동안 많은 우여곡절이 있었지만, 아직 그럭저럭 머리 깎고 사는 것은 그날 밤 행자실에서 처음 들었던 구산 큰스님의 가르침 때문이다. 불교는 단 한 번의 깨달음도 아니요, 그것만 붙들고 살아서는 안 된다. 오직 수행, 또 자기 수행만으로 우리는 불교를 삶으로 살아갈 수 있다. ♥

___ 2019년 4월 22일 지장재일 법회

칠바라밀 게송
(생활불교의 길)

머리말 : 사람마다 나름대로 '나'란 멋에 살건마는 이 몸은 언젠가
는 한 줌 재가 아니리. 묻노라 주인공아, 어느 것이 '참나'
인고? 나란 정의와 한계와 가치를 알고 올바른 길을 택하
여 진실한 희망의 길로 갑시다.

보시(월요일) : 오늘은 베푸는 날입니다. 법보시-내 마음을 줍시다. 아공
하여 마음을 보시하면 만법이 유심소조입니다. 재보시-
물건을 아낌없이 줍시다. 착상하면 유루복이요 무주상하
면 무루복이니 냉수나 걸레처럼 줍시다. 무외시-마음과
육신까지도 아낌없이 보시하면 절대의 복과 지혜로 너와
내가 없는 대자대비가 되니 보시의 행을 닦읍시다.

지계(화요일) : 오늘은 올바름의 날입니다. 규율과 예의범절을 지킵시다.
계는 어둠을 지켜주는 등불이고 바다를 건너는 배이며,
병자의 약이고 성현이 되는 사다리이며, 비 오는데 우산
이고 자성을 깨우치는 길이며, 자신의 칠보장엄이고 생사
해탈의 길잡이입니다. 살생, 도둑질, 사음, 거짓말, 음주를
금하여 지계의 행을 닦읍시다.

인욕(수요일) : 오늘은 참는 날입니다. 욕됨과 온갖 억울함과 번뇌를 참
읍시다. 참는 것은 자아를 깨우치는 길이고 모든 선업을
성취하는 길이며, 성불도생의 공덕을 성취합니다. 투쟁하

지 말고 양심을 속이지 말 것이며, 시비하지 맙시다. 뜻은 태산과 같이 굳게 세우고 마음을 바다와 같이 넓혀서 모든 어려움을 포용하여 인욕의 행을 닦읍시다.

정진(목요일) : 오늘은 힘쓰는 날입니다. 보시, 지계, 인욕을 게으르게 하지 말고 정밀하게 밀고 나갑시다. 정진에 대분심과 대용맹심과 대의심을 내면 자아를 깨우치는 힘과 임무에 충실한 힘이 되니, 바닷물을 푸고 보배구슬을 찾는 힘을 냅시다. 방법은 첫째 진실, 둘째 근면, 셋째 인내, 넷째 검소, 다섯째 연구, 여섯째 찬탄, 일곱째 근학의 일곱 가지로 노력하여 정진의 행을 닦읍시다.

선정(금요일) : 오늘은 안정의 날입니다. 사물의 진정한 이치를 깨우치고 마음을 안정합시다. 몸이 청정하고 마음이 깨끗해야 지혜가 밝아집니다. 안심입명은 지분과 지족과 팔풍(利·衰·毁·譽·稱·護·苦·樂)의 세파에 부동하여 허영심이 없어야 부동지인 마음을 깨우칩니다. 말을 함부로 하는 혀는 나 죽이는 도끼가 되니, 입은 병입과 같이 말이 없고 뜻은 성문과 같이 굳게 닫읍시다.

지혜(토요일) : 오늘은 슬기의 날입니다. 선과 악을 잘 판단하여 마음이 깨끗한 것이 부처요, 마음의 밝은 빛이 법이요, 마음에 걸림이 없는 것이 도임을 깨달읍시다. 밝은 슬기는 삼독(탐욕, 성냄, 어리석음)을 끊는 칼이 됩니다. 지나간 7일의 행위를 결산하고 앞으로 7일의 행사를 설계합시다.

만행(일요일) : 오늘은 봉사의 날입니다. 자비심으로 남의 좋은 일을 찬탄하고, 외롭고 불쌍한 사람을 도웁시다.

끝말 : 사자 뿔 베고파서 칼을 찾는 저 장부야. 얼빠진 장승에게 누가 찾아 주오리. 자아를 깨우쳐 남에게 은혜를 베풀고 금수강산에 낙원을 이룩합시다.

불교를 안다는 것
불교를 한다는 것
ⓒ 중현, 2021

년 4월 26일 초판 1쇄 발행
2022년 3월 25일 초판 2쇄 발행

지은이 중현
발행인 박상근(至弘) • 편집인 류지호 • 편집이사 양동민
편집 이상근, 김재호, 양민호, 김소영, 권순범 • 디자인 쿠담디자인 • 제작 김명환
마케팅 김대현, 정승채, 이선호 • 관리 윤정안
펴낸 곳 불광출판사 (03150) 서울시 종로구 우정국로 45-13, 3층
　　　대표전화 02) 420-3200 편집부 02) 420-3300 팩시밀리 02) 420-3400
　　　출판등록 제300-2009-130호(1979. 10. 10.)

ISBN 978-89-7479-918-2 (03220)

값 18,000원

잘못된 책은 구입하신 서점에서 바꾸어 드립니다.
독자의 의견을 기다립니다. www.bulkwang.co.kr
불광출판사는 (주)불광미디어의 단행본 브랜드입니다.